高等院校人文素质教育创新教材

大学生劳动教育教程

主编　杨雪琴　周春兰

内容简介

本书分为3个篇章，每篇3个专题，共9个专题。第一篇、第二篇侧重理论知识的普及和劳动素养教育，涵盖“培育劳动观念”“弘扬劳动精神”“掌握劳动常识”“提升劳动素养”“提高职业劳动能力”等内容。第三篇为实践部分，包括生活劳动实践、生产劳动实践、服务劳动实践项目。本书注重吸收传统文化劳动养分，每个专题都以古诗文导入，将传统文化与新时代劳动教育结合，让学生在领略古诗文之美的同时体会优秀传统劳动文化的魅力，感受劳动创造辉煌成就的历程，增强文化自信、劳动自强，特色鲜明。

本书可作为高等职业院校劳动教育课程的教材，也可作为劳动教育相关教师的参考书。

图书在版编目（CIP）数据

大学生劳动教育教程 / 杨雪琴，周春兰主编. 一上海：上海交通大学出版社，2024.1
ISBN 978-7-313-30189-5

Ⅰ. ①大… Ⅱ. ①杨… ②周… Ⅲ. ①劳动教育一高等学校—教材 Ⅳ. ①G40-015

中国国家版本馆CIP数据核字（2024）第017065号

大学生劳动教育教程
DAXUESHENG LAODONG JIAOYU JIAOCHENG

主　　编：杨雪琴　周春兰
出版发行：上海交通大学出版社　　地　　址：上海市番禺路951号
邮政编码：200030　　电　　话：021-4071208
印　　制：安徽同和印刷有限公司　　经　　销：全国新华书店
开　　本：710mm×1000mm 1/16　　印　　张：12.5
字　　数：245千字
版　　次：2024年1月第1版　　印　　次：2024年1月第1次印刷
书　　号：ISBN 978-7-313-30189-5
定　　价：39.80元

本书编委会

前　言

“劳动是一切价值的创造者。”劳动不仅创造了人和人类社会，而且决定了人的本质特征，是“理解全部社会史的锁钥”。

俗话说：“一勤天下无难事。”大禹治水、愚公移山、精卫填海、后羿射日等远古时代的民间神话传说，展现了先民们不畏艰险、百折不挠、勤劳勇敢、无私奉献的高尚品德。可见，中华优秀传统文化的根脉中内蕴着勤于劳动的基因，劳动精神是中华民族显著的精神标识。

中国共产党人是劳动精神的积极倡导者和自觉践行者。在抗日战争相持阶段，针对根据地日益严重的经济困难局面，毛泽东同志发出了“自己动手、丰衣足食”的号召。1949 年 9 月，毛泽东在为《新华月报》创刊号题词时，明确把“爱劳动”列为全体国民的公德之一。邓小平同志告诫全党：“为了创造社会主义的幸福生活，没有极艰苦的劳动，是不可能的。”习近平总书记多次强调劳动的重要性，指出：“劳动是一切成功的必由之路。”“劳动是一切幸福的源泉。”“劳动创造了中华民族，造就了中华民族的辉煌历史，也必将创造出中华民族的光明未来。”

劳动教育是大学生全面发展的重要组成部分，对大学生成长成才至关重要。党的十八大以来，习近平总书记一直高度重视学生的劳动教育。2018 年 9 月全国教育大会上，习近平总书记提出要培养德智体美劳全面发展的社会主义建设者和接班人。2019 年 11 月，中共中央全面深化改革委员会第十一次会议审议通过《关于全面加强新时代大中小学劳动教育的意见》，把劳动教育纳入人才培养全过程。2020 年 3 月，中共中央、国务院印发《关于全面加强新时代大中小学劳动教育的意见》，明确提出重视劳动教育作用，开展劳动教育活动，构建劳动教育体系。2020 年 7 月教育部印发了《大中小学劳动教育指导纲要（试行）》，细化了学校劳动教育的目标和内容，明确在学校开设必修课，将劳动教育纳入人才培养全过程。

2023 年 9 月，根据教育部等十七部门联合印发的《全面加强和改进新时代学生心理健康工作专项行动计划（2023—2025 年）》，江苏省教育厅等十五部门印发了《全面加强和改进新时代学生心理健康工作专项行动方案（2023—2025 年）》，提出要推进以劳健心，丰富、拓展劳动教育实施途径，组织引导每所学校开发至少 1 门劳动教育校本课程，实施劳动与实践活动“百千万”工程，鼓励校外基地开发劳动教育特色课程，全省定期遴选劳动教育精品课程，引导学生每周在学校或家庭参加 1 次体力或技能手工劳动，让学生动手实践、出力流汗，磨炼意志品质，养成劳动习惯，珍惜劳动成果和幸福生活。

为贯彻落实习近平总书记重要讲话精神和上级部门关于开展劳动教育的有关要求，培养德智体美劳全面发展的社会主义建设者和接班人，无锡职业技术学院劳动教育教研室根据学校和学生的特点，编写了适合校情、学情的劳动教育校本教材，为劳动教育校本课程的开发提供保障。

本书分为3个篇章，每个篇章设3个专题，共9个专题。第一篇“理解劳动内涵 培育劳动观念”和第二篇“掌握劳动常识 提升劳动素养”侧重理论知识的普及和劳动素养的培育，涵盖“培育劳动观念”“弘扬劳动精神”“掌握劳动常识”“提升劳动素养”“提高职业劳动能力”等内容，引导学生在认识、理解劳动教育的基础上，树立正确的劳动价值观，培育优秀的劳动品质，学习劳模精神、工匠精神，成长为大国工匠式的高技能人才。第三篇“投身劳动实践 养成劳动习惯”由3个专题组成：“自理自立 积极参加生活劳动实践”，包括美居达人秀、我的拿手菜、创意手工等实践项目；“自强奋进 主动投身生产劳动实践”，包括专业劳动实训、聚力创新创业两个实践项目；“勇担责任 自觉践行志愿服务”，包括校内、校外两大类志愿服务活动。实践活动均要求教师带领学生完成，旨在让学生通过具体的劳动实践磨炼意志、锻炼品质、养成良好的劳动习惯，会劳动、爱劳动，成长为德智体美劳全面发展的社会主义建设者和接班人。

本书编写具有以下三大亮点：

1. 彰显文化特色

每一专题都由古诗文导入，旨在挖掘优秀传统劳动文化与新时代劳动教育的结合点，让学生在领略古诗文之美的同时体会优秀传统劳动文化的魅力，感受劳动创造辉煌成就的历程，理解劳动才是“国家富、财用足、百姓皆得暖衣饱食”的根本，增强文化自信、劳动自强，形成尊重劳动、热爱劳动的观念。

2. 立足高职本色

本书立足高等职业技术院校这个根本点，对学校所在地域的特点、学校的校情、学生的学情进行调查分析，然后在此基础上制订合适的教材编写方案，理论通俗易懂、实践切实易行，注重地方人才需求，以培养能劳动、会劳动、爱劳动的高技能人才。

3. 注重理实一体

本书第一篇、第二篇侧重劳动和劳动教育理论知识的普及与劳动素养教育，引导学生确立正确的劳动价值观，培育优秀的劳动品质。第三篇侧重生活劳动实践、生产劳动实践和志愿服务实践，旨在让学生通过具体的劳动实践磨炼意志、锻炼品质，养成良好的劳动习惯。

本书在编写过程中，参考了大量现有的编著、研究成果，在此向作者致以诚挚的谢意！本教材的编写难免存在不足和缺漏，敬请专家学者、广大师生提出宝贵意见和建议。

目　录

第一篇　理解劳动内涵　培育劳动观念

专题一　立足时代　认识劳动教育……3

第一节　认识劳动……3
第二节　新时代劳动教育……15
第三节　劳动与未来发展……18

专题二　培根铸魂　树立正确劳动价值观……29

第一节　马克思主义劳动价值观……30
第二节　中国特色社会主义劳动价值观……35
第三节　树立正确的劳动价值观……40

专题三　争当楷模　弘扬劳动精神……51

第一节　劳动精神……51
第二节　工匠精神……58
第三节　劳模精神……62

第二篇　掌握劳动常识　提升劳动素养

专题四　筑牢防线　保障劳动安全……73

第一节　劳动安全常识……73
第二节　劳动安全与职业健康……75
第三节　劳动安全应急逃生……85

专题五　以法为器　维护劳动权益……93

第一节　劳动基准法……93
第二节　劳动合同法……100
第三节　劳动争议处理法律制度……111

专题六　学知躬行　提高职业劳动能力……121

第一节　职业劳动认知……122
第二节　职业劳动能力提升……126
第三节　大学生职业生涯规划……134

第三篇　投身劳动实践　养成劳动习惯（实践篇）

专题七　自理自立　积极参加生活劳动实践……153

第一节　美居达人秀：我的宿舍我做主……153
第二节　舌尖上的美食：尝尝“我的拿手菜”……156
第三节　巧手匠心·创意手工……159

专题八　自强奋进　主动投身生产劳动实践……162

第一节　专业劳动实训……162
第二节　科教强国　聚力创新创业……165

专题九　勇担责任　自觉践行志愿服务……172

第一节　校内志愿者活动……172
第二节　校外志愿者活动……173

附录……177

参考文献……190

第一篇

理解劳动内涵　培育劳动观念

专题一
立足时代　认识劳动教育

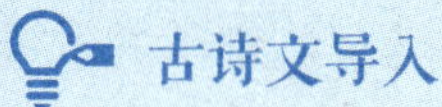

古诗文导入

插　秧　歌

五代·契此

手捏青苗种福田，低头便见水中天。
六根清净方成稻，后退原来是向前。

【解读】这首诗是我国古代劳动人民从劳动中凝缩智慧、哲理的真实写照，既使劳动场面映入眼帘，又向世人传达豁达通透的人生哲学。此诗的意思是，手里捏着青青的禾苗将其播种到能带来幸福的田地里，一低头便能看到水中倒映的天空。只有将禾苗的根须洗净它才能长成稻米，插秧时感觉在后退实则是在前进。当退到最后，便完成了插秧。后两句既对现实进行了描述，又对人生哲理进行了隐喻：为人也应该像洗净根须的禾苗一样六根清净，即便当下的劳作、努力似乎并未看到进步，甚至是在后退，但这种努力也是积累。当努力到一定程度时，收获便在眼前。这首《插秧歌》既是从劳动中凝结出劳动教育的生动代表，也彰显了中华民族重视从劳动中凝缩智慧、启迪世人的优良传统。

本专题着重介绍劳动和劳动教育的基本知识，引导大学生认识劳动和劳动教育在智能化时代的新形态，认识劳动和劳动教育对于大学生成长成才的重要性。

第一节　认 识 劳 动

2013 年 4 月 28 日，习近平总书记在同全国劳动模范代表座谈时的讲话中指出："人民创造历史，劳动开创未来。劳动是推动人类社会进步的根本力量。幸福不会从天而降，梦想不会自动成真。实现我们的奋斗目标，开创我们的美好未来，必须紧紧依靠人民、始终为了人民，必须依靠辛勤劳动、诚实劳动、创造性劳动。我们说'空谈误国，实干兴邦'，实干首先就要脚踏实地劳动。"[①]

① 习近平在同全国劳动模范代表座谈时的讲话[N]. 人民日报，2013-04-29（02）.

“劳动”概念是马克思主义理论理解人类发展、社会进步的核心线索，马克思主义的历史唯物史观便是“在劳动发展史中找到了理解全部社会史的钥匙”。[①]“劳动教育是中国特色社会主义教育制度的重要内容。”[②]自从党的十八大以来，习近平总书记站在新时代中国特色社会主义新的历史方位，坚持马克思主义立场，在多个场合多次讴歌劳动、赞誉劳动精神、礼赞劳动者，呼吁全社会认识劳动的重要性，高度重视在学生中开展劳动教育的重要意义。习近平总书记的这些讲话，丰富了马克思主义理论对劳动、劳动教育等内涵的创新性理解，继承并发展了中华优秀传统文化中的劳动教育思想，高屋建瓴地阐释了劳动和劳动教育对促进劳动者个人发展、全面建成小康社会、推动社会主义现代化强国建设、实现中华民族伟大复兴中国梦所具备的价值意蕴，是中国共产党人劳动教育经验的守正与创新，也是马克思主义劳动教育思想宝贵的中国化新发展。

一、劳动概念的历史演变

在漫长的人类文明史上，劳动推动了人类社会文明的进步。人类社会的生产与生活同劳动密不可分，因而劳动一直是古今中外的人们念兹在兹的不朽主题。关于劳动的定义和概念，中西方的诠释既有相同点，又各具特色。

（一）劳动概念在中国的历史演变

在源远流长的中华文明中，劳动赓续了生生不息的民族华章。中华文明历来有重视劳动、热爱劳动、记录劳动、讴歌劳动的优良传统，这从汉字的字形演变过程中也能窥探一二。汉字会说话，汉字有智慧，博大精深的汉字从甲骨文开始便是“形象与含义”的完美结合体，既有具象又有内涵。我们可以先从“劳”“动”两个字的字源和字形演变来领悟中国古汉字的神妙话语，同时探察“劳动”这一词语诞生的意义。

首先来看“劳”的字形演变过程，如图 1-1 所示。“劳”字甲骨文作从二火、从衣，表示烛火下缝缀衣服付出的力气与劳苦，火与衣中间的三点表示缝缀针脚的印记，这一解读能立即唤醒刻在每位中华儿女基因里的温暖记忆。那句感动并传承千年的“慈母手中线，游子身上衣”无论何时都能让每位离家的孩子泪湿沾巾。亦有解读认为上部为火、下部为敞开领口的衣服，中间三点表示滴下的汗水，表达在炎炎烈日下还要劳作、汗水把衣服都打湿的辛劳。这一解读又能与《悯农》中“锄禾日当午，汗滴禾下土”这一脍炙人口的诗句完美呼应，时刻提醒人们勿

① 恩格斯. 路德维希·费尔巴哈和德国古典哲学的终结[M]. 中共中央马恩列斯著作编译局，译. 北京：人民出版社，1972：254.

② 中共中央国务院关于全面加强新时代大中小学劳动教育的意见[N]. 人民日报，2020-3-27（01）.

忘勤劳朴实的农民用汗水浇灌出“万物生”。金文有两种写法，第一种作从二火、从衣，火上加短横；第二种作从二火、从心，表示身与心的辛劳。战国文字省略“衣”旁而改为“冖”旁，其下从力，表示人在房屋内的灯火下劳作。篆文则明显继承了战国文字的写法，“劳”字下部出现“力”。《说文解字·力部》中写道：“勞：剧也。从力，熒省。熒，火烧冂，用力者勞。”表明了大火烧屋时，人们全力救火的辛苦。隶书、楷书则均继承篆文写法。在六书中属异文会意。段玉裁注：“文选北征赋注引说文剧，甚也。恐是许书本作勮，用力甚也。”许慎解释说，“劳”这个字是用力剧烈的意思。段玉裁解释“剧”就是甚。所以，“劳”意为极其用力。《尔雅·释诂》中记录：“勞，勤也。”这句话的意思是，“劳”，是勤劳的意思。《周易·谦卦·象传》：“勞谦君子，万民服也。”意思是有功劳而又谦逊的君子，天下万民才会信服与敬重他。在此，“劳”又引申为功绩、功劳的意思。《孟子·滕文公上》：“或勞心，或勞力。勞心者治人，勞力者治于人；治于人者食人，治人者食于人。天下之通义也。”意思是，人类社会是一种群居社会，群居社会有着不同的分工。有善于动脑筋、费心力之人，也有身强力壮、四肢发达有力气之人。善于动脑筋、费心力之人，适合于做管理他人的工作；身强力壮、四肢发达有力气之人，适合在他人管理下劳作。劳力之人能养活他人，而劳心之人则要靠他人养活。这是放之四海而皆准的道理。

图 1-1　“劳”的字形演变

再来看一下“动”的字形演变，如图 1-2 所示。“动”字的本义是表达一个物体从一个位置移到另一个位置而发生了位移。“动”的初文为周代金文“童”字，本义是水漏计时器，说明古人对位移概念的认知起源于水漏计时器中水位的下降，通过水位下降来确定时间的运动。战国时，人们在“童”字的基础上增添了代表位移的义符“辵”或“攴”，诞生了两个异形同义字，代表位移。秦朝实行书同文，以“童”和“攴”为基础，创造出“童”和“力”的“勭”。西汉时期，人们进一步以“重”代替“童”，发展出“動”，意指在重大力量的作用下，物体会发生位移。在马王堆出土的帛书中，“勭”“動”同时使用。后来，“動”则更加常用，在《康熙字典》中成为规范字。到汉字简化时，人们又创造了“动”，更加形象地会意为云在风的动力下会产生位移。[①]《广韵》把“动”释为“出也”，即含转动之意。

图 1-2 “动”的字形演变

“劳动”作为双生字的组合，最早约见于《庄子·让王》：“春耕种，形足以劳动；秋收敛，身足以休食。”在此，“劳动”和“休食”对举称说，意思是“辛勤劳作”。后《汉书·方术列传》中记录华佗之言：“人体欲得劳动，但不当使极尔。”这里的“劳动”指的是“活动身体”。此后，中医传统医典中“劳动”的使用与此处含义无太大差别。到了三国时期，《三国志·魏志·钟会传》中载：“劳动我边境，侵扰我氐羌。”此处，“劳动”与“侵扰”对言，意思相近，指的是扰乱、侵扰，可见，这时“劳动”已与先前“辛勤劳作”“活动身体”之意有了显著差别。[②]曹植在《上疏陈审举之义》中有言：“何事劳动銮驾，暴露于边境哉。”此处，“劳动”意为“烦劳、劳累”。《红楼梦·第四十二回》中记载：“贾母笑道：‘劳动了。珍儿让出去，好生看茶。’”这里“劳动”是礼貌用语，意在感谢他人为自己做事的辛劳。近代，随着马克思主义传入我国，“劳动”“劳动者”开始频繁见诸社会主义典籍中，成为伴随马克思主义中国化，陪伴中国共产党人带领中华儿女披荆斩棘、乘风破浪、奋勇前行的见证词。1905 年，商务印书馆发行的《辞源》中载有“凡用体力以从事工作，谓之劳动。因谓专恃作工以谋生活之人为劳动者”。这也是近现代历史上第一部收录“劳动”和“劳动者”的汉语词典。“劳动”和“劳动者”的现代含义便由此固定。[③]

纵观五千年华夏文明，中华民族逢山开道、遇水搭桥，历经无数绝境却依旧斗志昂扬，在艰苦卓绝中克服千难万苦、自强不息，奋力开辟新征程，其中一个

① 万庆涛，王鸿杰. 汉字探源：动字是如何演变的？[EB/OL].（2021-06-12）[2023-08-10]. http://www.360doc.com/content/21/0612/17/200041_981747916.shtml.

② 汉字谷. 劳动节，“劳动”一词出自哪里？原意是什么？[EB/OL].（2021-04-30）[2023-08-10]. https://mp.weixin.qq.com/s?__biz=MzIwNDQ1MjU4NA==&mid=2247490419&idx=1&sn=3a0498ec6761424137b4b3fddeb38261&chksm=973ebcf4a04935e20ea62684aa15ba979d649a5bb74a74457b6ae22afee39e8e245daa887bb6&scene=27.

③ 许可. 古汉语中的“劳动”，有何不同[EB/OL].（2023-04-24）[2023-08-10]. https://baijiahao.baidu.com/s?id=1764043723745815392&wfr=spider&for=pc.

制胜法宝便在于“劳动”。热爱劳动的精神在华夏子女的滚烫热血中代代赓续，成为谱写中华民族波澜壮阔奋斗史的传家宝。

（二）劳动概念在西方的历史演变

在西方，“劳动”作为词汇源于拉丁语“tripalium”，指的是一种用来处罚反抗奴隶的酷刑工具，旨在使其遭受残忍痛苦的折磨。在欧洲语言中，无论是英语的“labor”，还是希腊语的“ponos”，抑或德语的“Arbeit”等，都与“贫困”“身体畸形”等饱含鄙夷之词有着相同或相近的词源、词根，[①]与西方文化中的人类原罪所受强制性惩罚、人类需以劳动赎罪有关。例如，在古希腊神话中，普罗米修斯与雅典娜共同创造了人类，但普罗米修斯因把盗取的火种带到人间而惹怒宙斯。宙斯不仅给予普罗米修斯最严厉的刑罚，同时怒而对人类降下天罚，使人类在痛苦的劳动中不断死亡。在《创世纪》中，由于亚当、夏娃偷食禁果触犯原罪，上帝对男人的惩罚是其必须汗流浃背地终身劳苦才可糊口，对女人的惩罚则是增加其怀胎的苦楚，使其在痛苦中分娩。因此，英语中“labor”既有劳动之意，也有分娩之意。亚里士多德因其所处的社会历史环境而对当时身为劳动者的奴隶阶层充满鄙夷，其在著名的知识三分法中将人类活动分为理论思考、政治活动、劳动实践，认为高贵的智者理应从事沉思等理论思考或参与政治活动，劳动则是最低等阶层奴隶从事的活动。在他看来，从事劳动的奴隶甚至不配被称为人。[②]亚里士多德对劳动和劳动者的贬低与蔑视对西方的影响深刻且久远。

一直到新教时期，劳动和劳动者的地位才开始发生正向转变，特别是基督教新教加尔文宗认为勤勤恳恳地职业劳动才是恰当的生活方式，也是“得救的确定性方式”，对努力奋斗、富于首创精神、节制自制的市民阶层给予高度的道德评价，为履行俗世职业的义务赋予宗教意义。这从“职业”的德语词源中也能窥见一斑。“职业”的德语为“beruf”，产生于新教运动，是“召唤（berufen）”这一动词的词干，意思是所有职业都是来自上帝的召唤。始于宗教改革的新教运动也是一场社会变革，为欧洲向工业社会转型、推动近代资本主义工商业发展奠定了伦理与宗教基础，使得劳动的地位得到极大提高。[③]

到18世纪末19世纪初，工业革命席卷英国，成为人类文明史上的一次大事件。工业革命开辟了机器大生产替代人类传统手工劳动的新时代，提高了生产力，改变了生产方式，但同时引发了劳动力剥削。资本家为追逐利益最大化，以机器大生产为基础，迫使工人过度延长劳动时间，接受廉价微薄的工资，工作环境也

---

① 李坤. 中国共产党劳动教育政策的历史演变及基本经验研究[D]. 长春：吉林大学，2023.

② 李志军. 马克思的劳动概念与政治哲学——兼评阿伦特对马克思“劳动”论题的批判[J]. 江西社会科学，2009（11）：45-49.

③ 丁立群. 劳动之成为实践：历史嬗变及其意义[J]. 中国社会科学，2023（9）：106-121+206-207.

颇为恶劣，由此引发社会分裂与分层。占有生产资料的工业资产阶级获得了巨额利润与财富，但提供廉价劳动力的工业无产阶级遭遇的劳动力剥削却使自身愈发贫困劳苦、社会地位进一步下降。种种压迫、剥削与不平等，导致社会不满情绪与日俱增，社会矛盾日益尖锐化、白热化，并进一步推动了工业无产阶级的觉醒与反抗。他们逐步认识到要团结联合、共同争取自身权益，工会组织应运而生，工人运动开始蓬勃发展。特别是欧洲三大工人运动的开始，标志着工人阶级作为独立的政治力量登上历史舞台。

可以说，正是随着近代资本主义与西方市民社会的兴起和不断发展，劳动与利益、财富、权利等世俗问题才愈发具有关联性和重要性，西方社会首次看到潜藏于劳动内部的巨大动能，但劳动者阶级遭遇的剥削、不平等与日益尖锐的阶级矛盾推动了理论家对这些现象进行研究，人们开始逐步从劳动视阈探讨人的本质问题。

二、马克思主义劳动理论的逻辑理路

马克思主义理论是以劳动为核心要义的理论体系，是“在劳动发展史中找到理解全部社会史的锁钥的新派别”。劳动概念及理论是马克思主义理论大厦的基石，是串联马克思主义哲学、政治经济学与科学社会主义理论的基础性桥梁。马克思和恩格斯在对洛克、斯密、黑格尔等人劳动概念的批判与超越的基础上诠释了劳动的概念，具有真理性、客观性、深刻性和价值性。

（一）对洛克的劳动财产权理论的批判与超越

洛克的劳动财产理论是马克思主义劳动思想重要的精神资源。洛克在基督教神学的基础上，以自然状态假设来论证人的财产权利，提出了著名的劳动财产权理论。该理论主要包含两层含义：人类劳动的必要性以及通过劳动可获得排他性的私有权。首先，洛克提到：“上帝将世界给予全人类所共有时，也命令人们要从事劳动，而人的贫乏处境也需要他从事劳动。”①这揭示出洛克虽未跳出神学窠臼，但已认识到自然界为人类提供了“共有”的物质资料，是人类维持生存的基础，并以宗教诫命命令人们通过劳动——对自然加以改造——来满足人类基本生活需求。其次，洛克又进一步揭示出自然本身很难创造价值。例如，未经人类耕种的土地都是荒地，正是因为人通过劳动改造自然，使自然脱离原始状态，亦即为自然注入了人的本质力量，这便将“共有”转变为对具体个人产生用处的“私用”，这种转变只能通过劳动来实现，也同时获得了对劳动产品的排他性所有权。②“只要他使任何东西脱离自然所提供的和那个东西所处的状态，他就已经掺进他的劳

① 洛克. 政府论[M]. 翟菊农，叶启芳，译. 北京：商务印书馆，2014：21.
② 霍伟岸. 自然法、财产权与上帝:论洛克的正义观[J]. 学术月刊，2015，47（7）：75-87.

动，在这上面参加他自己所有的某些东西，进而使它成为他的财产。”①洛克的这一解读使劳动在人的本质问题中的地位首次得到理论确认与支撑。马克思指出：“洛克哲学成了以后整个英国政治经济学的一切观念的基础。”②但该理论仍旧属于“为基于个人劳动的私有制辩护的理论”，③这一理论缺陷也为马克思主义在继承与批判的基础上进一步完善劳动理论提供了切入口。

（二）对斯密的劳动价值论的批判与超越

斯密首次从经济学系统揭示了劳动与财富的关系，论述了劳动对于人的本质及生存所具备的基础性作用，但仍存在二律背反的缺陷，只重视了劳动与财富的关系，而未考察劳动与贫困的关系，这推动马克思主义劳动概念在此基础上实现批判与超越。在斯密揭示劳动与财富的关系之前，世人通常将贵金属，耕地或农、工、商业劳动产品视为财富源泉，但他敏锐地指出凝结于其中的一般人类劳动才是价值的真正源泉，把财富等经济学范畴的概念归入到人的主体本质中。此外，斯密还从理论上将劳动类型区分为生产劳动和非生产劳动。在他看来，生产劳动指的是农、工、商、制造业劳动者从事的劳动，这些人的劳动可以固着在劳动对象或可卖商品中，其价值可保存供日后使用，不会随生随灭；非生产劳动则包括君主、公职人员、牧师、律师、家奴等人的劳动，如君主固然高贵，但“今年的治绩买不到明年的治绩”，其价值无法固定、随生随灭，而且要依赖劳动者生产而生存。因此，斯密认为实现财富增殖必然要增加生产劳动者占总人口的比例，缩减非生产劳动者的比例。④然而，正是此处存在着二律背反，即从事生产劳动的劳动者一贫如洗、地位低下，而从事非生产劳动的上等阶层养尊处优、积累财富。这一悖论性推动马克思主义劳动概念在此基础上实现批判与超越，并一针见血地指出正是由于资本主义生产方式迫使劳动者与自身劳动产品相分离，使“享受和劳动、生产和消费由不同的个人来分担”，才导致人与人、阶级与阶级之间的斗争。在此过程中，马克思主义进一步将劳动与人之间的关系相连接，构建突出人的主体性的“劳动”概念，为马克思确立劳动向实现自由自觉的活动的人的回归奠定了理论基础。⑤

（三）对黑格尔“精神劳动”理论的批判与超越

劳动与自我意识的关系是黑格尔精神哲学的一条主线。黑格尔从精神中确立

---

① 洛克. 政府论[M]. 翟菊农，叶启芳，译. 北京：商务印书馆，2014：18.
② 马克思. 剩余价值理论：第一册[M]. 中共中央马恩列斯著作编译局，译. 北京：人民出版社，1975：393.
③ 汪信砚，刘冬冬. 马克思劳动概念的三重维度及其生存论意蕴[J]. 兰州大学学报（社会科学版），2022，50（1）：39-47.
④ 夏雪. 马克思劳动思想的历史解读[D]. 北京：中共中央党校，2016.
⑤ 夏雪. 马克思劳动思想的历史解读[D]. 北京：中共中央党校，2016.

了劳动对人的本质、人的自我意识的作用，以及人与人之间独立性、依附性并存的矛盾关系。黑格尔在《精神现象学》中探讨劳动对自我意识的确立作用时，利用主奴辩证法对此加以阐释。在黑格尔看来，主人之所以处于主人地位，是因为其主宰着奴隶的生命权，能迫使奴隶通过劳动将自然物改造为满足其欲望与需求的物，恰恰是在这一过程中，奴隶的劳动促使主奴地位发生了辩证性改变。首先，从奴隶层面来看，奴隶因恐惧失去生命，虽被迫按照主人意识要求，通过劳动否定物、改造物来制造满足主人需求的物，但在否定和改造物的过程中，将自身想法注入物中，改变了物的原有状态，因而成了物的主人。奴隶通过劳动否定和改造越多的物，其生存环境便越多地由其创造物所构成，进而能越多地衬托奴隶的"主人"地位。其次，从主人层面来看，主人既不亲自改造物，其生存又依赖于奴隶劳动，在这两种情况中主人都无法成为自己命运的主人，而奴隶在劳动中发现自身对主人、对物所具有的力量和自身独立地位，这就从最初因恐惧主人而进行的劳动上升到陶冶事物的劳动。[①]黑格尔进一步阐释，从意识层面来看，主人意识是自为存在的意识，奴隶意识是自在存在的意识，这两个相对的意识形态必须借助"陶冶事物的劳动"才能"返回到统一里"。"在主人面前，奴隶感觉到自为存在只是外在的东西或者与自己不相干的东西……在陶冶事物的劳动中则自为存在成为他自己固有的了。"黑格尔通过主奴辩证法揭示出劳动在本质上便是一种"否定"活动，而"陶冶事物的劳动"便是通过否定事物原有状态而将其变为新事物的劳动。在此过程中，奴隶通过劳动和劳动产品意识到了自身具有的否定性或能动性。[②]"正是在劳动里，奴隶通过自己再重新发现自己的过程，才意识到他自己固有的意向。"[③]由此，黑格尔首先突出了劳动是人的自我意识得以产生的推动力，使人的生命活动转变为自身意识的对象。马克思指出其"抓住了劳动的本质，把对象性的人、现实的因而是真正的人理解为人自己的劳动的结果"。[④]同时，主奴辩证法进一步揭示了劳动和劳动产品是人与他人构成独立性和依附性对立统一关系的中介。即便他人并不直接依附于我的劳动，但当他人依赖我通过劳动生产的劳动产品生存时，亦即在不自觉或无意识地与我的劳动产生间接相关。[⑤]对此，黑格尔指出："个体满足它自己的需要的劳动，既是它自己的需要的满足，同样也是对其他个体的需要的一个满足，并且一个个体要满足它的需要，就只能通过

① 夏雪. 马克思劳动思想的历史解读[D]. 北京：中共中央党校，2016.

② 高广旭. 劳动的张力与马克思社会政治哲学的奠基——基于对黑格尔劳动概念的结构性考察[J]. 哲学研究，2021（6）：12-22+127.

③ 黑格尔. 精神现象学[M]. 贺麟，王玖兴，译. 北京：商务印书馆，1979：131.

④ 蔡晓辉，王国胜. 马克思与黑格尔劳动概念关联性的重新解读[J]. 河南师范大学学报（哲学社会科学版），2020，47（3）：8-13.

⑤ 高广旭. 劳动的张力与马克思社会政治哲学的奠基——基于对黑格尔劳动概念的结构性考察[J]. 哲学研究，2021（6）：12-22+127.

别的个体的劳动才能达到满足的目的。——个别的人在他的个别的劳动里本就不自觉地或无意识地在完成着一种普遍的劳动。”①在肯定黑格尔关于劳动与自我意识关系的合理成分的前提下，马克思进一步批判了潜藏其中的两个缺陷：劳动的形而上和无视劳动对人的异化。一方面，马克思指出黑格尔是在普遍精神中考察劳动，颠倒了人的劳动和精神的主客体关系，将“绝对精神”当做劳动的主体，“现实的人”反而成为劳动的客体，最终沦为“劳动”的形而上；另一方面，黑格尔对劳动全盘肯定，没有看到劳动对人的异化。②

（四）解决劳动人民的困境是马克思劳动理论诞生的内在推力

当工人运动如火如荼地开展时，工人阶级也更加迫切地需要科学理论进行指导。在此背景下，马克思、恩格斯在广泛吸取人类优秀思想成果的基础上，在不断思考工业革命引起的社会变化中，从如火如荼的工人运动中积累了丰富的鲜活素材，并不断吸取工人运动的经验与教训，最终于 1848 年 2 月发表了《共产党宣言》。这是人类历史上第一次较为系统完整地阐述科学社会主义的基本原理和社会发展的客观规律，标志着马克思主义的诞生。“全世界无产者，联合起来”也成为时代的最强音，极大推动了工人运动的国际联合。随后，马克思、恩格斯投身工人运动，组织工人参加武装斗争，为工人阶级及其运动提供了功不可没的理论指导与支持，马克思主义成为工人运动的指导思想。1867 年，《资本论》第一卷问世，举世闻名的剩余价值学说揭露了资本主义制度剥削的秘密，这是马克思主义理论的核心要义之一。唯物史观科学地揭示了生产力与生产关系、经济基础与上层建筑在人类社会发展中的辩证关系，历史性地提出了人民群众对历史发展的巨大作用，人民第一次成为实现自我解放和全人类解放的根本性政治力量。由此，马克思主义理论在科学社会主义理论（阶级斗争理论）、马克思主义政治经济学（剩余价值学说）、马克思主义哲学（辩证唯物主义、历史唯物主义）的基础上，最终形成以劳动为核心要义的理论体系。

三、马克思劳动概念的核心要义

（一）哲学存在论的劳动概念

1. 劳动创造了人本身

恩格斯在《自然辩证法》的《劳动从猿到人转变过程中的作用》中，提出“劳动创造了人本身”这一哲学命题，深入探讨了人类起源之迷思。恩格斯在文中指

① 黑格尔. 精神现象学[M]. 贺麟，王玖兴，译. 北京：商务印书馆，1979：234.
② 王映莲. 马克思恩格斯“劳动”概念的逻辑理路与当代意义[J]. 中国劳动关系学院学报，2021，35（2）：38-47.

出："政治经济学家说：劳动是一切财富的源泉。其实劳动和自然界一起才是一切财富的源泉，自然界为劳动提供材料，劳动把材料变为财富。但是劳动还远不止如此。它是整个人类生活的第一个基本条件，而且达到这样的程度，以致我们在某种意义上不得不说：劳动创造了人本身。"[①]但这一定义曾遭受争议，且未有止息。对此，王南湜指出："从马克思主义哲学人类学视野出发，借助于对生命科学最新进展的合理阐释，是能够对这一命题成功地进行全面维护的。"[②]恩格斯通过将"劳动"本身的发展演变与从猿到人的历史发展相联系，指出人类的起源并非一蹴而就，而是一个漫长而艰难的过程。在此过程中，"劳动"起着核心推动作用，同时"劳动"本身伴随这一过程得到进一步发展。[③]"正是在改造对象世界的过程中，人才真正地证明自己是类存在物。"[④]

2. 劳动构成社会关系和社会生活的基础

马克思指出，劳动"创造了与另一个人的本质的需要相符合的物品"，[⑤]即"人通过劳动建立了与他人的联结，意识到和感觉到彼此是对方本质的补充，劳动成为个体与类之间不可缺少的中介"。随着交往的扩大，人类在面向自然的劳动过程中，相互之间以一定的方式结合起来。"以一定的方式进行生产活动的一定的个人，发生一定的社会关系和政治关系……社会结构和国家总是从一定的个人的生活过程中产生的。"[⑥]"他们只有以一定的方式共同活动和互相交换其活动，才能进行生产；为了进行生产，人们相互之间便发生一定的联系和关系；只有在这些社会联系和社会关系的范围内，才会有他们对自然界的影响，才会有生产。"[⑦]

3. 劳动是社会历史发展的根本推动力量

马克思指出："整个所谓世界历史不外是人通过人的劳动而诞生的过程。""我们首先应当确定一切人类生存的第一个前提，也就是一切历史的第一个前提。这个前提是：人们为了能够'创造历史'，必须能够生活。但是为了生活，首先就需要吃喝住穿以及其他一些东西。因此第一个历史活动就是生产满足这

---

① 马克思，恩格斯. 马克思恩格斯全集：第二十卷[M]. 中共中央马恩列斯著作编译局，译. 北京：人民出版社，1971：509.

② 王南湜. 恩格斯"劳动创造了人本身"新解——一个基于马克思主义哲学人类学的阐释[J]. 马克思主义与现实，2020（5）：41-52.

③ 张严. "劳动创造人本身"命题的再考察——重读恩格斯《劳动在从猿到人转变过程中的作用》[J]. 理论视野，2020（12）：69-74.

④ 中共中央马恩列斯著作编译局. 马克思恩格斯文集：第一卷[M]. 北京：人民出版社，2009：163.

⑤ 马克思，恩格斯. 马克思恩格斯全集：第四十二卷[M]. 中共中央马恩列斯著作编译局，译. 北京：人民出版社，1979：37.

⑥ 中共中央马恩列斯著作编译局. 马克思恩格斯文集：第一卷[M]. 北京：人民出版社，2009：523-524.

⑦ 中共中央马恩列斯著作编译局. 马克思恩格斯文集：第一卷[M]. 北京：人民出版社，2009：724.

些需要的资料，即生产物质生活本身，而且，这是人们从几千年前直到今天单是为了生活就必须每日每时从事的历史活动，是一切历史的基本条件。”①除此之外，马克思进一步阐明：历史“不外是各个世代的依次交替。每一代都利用以前各代遗留下来的材料、资金和生产力；由于这个缘故，每一代一方面在完全改变了的环境下继续从事所继承的活动，另一方面又通过完全改变了的活动来变更旧的环境”。②“已经得到满足的第一个需要本身、满足需要的活动和已经获得的为满足需要的工具又引起新的需要。”③

（二）政治经济学的异化劳动概念

“工人生产的财富越多，他的产品的力量和数量越大，他就越贫穷；工人创造的商品越多，他就越变成廉价的商品；物的世界的增值同人的世界的贬值成正比。”④这一“二律背反”推动马克思揭露异化劳动的私有制根源，也使其突破原有术语范畴，首创了一系列成对的概念，以统一对立来揭露异化劳动的本质。

1. 抽象劳动与具体劳动

马克思在斯密提出的“劳动创造价值”基础上，进一步揭示出劳动在创造价值之前已经首先创造了使用价值。“一切劳动，一方面是人类劳动力在生理学意义上的耗费；就相同的或抽象的人类劳动这个属性来说，它形成商品价值。一切劳动，另一方面是人类劳动力在特殊的有一定目的的形式上的耗费；就具体的有用劳动这个属性来说，它生产使用价值。”⑤简单而言，抽象劳动生产商品价值；具体劳动生产使用价值。这并不是两次或两种不同的劳动，而是生产商品的同一个劳动的两个方面。根据马克思的界定，抽象劳动是“无差别的人类劳动的单纯凝结，即不管以哪种形式进行的人类劳动力耗费的单纯凝结”。⑥

2. 有酬劳动与无酬劳动

在抽象劳动与具体劳动的基础上，马克思进一步指出：“国民经济学家对我们说，本来，依照概念来说，劳动的全部产品是属于劳动者的。但是实际上工人得到的是产品中最小的、万万不能缺少的部分。”⑦这一矛盾在于劳动者通过劳动获得的产品应该全部属于劳动者所有，资本家若要获得劳动者的劳动产品，就需

---

① 中共中央马恩列斯著作编译局. 马克思恩格斯文集：第一卷[M]. 北京：人民出版社，2009：196+531.

② 中共中央马恩列斯著作编译局. 马克思恩格斯文集：第一卷[M]. 北京：人民出版社，2009：540.

③ 中共中央马恩列斯著作编译局. 马克思恩格斯文集：第一卷[M]. 北京：人民出版社，2009：531.

④ 中共中央马恩列斯著作编译局. 马克思恩格斯文集：第一卷[M]. 北京：人民出版社，2009：156.

⑤ 中共中央马恩列斯著作编译局. 马克思恩格斯文集：第五卷[M]. 北京：人民出版社，2009：60.

⑥ 中共中央马恩列斯著作编译局. 马克思恩格斯文集：第五卷[M]. 北京：人民出版社，2009：51.

⑦ 中共中央马恩列斯著作编译局. 马克思恩格斯文集：第五卷[M]. 北京：人民出版社，2009：122.

要相应给予劳动者以等价的报酬，但劳动者只收到了“最小的、万万不能缺少的部分”。这一悖论性推动马克思进一步发现劳动力商品的特殊性——“可以创造价值，而且创造的价值比它本身的价值大”。[①]劳动者只拿到了劳动力的价值，即有酬劳动；资本家则占有了劳动者在劳动过程中创造的超过劳动力价值的部分，即无酬劳动。

3. “活劳动”与“死劳动”

这一组概念是无酬劳动与有酬劳动的延续。“活劳动”指的是劳动者当下从事的劳动；“死劳动”指的是资本。“资本是死劳动，它像吸血鬼一样，只有吮吸活劳动才有生命。”[②]马克思指明，资本家在无偿占有工人的劳动力价值后，除了将部分用以满足自身基本生存生活需要外，仍会将一部分用作资本投入再生产，“转化为自行增值的价值，转化为一个有灵性的怪物，它用‘好像害了相思病’的劲头开始去‘劳动’”。[③]有鉴于此，资本对劳动者的剥削便转变为劳动者的“死劳动”对“活劳动”的剥削，进而使劳动者彻底沦为自身劳动产品的奴隶。[④]“劳动所生产的对象作为一种异己的存在物，作为不依赖于生产者的力量，同劳动相对立”，[⑤]劳动者“‘只要还有一块肉、一根筋、一滴血可供榨取’，吸血鬼就决不罢休”。[⑥]

4. 劳动与人的自由全面发展

马克思对异化劳动使工人处于被剥削、被奴役的不自由状态进行了思考，并对未来共产主义社会中人的自由全面发展提出了构想。在马克思看来，人并非抽象概念，而是从事“物质生产实践、真实存在于生命活动中的‘现实的人’”，这成为唯物史观的根本前提。在此基础上，马克思指出，人的自由发展是指“人在自由人的联合体内，能最大限度地克服外在条件的限制，能自主自愿地发展自己的脑力、体力的过程，其前提和真实的体现在于劳动实践”。[⑦]“马克思所主张的共产主义革命以人类解放为理想追求，而人类解放的关键是劳动解放，也就是整个社会从雇佣劳动中解放出来，采取自由劳动的方式，为人的自由全面发展创

---

① 中共中央马恩列斯著作编译局. 马克思恩格斯文集：第五卷[M]. 北京：人民出版社，2009：270.

② 中共中央马恩列斯著作编译局. 马克思恩格斯文集：第五卷[M]. 北京：人民出版社，2009：269.

③ 中共中央马恩列斯著作编译局. 马克思恩格斯文集：第二卷[M]. 北京：人民出版社，2009：36.

④ 王映莲. 马克思恩格斯“劳动”概念的逻辑理路与当代意义[J]. 中国劳动关系学院学报，2021，35（2）：38-47.

⑤ 中共中央马恩列斯著作编译局. 马克思恩格斯文集：第一卷[M]. 北京：人民出版社，2009：156.

⑥ 王映莲. 马克思恩格斯“劳动”概念的逻辑理路与当代意义[J]. 中国劳动关系学院学报，2021，35（2）：38-47.

⑦ 刘卓红，刘倩. 理解“人的自由全面发展”命题的三个维度：内在意蕴、当下形态与实现思路[J]. 世界社会主义研究，2021，6（7）：10-18+97.

造条件。”[①]中国共产党始终坚持以人为本、以人民为中心，并提出“促进人的全面发展”，是对马克思“人的自由全面发展”宝贵思想的历史性、时代性的探索与实践。

第二节　新时代劳动教育

党的十八大以来，习近平总书记立足新时代中国特色社会主义历史方位，立足培养德智体美劳全面发展的社会主义建设者与接班人，立足实现中华民族伟大复兴中国梦的新征程，高度重视劳动和劳动教育，在多个场合对劳动和劳动教育作出重要论述与重要指示，提出一系列关于劳动教育的新思想、新观点、新论断。为深入贯彻习近平总书记关于教育的重要论述，全面贯彻党的教育方针，落实《中共中央 国务院关于全面加强新时代大中小学劳动教育的意见》，加快构建德智体美劳全面培养的教育体系，教育部于 2020 年制定了《大中小学劳动教育指导纲要（试行）》（以下简称《指导纲要》），对新时代劳动教育性质和基本理念、劳动教育目标和内容、劳动教育途径等内容作出了具体规定与要求。

一、劳动教育性质与基本理念

（一）劳动教育性质

《指导纲要》明确指出，劳动是创造物质财富和精神财富的过程，是人类特有的基本社会实践活动。劳动教育是发挥劳动的育人功能，对学生进行热爱劳动、热爱劳动人民的教育活动。当前实施劳动教育的重点是在系统的文化知识学习之外，有目的、有计划地组织学生参加日常生活劳动、生产劳动和服务性劳动，让学生动手实践、出力流汗，接受锻炼、磨炼意志，培养学生正确劳动价值观和良好劳动品质。

《指导纲要》进一步阐明，劳动教育是新时代党对教育的新要求，是中国特色社会主义教育制度的重要内容，是全面发展教育体系的重要组成部分，是大中小学必须开展的教育活动。它具有鲜明的思想性，必须将马克思主义劳动观贯彻始终，强调劳动是一切财富、价值的源泉，劳动者是国家的主人，一切劳动和劳动者都应该得到鼓励和尊重；倡导通过诚实劳动创造美好生活、实现人生梦想，反对一切不劳而获、崇尚暴富、贪图享乐的错误思想。具有突出的社会性，必须加强学校教育与社会生活、生产实践的直接联系，发挥劳动在个人与社会之间的纽带作用，引导学生认识社会，增强社会责任感；同时注重让学生学会分工合作，

① 汪信砚，刘冬冬. 马克思劳动概念的三重维度及其生存论意蕴[J]. 兰州大学学报（社会科学版），2022，50（1）：39-47.

体会社会主义社会平等、和谐的新型劳动关系。具有显著的实践性，必须面向真实的生活世界和职业世界，引导学生以动手实践为主要方式，在认识世界的基础上，获得有积极意义的价值体验，学会建设世界，塑造自己，实现树德、增智、强体、育美的目的。

（二）劳动教育基本理念

1. 强化劳动观念，弘扬劳动精神

劳动教育直接决定社会主义建设者和接班人的劳动面貌、劳动价值取向与劳动技能水平。《指导纲要》明确规定，要将劳动观念和劳动精神教育贯穿人才培养全过程，贯穿家庭、学校、社会各方面。注重让学生在学习和掌握基本劳动知识技能的过程中，领悟劳动的意义价值，形成勤俭、奋斗、创新、奉献的劳动精神。

2. 强调身心参与，注重手脑并用

近年来，在学生中出现了一些不爱劳动、不愿劳动、不会劳动、不珍惜劳动成果的现象，劳动所具备的重要育人价值在一定程度上被淡化、被忽视。在此背景下，《指导纲要》指出，要把握劳动教育的根本特征，让学生面对真实的个人生活、生产和社会性服务任务情境，亲历实际的劳动过程，善于观察思考，注重运用所学知识解决实际问题，提高劳动质量和效率。

3. 继承优良传统，彰显时代特征

中华民族自古以来便有着热爱劳动、崇尚劳动的优良传统，在新时代新征程中，劳动教育既要继承优良传统，又要彰显时代特征，助力中国式教育现代化。对此，《指导纲要》强调，在充分发挥传统劳动、传统工艺项目育人功能的同时，紧跟科技发展和产业变革，准确把握新时代劳动工具、劳动技术、劳动形态的新变化，创新劳动教育内容、途径、方式，增强劳动教育的时代性。

4. 发挥主体作用，激发创新创造

党的十八大以来，我国创新型国家建设获得长足发展，青年学生作为建设创新型国家的生力军，激发其创新创造思维与能力至关重要。在新时代劳动教育中，《指导纲要》要求关注学生劳动过程中的体验与感悟，引导学生感受劳动的艰辛和收获的快乐，增强获得感、成就感、荣誉感。鼓励学生在学习和借鉴他人丰富经验、技艺的基础上，尝试新方法、探索新技术，打破僵化思维方式，推陈出新。

二、劳动教育目标和内容

《指导纲要》规定，劳动教育的总体目标在于准确把握社会主义建设者和接班人的劳动精神面貌、劳动价值取向和劳动技能水平的培养要求，全面提高学生劳

动素养，使学生树立正确的劳动观念、具有必备的劳动能力、培育积极的劳动精神、养成良好的劳动习惯和品质。

对于职业院校而言，劳动教育要重点结合专业特点，增强学生的职业荣誉感和责任感，提高职业劳动技能水平，培育积极向上的劳动精神和认真负责的劳动态度。组织学生持续开展日常生活劳动，自我管理生活，提高劳动自立自强的意识和能力；定期开展校内外公益服务性劳动，做好校园环境秩序维护，运用专业技能为社会、为他人提供相关公益服务，培育社会公德，厚植爱国爱民的情怀；依托实习实训，参与真实的生产劳动和服务性劳动，增强职业认同感和劳动自豪感，提升创意物化能力，培育不断探索、精益求精、追求卓越的工匠精神和爱岗敬业的劳动态度，坚信“三百六十行，行行出状元”，体认劳动不分贵贱，任何职业都很光荣，都能出彩。

三、劳动教育途径

《指导纲要》明确，将劳动教育纳入人才培养全过程，丰富、拓展劳动教育实施途径。

（一）独立开设劳动教育必修课

职业院校开设劳动专题教育必修课，不少于 16 学时；主要围绕劳动精神、劳模精神、工匠精神、劳动组织、劳动安全和劳动法规等方面设计。

（二）在学科专业中有机渗透劳动教育

职业院校要将劳动教育全面融入公共基础课，要强化马克思主义劳动观、劳动安全、劳动法规教育。专业课在进行职业劳动知识技能教学的同时，注重培养“干一行爱一行”的敬业精神，吃苦耐劳、团结合作、严谨细致的工作态度。

（三）在课外校外活动中安排劳动实践

大中小学每学年设立劳动周，采用专题讲座、主题演讲、劳动技能竞赛、劳动成果展示、劳动项目实践等形式进行。职业院校兼顾校内外，可在学年内或寒暑假安排，以集体劳动为主，由学校组织实施。

（四）在校园文化建设中强化劳动文化

学校要将劳动习惯、劳动品质的养成教育融入校园文化建设之中。要通过制定劳动公约、每日劳动常规、学期劳动任务单，采取与劳动教育有关的兴趣小组、社团等组织形式，结合植树节、学雷锋纪念日、五一劳动节、农民丰收节、志愿者日等，开展丰富的劳动主题教育活动，营造劳动光荣、创造伟大的校园文化。

要举办“劳模大讲堂”“大国工匠进校园”、优秀毕业生报告会等劳动榜样人物进校园活动，组织劳动技能和劳动成果展示，综合运用讲座、宣传栏、新媒体等，广泛宣传劳动榜样人物事迹，特别是身边的普通劳动者事迹，让师生在校园里近距离接触劳动模范，聆听劳模故事，观摩精湛技艺，感受并领悟勤勉敬业的劳动精神，争做新时代的奋斗者。

第三节 劳动与未来发展

一、人工智能时代的到来

科学技术是第一生产力，是推动人类社会发展的直接动力。第一次科技革命带领人类进入蒸汽机时代；第二次科技革命带领人类进入电气化时代；第三次科技革命带领人类进入信息化时代。当前，随着以人工智能、虚拟现实、大数据、云计算、量子通信等为代表的新科技的蓬勃发展和广泛运用，人们的生产方式、生活方式、思维方式正在发生深刻变化，第四次科技革命正带领人类进入智能时代，并且这种发展速度呈指数倍增。2022 年 10 月，习近平总书记在党的二十大报告中对“培育德智体美劳全面发展的社会主义建设者和接班人”“推进教育数字化”作出重要指示。新一代人工智能正在全球范围内蓬勃兴起，为经济社会发展注入新的功能，在教育数字化以令人哗然的速度席卷全球之时，劳动教育理应进行数字化转型。关于人工智能这一概念，国内学术界普遍认为是 1956 年约翰·麦卡锡在达特茅斯会议上提出的。因此，这一年也被认为是人工智能的起点，称为“人工智能元年”。

人工智能是用机器模拟人的智能，即要让机器的行为看起来像是人类所表现出的智能行为一样。从 20 世纪开始，人工智能就在潜移默化中渗透进人类生活，而真正走进大众的视野是在 2016 年，“阿尔法狗（AlphaGo）”作为人工智能机器人第一次击败人类职业围棋选手。这一事件表明了智能机器人在逻辑与运算上超越了人类智能，也标志着人工智能时代的来临。随着信息技术的更新换代、第五代移动通信技术（5G）技术的成熟和普及，全球人工智能正不断萌发“新芽”，人工智能技术处在创新阶段，人工智能云服务、ChatGPT、类脑智能、智能芯片等不断涌现。“小爱同学”“天猫精灵”“小艺小艺”、智能家居、ETC 收费系统、人脸识别系统、无人驾驶汽车、物流无人分拣中心等等表明了人工智能在我们的生活中已经得到广泛的应用。

二、智能化时代未来劳动的新特征

对人类来说，每次重大的科技革命必然导致一次新的社会革命，人类历史上发生的次工业革命，都在不同程度上引起了分工的变化。马克思在《德意志意识形态》中做了深刻的论述：“任何新的生产力，只要它不是迄今已知的生产力单纯的量的扩大，都会引起分工的进一步发展。一个民族内部的分工，首先引起工商业劳动同农业劳动的分离，从而也引起城乡的分离和城乡利益的对立。分工的进一步发展将导致商业劳动同工业劳动的分离。同时，由于这些不同部门内部的分工，共同从事某种劳动的个人之间又形成不同的分工。”①马克思针对人类历史上发生的分工进行了考察，毋庸置疑，分工变化仍然与生产力发展相关，4.0 工业时代发展的核心动力仍然是人类社会生产力发展，社会文明在进步，物质水平在提高。随着人工智能技术的应用，很多传统的人类劳动会逐渐被人工智能所替代，这是不可回避的历史进程。和人类历史上任何一次技术革命带来的劳动改变一样，人类必然要经历变革的阵痛，但最终人类能够适应新的环境和技术条件，让劳动本身重新找到合适的定位和社会价值。

（一）人的劳动形态发生变化

与前三次科技革命相比，以人工智能为显著标识的第四次科技革命，对人类社会发展和人的存在状态的革命性与颠覆性影响是前所未有的，这集中表现在人的劳动形态发生了前所未有的变化。与传统的劳动形态不同，当前的智能机器已经能够通过数据编程控制相应的设备进行听、说、读、写及其生产行动等，运用大数据、云计算等算法精准地分析用户的需求。其具体的应用范围已经不仅仅是传统的以流水线工人、快递员等为代表的偏简单性、重复性、机械性的“蓝领”工作，逐渐向具有专业性、分析能力的“白领”工作渗入。在智能浸润或替代的过程中，虽然人类在人工智能领域不断地打造自己的帮手，甚至会面临某些岗位被这些帮手所替代的窘境，但是人工智能与人类绝不是对立关系，而是人机融合关系。

（二）劳动的自由度增加

劳动是人的存在方式，人工智能改变和优化了人的有意识、有目的的劳动，改变和优化了人的存在方式，提供了一条人的劳动解放的可预知路径。智能化时代的未来劳动，智能机器人对人类劳动的取代，使人类劳动直接创造财富的功能逐渐减弱。一方面，智能机器人通过其强大的生产力创造出充裕的物质生存资料，使社会财富的源泉充分涌流，在客观上为人的自由全面发展提供丰富的物质基础，

① 马克思，恩格斯. 德意志意识形态：节选本[M]. 中共中央马恩列斯著作编译局，译. 北京：人民出版社，2018：12.

使人类能自由主导和支配自己的劳动过程，可以自主选择符合自己意愿和兴趣的劳动形式与工作岗位；另一方面，劳动者用于谋生的非自由时间逐渐缩短，“所有的人都将有可以自由支配的时间，发展自己的自由时间”。①当然，随着人工智能的发展，人类也可能彻底摆脱繁重的体力劳动，转而从事更为轻松活泼的劳动。彼时，工作与休闲的界限将会变得更加模糊。

（三）劳动的专业性和技能性要求更高

“算法是人工智能的核心，从早期的形式逻辑算法，到后来的神经网络、贝叶斯系统、控制论，再到当代的深度神经网络、深度学习、因果判断等，都是围绕着算法展开的。”②智能时代的生产系统主要由智能机器人（硬件）和操作系统（软件）组成。无论是智能机器人的设计、研发、生产制造、使用维护，还是软件操作系统的编制操作，都需要大量的脑力劳动以及知识、技能和创造力的深度参与。与传统的机械化生产及手工劳动相比，智能时代的劳动更加注重知识、创造力和技能。人工智能为人们重新定义了“生产”“实践”“劳动”，使物质经济转变为知识经济，机械化生产转变为智能化生产，这也意味着智能劳动对劳动者的专业性和技能性要求更高。

（四）劳动关系与分配方式面临重塑

人工智能使得创造财富的劳动既可以由人类实施，也可以由机器开展，劳动关系不再单纯存在于人和人之间，人机关系也成为劳动关系的重要方面。在制造业领域，工业机器人反倒是主要“劳动者”，而人类只作为设计者、控制者、维护人员参与其中。在服务产业领域，人工智能则成为劳动者最得力的助手，承担各类或精细或复杂的体力与智力劳动。远程劳动、共享劳动、多重身份劳动、委托劳动、数字劳动等多种新型劳动形态，使得过去相对固定单一的服务对象拓展到灵活可选择的、不限数量的多个服务对象，劳动者与企业之间的劳动关系从属性降低，雇佣关系弱化。同时，如何分配智能机器人所创造的财富成为企业与劳动者共同关注的焦点问题，劳动关系与分配方式面临重塑。在未来社会，即便人类凭借智慧能创造出很多自动化机器人或高智能化机器人，人的劳动依然是不可或缺的。

三、未来劳动者的能力要求与大学生劳动素质的提升路径

进入智能时代，人与人、人与机器之间的智能协作成为劳动的主要方式。智

① 马克思，恩格斯. 马克思恩格斯全集：第三十五卷[M]. 中共中央马恩列斯著作编译局，译. 北京：人民出版社，2013：229.

② 涂良川. 马克思历史唯物主义视阈中的人工智能奇点论[J]. 东北师大学报（哲学社会科学版），2020（1）：78-84.

能时代的劳动教育，旨在培养适应智能技术发展要求的新型劳动者，各种不断升级的算法技术、计算智能和更聪明的机器认知智能成为首要的衡量标准。信息技术的飞速发展催生了教育多方面、深层次、大范围的系列变革，强调终身学习、合作学习、探究学习相统一的新教育观念。人工智能时代对劳动者的要求是再技能化，即拥有更多的创造能力、应变能力、解决问题的能力等。因此，未来的劳动岗位更加要求专业性，对劳动者的素质、能力要求更高。

（一）未来劳动者的能力要求

1. 正确的劳动价值观

劳动是衡量人生价值的尺度，个人对社会的意义，正是通过劳动者这一角色反映出来。①随着人工智能、云计算、虚拟现实技术等新兴智能技术的发展和广泛应用，原本相对简单的劳动形态也随之发生巨大变化，虚拟劳动、数据劳动、智能劳动等新型劳动形态层出不穷。劳动本身也蕴含了更复杂多变的劳动过程、更加丰富多样的知识，呈现出智能化和信息化的特点。可见，“劳动是人的本质，只有劳动才能创造人生价值”的真理在任何时代都不会改变，任何时代的人都离不开劳动。在智能时代，劳动仍是创造价值的唯一源泉。

劳动者应该通过科学缜密的理性思维，分辨人类创造价值的劳动与机器生产的智能劳动的本质区别，通过智能时代丰富多样的劳动形态正确认知和把握其所蕴含的人类劳动的价值。在未来的劳动形态中，人工劳动被智能技术广泛替代，劳动者从简单技术劳动中逐渐解放，所以应将更多精力投入到创造性、交互性、服务性等智能技术无法替代的劳动实践中。劳动者在劳动实践中不断提升对劳动价值的认知，充分认识“劳动是推动人类社会进步的根本力量”的真理，自觉把个人理想与国家发展、民族复兴紧密联系起来，进而树立正确的劳动价值观。

2. 掌握通用技术和常识

智能技术对生产的最大改变在于，使生产过程更加数字化和智能化，劳动力结构从简单的操作型向智能化的知识型转变，人与机器之间的协作生产方式将成为常态。信息技术、数据技术、人工智能知识、互联网知识，都是未来劳动者的标配知识体系和技能，因此，智能时代的新型劳动者要善于与日趋智能化、数字化的智能机器设备协同工作，掌握通用的人工智能相关理论知识和技能。

3. 自主学习的能力

学习是人类进步的重要途径。随着人工智能的发展、信息技术的迭代更新，交叉性的学科知识层出不穷，人工智能时代为学科之间的交叉、渗透、融合与共

---

① 季爱民，蔡欢. 马克思主义劳动观下的大学生劳动观调查分析[J]. 学校党建与思想教育，2015（3）：75-77.

生创造了新的机遇，也促进了学术发现、学术探索在原有基础上的不断开拓创新。随着经济社会的快速发展，新知识、新技术不断出现，面对众多不确定的新事物，单凭已有知识与技能很难获得清晰的认知，所以智能时代对于劳动者的知识储备和知识更新的要求越来越高，反思能力和推理分析能力也逐渐成为劳动者的必备能力。大学生仅仅满足于课堂中学习到的理论知识和实践技能是远远不够的，若干年的学习生涯只是知识储备的开端，而非学习的终止。这就要求大学生在学习和劳动中增强自主学习意识，始终保持积极主动的学习心态。

4. 较高的综合素养

在智能时代，创造性劳动逐渐成为劳动的常态化形态，智能机器大量取代人工劳动，使劳动力从简单重复的技术劳动中进一步解放，这为劳动者从事复杂的创造性劳动提供了必要基础。因此，创新能力成为未来劳动者综合素养中的首要能力。人工智能虽然可以代替人类完成很多事情，但在人际交流和互动方面，人类比电脑更擅长，人类在生活与工作中的社交能力是计算机难以替代的。伴随着技术的发展，社会的劳动分工越来越细，专业性越来越强，而我们面临的整体作业却越来越复杂，所以彼此的协作共商必要且重要。即使是创意产业，也很依赖集体的头脑风暴，需要其他外部资源的协助。因此，良好的沟通能力、与人协作的技巧和主观心态，都是未来劳动者所必须具备的素养。

5. 拥有创新意识

创新能力是大学生应该具有的时代风采和责任担当。在智能时代，劳动力得到解放的同时，也面临着被智能机器替代的危机和挑战。因此，锻造创新意识和扎实推进创造性劳动能力将显著增强大学生的职业竞争力。

6. 求实求真的劳动精神

培养学生求实求真的劳动精神是劳动教育的首要目标。在人工智能时代，劳动教育不仅要培养大学生尊重劳动、热爱劳动、崇尚劳动的精神，更需要涵育大学生求实求真的精神。智能技术的迅速发展模糊了人类劳动与机器劳动的界限，尤其是模拟人类的智能机器和虚拟仿真技术的出现，使人的本质和主体地位受到强烈冲击。大学生在智能技术和智能机器面前，要始终保持理性的求真求实精神，在人机协作中驾驭智能技术，促进人的解放和自由全面发展。

（二）大学生劳动素质的提升路径

1. 树立正确的劳动观念

正确的劳动价值观念既是人工智能时代对劳动者能力的要求，也是劳动素养提升的有效路径之一。拥有积极向上的劳动观念对于职业选择、职业态度、劳动行为具有重要的意义。劳动价值观是马克思主义的核心观点，马克思认为劳动本身就是真善美相统一的过程，劳动是创造一切价值的源泉，培养学生形成正确的劳动价值观是劳动教育最本质的目标。[①]在人工智能时代，劳动者应认识到智能机器、技术是人类劳动的产物，其背后蕴含的是人类的辛勤劳动和智慧劳动。虽然劳动的内容和方式在人工智能时代发生了翻天覆地的变化，但是劳动依然创造一切价值。人工智能技术的飞速发展带动了机器智能化、自动化的飞跃发展，其根本原因是人工智能代表了人类智慧对自然规律的把握和利用能力的提高。机器人掌握的各项劳动技能是基于人设计并输入的程序进而显示出来的，没有脱离“人”这一关键因素。大学生应增强自我管理意识，体悟劳动之艰辛，进而自觉珍惜劳动成果，树立积极向上的劳动精神。

2. 构建交叉融合的知识体系

马克思说：“手推磨产生的是封建主为首的社会，蒸汽机产生的是工业资本家为首的社会。”[②]21 世纪，我们已经进入了人工智能时代，智能机器将成为人类社会的主要工具。智能时代对复合型人才的需求量更高，这要求劳动者不能仅仅局限于追求本专业的知识点，还要拓宽视野，接触不同学科，构建交叉融合的知识体系。

3. 加强动手实践能力的训练

千里之行，始于足下。理论知识的学习帮助我们搭建知识体系框架，动手实践则可以将理论知识进行转化。人工智能时代更多的是运用高、精、尖的智能机器，这不仅要求劳动者拥有专业的编程知识、数据分析能力，还要有一丝不苟、精益求精的工匠精神。因此，劳动者要潜心磨炼，加强动手能力多实践，提高业务水平和精度。

4. 培养良好的劳动品质

无论是智能时代还是传统的工业时代，良好的劳动品格都是劳动者应具备的素质。人工智能的发展解放了人们的手、脑，很多任务都可以借助智能技术和工具完成，省时省力，于是社会上出现不需要劳动、轻视劳动的相关言论，尤其是轻视体力劳动，进而导致不尊重劳动的现象出现，这些都不利于劳动者在时代的浪潮中得到职业发展。首先，应该培养专心致志的劳动品质。科学技术的发展是一把双刃剑，便利了我们的生活同时也充满了诱惑。大学生可以借助智能工具、网络等获取知识，了解实事，但也容易被网络上的新鲜事物所吸引，无法全身心投入到学习、劳动中。无数案例证明，只有专心致志，全身心投入其中，才能获得一定的劳动果实。为了帮助大学生在未来的生活和工作中取得一定的成就，高

① 中共中央马恩列斯著作编译局. 马克思恩格斯选集：第二卷[M]. 3 版. 北京：人民出版社，2012.
② 中共中央马恩列斯著作编译局. 马克思恩格斯选集：第二卷[M]. 3 版. 北京：人民出版社，2012.

校应培养大学生专心致志的劳动品质。其次，培育大学生吃苦耐劳的劳动品质。人工智能的快速发展给大学生的生活带来了极大的影响，部分大学生怕苦、怕累、不想出力。吃苦耐劳的劳动品质在大学生中难能可贵，具有非常大的时代价值。为了帮助大学生成为时代需要的实干者，高校应培养大学生吃苦耐劳的劳动品质。

人工智能的飞速发展加快了经济社会的高质量发展，也在深刻影响着教育的发展与未来。人工智能时代，大学生劳动教育的深入推进既是人工智能应用的进一步拓展，也对教育的发展与未来起到举足轻重的作用。人工智能时代充满了更多的机会和挑战，如何更好地适应人工智能时代，把握时代红利，为国家的“智能”化发展贡献源源不断的力量，关键在于人和人才的培养。新时代的大学生应该树立正确的劳动价值观，强化自主学习意识，提高动手实践能力，用自身过硬的本领去拥抱智能时代。

案例分析

飞驰吧，人生

毕业于天津电子信息职业技术学院的吴宏伟，现在是高铁的“安全担当”——随车机械师。这些年，他承担过“津保铁路”“西成高铁”“津港高铁”的首发任务。这是一份荣誉，更是对吴宏伟过硬技术的肯定。

“我的工作是自己的兴趣所在，所以充满钻研的动力。”吴宏伟说道。他从小动手能力就强，家中的小家电坏了都能修，让父母很自豪。2011 年，高中毕业的吴宏伟决定把喜好变为事业，报考了天津电子信息职业技术学院电子与通信技术系。“我告诉自己，一定要精湛地掌握一门技术，未来才能有更多发展空间。”怀揣着这份信念，吴宏伟踏进了校门。他清楚地记得第一次见到“大国工匠”站在三尺讲台上时自己激动的心情。“世界职业院校技能大赛金牌教练卢勤的成长经历激励我像他那样，成为一名好工匠。”他说道。高超的技术，靠一点一滴的积累和磨砺而来。课堂上，吴宏伟的笔记记了一本又一本；课堂外，他扎在常年开放的学校实训中心里，从做一个小锤子，到制作网线、布局网络链……他沉浸其中，常常忘了时间。经过 3 年职业院校培养，吴宏伟顺利通过 4 家单位的面试，最终成为中国铁路北京局集团有限公司天津动车客车段的一名动车组机械师。吴宏伟的基础工作从拧螺丝干起，常跟着师傅在夜间对高铁进行日常检修。因为标准严苛，仅仅是拧车下裙板螺丝这个最简单的步骤，他就足足做了 4 个月。“每拧动一次螺丝，师傅就会用仪器校验数值，最后我做到了几乎零误差。”除了苦练，吴宏伟还喜欢钻研，成天琢磨的就是高铁的每一个部件如何运行、又要怎样维修。一遍遍实践中，他脑中就有了一张高铁每个部件的“维护图”。2019 年 7 月 10 日，“津港高铁”开通，吴宏伟靠着一股子钻劲，不断学习、演练，最终从

120 多名机械师选拔中脱颖而出，成为首批入港机械工程师之一。

（资料来源：https://www.tj.gov.cn/sy/jrgz/202309/t20230917_6408329.html）

【案例分析】热爱是前行的动力，吴宏伟同学能够凭借着他的热爱与初心，不断学习、积累和磨砺，在自己的专业领域深耕，最终练就过硬的本领。三百六十行，行行出状元。在智能化时代，知识的更迭非常快速，同学们要与时俱进，保持积极的自主学习态度和习惯，掌握尽可能多的实用技能，努力成为对国家有用、为国家所需的人才。

管延安：深海钳工专注筑梦

港珠澳大桥是粤港澳首次合作共建的超大型跨海交通工程，其中岛隧工程是大桥的控制性工程，也是世界上在建的最长公路沉管隧道。工程采用世界最高标准，设计、施工难度和挑战均为世界之最，被誉为“超级工程”。在这个超级工程中，有位普通的钳工大显身手，成了明星工人。他就是管延安，中交港珠澳大桥岛隧工程 V 工区航修队首席钳工。经他安装的沉管设备，已成功完成 18 次海底隧道对接任务，无一次出现问，且接缝处间隙误差做到了“零误差”标准。因为操作技艺精湛，管延安被誉为中国“深海钳工”第一人。

零误差来自近乎苛刻的认真。管延安有两个多年养成的习惯：一是给每台修过的机器、每个修过的零件做笔记，将每个细节都记录在个人的“修理日志”上，遇到什么情况怎么样处理都“记录在案”。从入行到现在，他已记了厚厚四大本，闲暇时常会拿出来温故知新。二是维修后的机器在送走前，他都会检查至少 3 遍。正是这种追求极致的态度，不厌其烦地重复检查、练习，练就了管延安精湛的操作技艺。“我平时最喜欢听的就是锤子敲击时发出的声音。”管延安说道。20 多年的钳工生涯虽有艰苦，但他也深深地体会到其中的乐趣。

（资料来源：https://biaozhang.12371.cn/2015/05/10/VIDE1431259201480281.shtml）

【案例分析】20 多年的钳工生涯，管延安乐此不疲，他认为只有扎根一线，不断精益求精，技艺才能臻于至善。积极向上的劳动观念造就了他铸造精品的匠心，乐此不疲的实践操作为“超级工程”提供了坚实的保障，也助推中国从桥梁建设大国走向桥梁建设强国。

声音 · 言论

我们着眼数字时代人才需要，建立职业教育联盟，开展职业技能大赛、女性创新大赛，为加强创新创业合作打造人才库。

——习近平

天才就是劳动，人的天赋就像火花，它可以熄灭，也可以燃烧起来，而逼它燃烧成熊熊大火的方法只有一个，就是劳动再劳动。

——（苏联）高尔基

人工智能是人创造出来的，应更好为人服务！

——倪光南

科技本身没有好与坏，人工智能可以令世界变得更美好。

——（美国）库克

思考题

1. 请你谈谈劳动教育的重要性。
2. 大学生应该如何提高自己的劳动素养？
3. 有人说智能机器人已经非常先进了，可以取代人类劳动，请谈谈你的看法。

知识链接

主动应对人工智能对就业带来的影响

近年来，以人工智能、5G 等数字技术为核心的新一轮科技革命为我国经济发展注入新活力，同时对就业规模、就业结构、就业方式也带来深刻影响。特别是以 ChatGPT 为代表的生成式人工智能快速崛起，再次引发了全球对新一代人工智能的广泛关注，同时也引发了人们对“机器换人”问题的广泛讨论。我们有必要未雨绸缪、加强研判，科学认识人工智能对就业带来的深刻影响，主动应对新问题新挑战。

1. 人工智能对就业的影响是把“双刃剑”

人工智能是推动科技跨越发展、产业优化升级、生产力整体跃升的驱动力量。人工智能作为一种新兴的颠覆性技术，极大地激发了创新创业活力，大幅地增加了就业机会，助力实现更充分、更高质量的就业。但是，人工智能对就业的挤出效应也是近年来人们一直挥之不去的担忧。

人工智能作为新一轮技术革命中崛起的新技术，正在从多个层面体现技术创新对劳动力就业的创造效应。一是新技术转换了就业结构，带来就业新机会。智慧医疗、智慧养老、智能安防等在减少医疗、养老、安防等从业人员的同时，让人工智能算法工程师、数据科学家、机器学习工程师等技术研发、应用和维护的就业岗位明显增加。二是新技术改变了就业形态，衍生出大量灵活就业、隐性就业。规模庞大的新业态催生外卖配送员、网约车司机、网络主播、小店规划师等大量新兴服务性职业，有效缓解了结构性失业。三是新技术大幅降低了“信息不对称”，有效提高了劳动力市场的匹配效率。

人工智能在对就业产生创造效应的同时，也带来挤出效应。但是要看到，这种“挤出”是结构性的，呈现“极化”特征。从美国、英国、欧洲等成熟劳动力市场数据看，挤出的是程式化工作，却让非程式化工作需求增加。美国波士顿咨询公司 2021 年的研究表明，人工智能对工人的比例每增加 1‰，就会有 0.18%～0.34%的就业岗位相应减少。人们担心，随着技术向通用人工智能和强人工智能迈进，其对就业的挤出效应可能会加剧。

值得关注的是，人工智能对就业冲击的影响正在发生结构性变化。Open AI 公司在推出 ChatGPT 后，发布了报告分析 GPT 模型（一种基于互联网的、可用数据来训练的、文本生成的深度学习模型）和相关技术对美国劳动力市场的潜在影响。研究结果表明，约 80%美国劳动力的工作任务会受影响，其中翻译工作者、作家、记者、数学家、财务工作者、区块链工程师等脑力劳动者受影响最大，而食品制作、林业养护等体力劳动者反而受到的潜在影响最小。高盛发布报告认为，律师和行政人员所受影响最大，而建筑和维修等体力要求较高的职业或户外工作受影响较小。

2. 我国应对人工智能的就业冲击具有体制优势

探讨人工智能对就业的影响，脱离不开具体国情和制度背景。在中国式现代化背景下，人工智能对就业的影响体现出鲜明的“中国式”新特点。

资本主义国家始终存在生产资料私有制与生产社会化之间的固有矛盾。资本的逐利属性决定了企业在使用技术替代劳动的过程中，必然存在个别企业的有组织性与整个社会所有企业竞相使用技术替代劳动而带来的无政府状态的矛盾。这一矛盾决定了，虽然国家层面试图通过改善劳动关系、增加社会保障等方法提高劳动者就业，但由于其制度本身的固有缺陷，国家影响经济的力量相当有限，不可能真正提高劳动者的就业质量与生活福祉。而在社会主义国家，以公有制为主体、多种所有制共同发展的基本经济制度，打破了私有制下个别企业有组织性与整个社会无序性之间的矛盾，从而使得劳动者整体和生产资料整体之间存在着总体的、全社会范围内的结合关系，让实现劳动力充分就业成为可能。

我国可以充分发挥社会主义制度优越性，通过国有经济发展、宏观调控政策两种途径，推动实现更为充分、更高质量的就业。一方面，在充分发挥市场作用之外，有强大的国家治理能力作为支撑，通过政策创新与制度创新，主动引导新业态发展，主动提供更多就业服务，吸纳、消化人工智能带来的结构性失业；另一方面，可以充分发挥国有经济的支撑作用，以国有经济收益为保障，尽可能扩大社会保障覆盖面，最大限度地让广大群众享受发展红利，减少贫富差距。

社会主义国家从根本上有动力、有意愿更好地实现充分就业和高质量就业。当前，我国正处于“以中国式现代化全面推进中华民族伟大复兴”新时代新征程，牢牢抓住以人工智能、5G 等数字技术为核心的新一轮科技革命机遇加快发展，是推进中国式现代化的必然之举。但是也要看到，我国的现代化进程不同于西方国家的传统现代化。中国式现代化是人口规模巨大的现代化，是全体人民共同富裕的现代化，坚持人民至上是贯穿其中的基本立场观点方法。就业是最大的民生，在处理人工智能等新技术与劳动力就业的关系上，既要充分汲取技术进步的成果推动生产力提高，又要始终把促进就业放在经济社会发展的优先位置。

3. 推动人工智能与充分就业共同繁荣

理论和实践都证明技术进步与充分就业并非水火不容，实际上可以相得益彰。当前及今后一个阶段，应充分发挥中国特色社会主义制度优越性，在关注人工智能对就业产生的挤出效应同时，更应充分激发人工智能等新技术的就业创造能力，主动应对人工智能对就业带来的深刻影响。

一是放宽新业态准入条件，挖掘新型就业潜力，扩大新业态容纳的就业规模。通过放宽管制，激发企业创新创业活力，吸引更多市场主体进入新业态，创造更多新型就业机会。同时，还要引导企业数字化转型，扩大企业生产规模，提高企业的就业吸纳能力。加大对欠发达地区数字基础设施投资力度，尽量弥合区域之间的“数字鸿沟”，为更好发挥人工智能的就业创造效应提供强大的基础设施支撑。

二是加强人工智能培训，增强劳动者适应数字环境的能力，拓宽劳动者在新业态环境下获取工作岗位的机会。在当前通用人工智能大模型发展的背景下，部分传统岗位出现被替代风险，培养和提升人工智能相关技能成为从业者的迫切需求。这就需要政府发挥更大的制度保障功能，加大职业转型和培训力度，确保劳动力能够适应人工智能时代的就业市场变化，从而实现可持续和包容性的就业增长。同时，强化政策支持，鼓励人力资源机构为新型就业提供规范有序的人工智能培训，对于总规模较大、培训时长半年以上的培训活动，给予一定的补贴支持。

三是加强就业服务，创造宽松就业环境，为劳动者转换就业岗位创造良好条件。畅通就业信息渠道，打破就业人员流动壁垒，让劳动力在可以及时获知信息的情况下自主择业。加强法治建设，严格规范劳动市场运行机制，避免职业转换过程中危害劳动者的行为。加强对人工智能主要应用领域的宣传和解读，引导普通劳动者全面准确理解人工智能的潜在影响，增强劳动者对人工智能的信任。积极推动社会公益组织的发展，在劳动者职业规划、技能培训、岗位匹配等诸多领域，发挥好社会组织的作用，帮助劳动者实现高质量就业。

（资料来源：https://www.gmw.cn/xueshu/2023-06/05/content_36610819.htm）

专题二
培根铸魂　树立正确劳动价值观

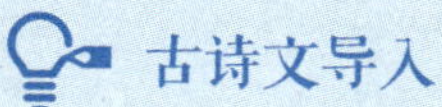

古诗文导入

悯　　农

唐·李绅

锄禾日当午，汗滴禾下土。

谁知盘中餐，粒粒皆辛苦。

【解读】这首大家耳熟能详的唐诗描绘了农民辛苦劳作的场景。烈日当空的正午，农民仍在田间劳作，滴滴汗珠不停地从额头、臂膀沁出，滴落到灼热的土地上。诗人感叹道，有多少人会想到，我们餐盘中的稻米，每一粒都是农民的辛苦劳作得来的。明末清初诗人、编选家、批评家徐增在其《而庵说唐诗》中对此诗点评道："种禾偏在极热之天，赤日杲杲，当正午之际，锄者在田里做活，真要热杀人……及至转成四糙，煮饭堆盘，白如象齿，尽意大嚼，那知所餐之米，一粒一粒，皆农人肋骨上汗雨中锄出来者也！公垂作此诗，宜乎克昌其后。此题'悯'字，自必点出，若说得透彻，则'悯'字在其中矣。""悯"是对辛苦劳作者的同情关心，也隐含着对底层劳动者做出的社会贡献的尊重。人类的生存和发展离不开劳动，正是一代代人用勤劳的双手创造了我们生存、繁衍所必需的物质条件，造就了恢宏瑰丽的物质文明与精神文明，彰显了人类独有的聪慧才智。

通过前面专题一的学习，我们了解到劳动是人们进行的一种有目的、有意识地改造自然界和人类社会的实践活动。在劳动中，人们会对周围的人和事物形成一定的观念，即劳动价值观。它涵盖了人们对劳动目的、意义、效用的基本认识。所持劳动价值观不同，人们在劳动中呈现出的态度、德行、习惯等会大相径庭。正确的劳动价值观有助于人们正确地去看待和对待劳动，帮助人们懂得尊重劳动、热爱劳动，珍惜劳动成果，以积极主动的劳动态度投入到生产劳动中；而错误的劳动价值观则会支配人们持有相反的劳动态度、做出相反的劳动选择，并对人们的生活和社会的生产带来负面影响。因此，本专题重点梳理马克思主义劳动价值观和新时代中国特色社会主义劳动价值观的内容，分析大学生树立正确劳动价值观面临的挑战和应对策略，从而引导大学生正确认识劳动价值、尊重热爱劳动者，并成长为能够为社会做出贡献的优秀劳动者。

第一节 马克思主义劳动价值观

劳动价值观作为马克思主义思想体系的重要分支，是马克思主义理论体系的重要组成部分，在《1844年经济学哲学手稿》《德意志意识形态》《资本论》等著作中都有所体现，具体可以从历史唯物主义层面和政治经济学层面进行解读。

一、历史唯物主义维度的劳动价值观

历史唯物主义是贯穿于马克思整个思想体系的主线索，也是正确理解人类社会发展的理论，而在其产生之前，西方学者们在历史观上总是深陷在唯心主义的泥潭之中。例如，笛卡尔认为上帝创造了世界和世界万物的运动规律，并且维持世界有规律的运动；黑格尔认为世界的本源是绝对精神和理念。受这种唯心主义观点的影响，马克思在《莱茵报》时期处理《林木盗窃法案》屡遭碰壁，不得已将寻求人类解放的目光从虚无缥缈的唯心世界转移到现实生活中，以人的劳动这一现实的活动为起点去认识人的本质，从人的生产活动出发去认识人类的社会历史，坚定了唯物史观的立场，并由此发现了人类与社会历史发展的科学规律。概括来讲，马克思对于劳动的理解是从劳动与人的关系层面展开的，具体体现在以下 3 个方面：

（一）劳动创造了人本身

人既是自然界进化发展的产物，又是社会劳动的产物。早在19世纪40年代，自然科学领域的三大发现——物种进化论、能量守恒定律、细胞学说，就揭示了自然界辩证发展的规律，为马克思批判唯心主义和形而上学提供了锐利的思想武器。其中，达尔文的物种进化论为马克思审视人类社会的起源与发展提供了全新的认识，让马克思认识到人类实现从猿向人的转化不仅仅只是一个纯粹的生物进化过程，古猿在体质形态和群体结构上的变化只是为人和人类社会的产生提供了自然前提，社会的生产劳动才是人和人类社会产生的内在机制与现实基础。对此，恩格斯也表示认同。他在《劳动在从猿到人转变过程中的作用》中讲到，劳动对古猿手脚的彻底分工和对人的体质形态的形成及其能力的发展具有重要的意义。一方面，手脚分工后的直立行走扩大了古猿的视野，为头上的眼、耳、鼻等感觉器官和喉管、口腔等发音器官的进一步进化创造了条件，而对外界事物的感知判断和行为选择则促使了大脑接收和处理信息的能力不断提升，促进了大脑发育；另一方面，直立行走解放了古猿的前肢，使前肢从撑持身子的重负中解脱出来，在专门从事获食和御敌的活动中变得日益灵活并精巧，最终逐渐地变成了人的手。

所以，恩格斯说："手不仅是劳动的器官，它还是劳动的产物。"人类的语言也是劳动的产物。随着古猿群居规模的不断扩大，生理结构以及心理特征的日益完善和发展，"这些正在形成中的人，已经到了彼此间有些什么非说不可的地步了"。而直立行走又为发音器官的形成创造了条件，"猿类不发达的喉头，由于音调的抑扬顿挫的不断加多，缓慢地然而肯定地得到改造，而口部的器官也逐渐学会了发出一个个清晰的音节"，从而导致了语言的出现。此外，由于劳动和语言的推动，这些"正在形成中的人"的头脑也日益发达，容量越来越大，结构越来越复杂，感觉能力不断提高。这样，随着语言和人的感觉器官的形成，人不仅能从周围环境中获得较之猿类更加丰富的感性印象，而且能够借助语言把这些感性印象概括起来和巩固下来，从而使人的意识所特有的抽象思维能力形成和发展起来。这种能够借助语言进行抽象思维的人，已经是"完全形成的人"。所以，恩格斯认为"首先是劳动，然后是语言和劳动一起，成了两个最主要的推动力，在它们的影响下，猴的脑髓就逐渐地变成人的脑髓"。从这里可以看出，正因为人的体质形态、心理特征以及意识和语言都是在社会劳动的作用下形成的，所以"劳动创造了人本身"。

（二）劳动是人本质力量的彰显

人在劳动中具有主观能动性。马克思在《资本论》一书中讲到："劳动首先是人和自然之间的过程，是人以自身的活动来引起、调整和控制人和自然之间的物质变换的过程。"[①]这句话表明了人类在自然界面前的主观能动性，虽然人类生存发展所需的各种物质资料均来源于自然界，但人类并不是完全受制于大自然的，人类可以利用自身的意识和能力改变物质的形态，使其符合自身的合理需要，所以劳动过程也是人类展示自己、肯定自己的过程，是人类展现自身本质力量的过程。例如，"上九天揽月，下五洋捉鳖"是我国几代科学家的梦想。在党中央、国务院的正确领导下，广大航天工作人员和海洋科技工作者经过十多年的奋力拼搏，刻苦攻关，推动我国载人深潜和载人航天事业取得了举世瞩目的成就，彰显了劳动的伟大力量。再例如，常言道"水火无情"，在一些自然天灾面前，人类的力量是非常弱小的，但可以通过一些措施将损害降低到最小，甚至通过合理措施使自然服务于人类。三峡大坝的修建就是很好的例子。2006 年 5 月 20 日，三峡大坝全线竣工，其集防洪、发电、航运、水资源利用等功能于一体，是当今世界上最大的水利枢纽建筑之一。这充分证明了人类在自然资源利用方面的强大力量，但需要注意的是，"自然不仅仅是一个静止不变的劳动对象，它也有尊严、有个性、有规律，尊重自然就是尊重我们的劳动本身"。[②]这启示我们发挥主观能

① 中共中央马恩列斯著作编译局. 资本论：第一卷[M]. 北京：人民出版社，2004：201.
② 夏一璞. 中国特色社会主义劳动观研究[M]. 北京：首都经济贸易大学出版社，2017：3.

动性要在尊重自然规律的前提下进行，只有这样才能合理利用自然。

人与动物的劳动区别在于有无意识。在马克思看来，动物的劳动具有狭隘性，因为它们只能按照自身的尺寸制造出一定的产品，而且不管时代如何变化，产品的样式始终如一。所以，动物不能通过改造自然界来满足需要，只能消极被动地适应自然。相比之下，人类的劳动要高明许多，从远古时期的集体狩猎到封建社会的男耕女织，再到现代化社会琳琅满目的商品和高耸入云的摩天大楼，人类依靠自己辛勤的双手和充满智慧的大脑，将头脑中看似荒谬的想法全部变成现实，着实令人惊叹。所以，马克思认为“再蹩脚的建筑师也比构造出精美蜂巢的蜜蜂来的高明，原因无他，建筑师的设计出于意识的支配，有一个整体的规划，而蜜蜂仅仅是遵循它物种的本能”。①除了劳动技能的本能与后天再学习的区别之外，马克思认为人类与动物在劳动过程中的沟通联系也是不同的。由于人具有社会性，人们之间是通过劳动需要有意识地、自觉地联系在一起的，是发展变化的，是为了达到自身的目的；而动物之间的联系则是无意识地、本能地进行群体活动，是固定不变的，只是为了生存。

（三）劳动创造社会关系和文明

纵观人类社会进化发展历史，我们可以发现人类历史是一部由简单劳动向复杂劳动变化的历史。简单劳动时期的社会生产力比较低下，男女之间的分工比较简单，彼此之间没有过多的交集，人与人之间的关系也比较简单，活动区域大多局限于本区域。而随着社会的发展和社会生产力的不断提升，越来越多的劳动力需要投入到生产活动中时，劳动也就变得越来越专业化，出现了劳动的分工。这个时候，人与人之间的交往要比任何时期都频繁和密切，社会关系也变得复杂。这里的社会关系“包括人与其意识的关系、人与自然的关系、人与人的关系”。②也正如马克思所讲的“人在积极实现自己本质的过程中创造、生产人的社会联系、社会本质”。③由此可见，是劳动将人从纯粹的自然中解放出来，在物质生产活动中形成生产力与生产关系，在人与人的活动中形成一定的经济关系、政治关系和社会关系，完成社会构建和国家建构，形成的制度规则涉及人类社会的方方面面，最终构成整个人类世界，形成整个人类社会发展史。劳动是人类创造文明的源泉。“只要社会还没有围绕着劳动这个太阳旋转，它就不可能达到均衡。”④太阳是万

① 夏一璞. 中国特色社会主义劳动观研究[M]. 北京：首都经济贸易大学出版社，2017：4.

② 方政，刘英. 马克思主义劳动价值观的双重维度及当代意义[J]. 重庆工商大学学报（社会科学版），2021，38（2）：18-24.

③ 中共中央马恩列斯著作编译局. 马克思恩格斯全集：第四十二卷[M]. 北京：人民出版社，1979：24.

④ 中共中央马恩列斯著作编译局. 马克思恩格斯全集：第十八卷[M]. 北京：人民出版社，1964：627.

物得以生长和发展的必要条件，马克思在这句话中将劳动比作太阳，足以看出其对劳动的重视。人类的进化史再次证明劳动是打开幸福之门的钥匙，通过劳动，人类从盘错交织的大森林走向陆地，从愚昧无知的远古走向现代文明。在劳动的过程中，人类不断习得新技能，学会使用石器、刀具、火种，并创造了人类语言，拓展了人类思维。恩格斯也高度肯定劳动对人类进化的积极推动作用，他指出，“首先是劳动，然后是语言和劳动一起，成了两个最主要的推动力，在它们的影响下，猿脑就逐渐地过渡到人脑”。[①]因此，可以说在从猿到人的转变中，劳动起了决定性作用。正是由于劳动，我们的祖先才能由动物进化成现在的人类，才能在农业、工业、科技等领域不断取得新成就，创造更多的物质文明和精神文明，所以劳动是人类文明进步的源泉。

二、政治经济学维度的劳动价值观

马克思主义劳动价值观不仅是理解人类起源发展和社会变迁的逻辑起点，亦是把握马克思主义政治经济学内涵的枢纽。通过对资本主义制度下工人阶级劳动的描述，马克思提出了劳动者是劳动主体、劳动创造价值、按劳分配等一系列政治经济学命题。他试图揭示资本主义社会的运行规律、矛盾和危机，并致力于找到消灭剥削和建立社会公义的途径。他的理论对于分析资本主义社会现象和推动社会变革产生了深远影响。具体来看，在政治经济学的语境中，马克思的劳动价值观表现在以下几个方面：

（一）劳动是商品价值的唯一源泉

按照人类历史发展进程，社会的生产力是随着生产工具的革新不断提高的，当生产力达到足以出现社会分工的时候，便出现了交换的需求。因为在分工阶段，每一个劳动者只从事某些局部的、单方面的劳动，只生产某些甚至某种单一的产品，而人们的需求是多方面的，为了满足多方面的需求，生产者必然要用自己生产的产品去交换自己不生产而又需要的产品。起初，人们只是进行物物交换，但这种形式的交换不能保证每个劳动者都换取到自己满意的物品，直到货币出现才打破物物交换的窘境。所以，货币是商品交换的产物，是固定充当一般等价物的特殊物品，其能用于交换的主要原因在于自身具有的价值。

在马克思的政治经济学中，商品包含的价值量由两部分构成：一部分是由劳动者的抽象劳动创造的价值，另一部分是由劳动者的具体劳动转移的生产资料创造的价值。关于抽象劳动和具体劳动的概念与含义，马克思在《资本论》中提出

① 中共中央马恩列斯著作编译局. 马克思恩格斯选集：第四卷[M]. 2 版. 北京：人民出版社，1995：377.

了较为完整的劳动二重性理论，他指出劳动的二重性统一于劳动过程之中。“一切劳动，一方面是人类劳动力在生理学意义上的耗费；就相同的或抽象的人类劳动这个属性来说，它形成商品价值。一切劳动，另一方面是人类劳动力在特殊的有一定目的的形式上的耗费；就具体的有用的劳动这个属性来说，它生产使用价值。”[①]从这里可以看出，马克思认为商品是使用价值和价值的统一体，具有一定形式的具体劳动主要决定使用价值，而商品价值的唯一源泉则是由凝结在商品中的一般的、无差别的抽象劳动形成。另外，马克思还讲到：“商品具有价值，因为它是社会劳动的结晶。商品的价值的大小或它的相对价值，取决于它所含的社会实体量的大小，也就是说，取决于生产它所必需的相对劳动量。所以，各个商品的相对价值，是由耗费于、体现于、凝固于该商品中的相应的劳动数量或劳动量决定的。”[②]可以看出，马克思非常强调商品的价值是由劳动者创造的，要生产出一个商品，就必须在这个商品上投入或耗费一定量的劳动。而我们如果承认某种商品具有价值，也就是承认在这种商品中有着一种体现了的、凝固了的或所谓结晶了的社会劳动。虽然当代社会的劳动形态已经发生了巨大变化，但劳动仍是商品价值的唯一源泉。

（二）劳动创造剩余价值

剩余价值理论与劳动价值理论一样，是马克思主义政治经济学理论的重要组成部分。马克思在揭示资本主义商品经济一般规律时不仅提出了“劳动是商品价值的唯一源泉”的观点，还结合资本主义社会的基本运作方式和矛盾分析了劳动创造剩余价值的过程。在马克思看来，资本主义商品的生产过程实质上就是劳动者通过自身的劳动把从自然界中获取的各种劳动资料加工成商品的过程，这期间待售的商品实现了自身价值的增值。因为在马克思看来，资本家支付的用于购买机器、原材料、厂房等不变资本的价值是工人通过生产劳动迁移到制成品中的，其价值量不会改变；而用于支付雇佣劳动力的资本被称为可变资本，其价值不是被迁移到新产品中去的，而是由被雇佣工人的劳动再生产出来的，其价值不可估量。在资本主义私有制的环境下，“资本的本能在于增殖，创造剩余价值”。[③]因此，资本家为了创造更多的收益，在使用劳动力过程中，想方设法要求工人在必要劳动时间之外创造剩余价值。

马克思认为资本家要求工人创造剩余价值有两种途径：第一种是通过简单延长工作时间，如工人每天工作 8 小时，而资本家却利用国家法律来延长工作日，

① 中共中央马恩列斯著作编译局. 资本论：第一卷[M]. 北京：人民出版社，2004：60.
② 中共中央马恩列斯著作编译局. 马克思恩格斯选集：第二卷[M]. 3 版. 北京：人民出版社，2012：38-39.
③ 中共中央马恩列斯著作编译局. 马克思恩格斯文集：第五卷[M]. 北京：人民出版社，2009：269.

强制要求工人再额外工作 4 小时，这样每天就能多出 4 小时的工作收益。这是一种简单的剥削压榨方法，多存在于资本主义发展的早期阶段。但由于其直接性容易引起工人阶级的反抗，资本家便寻求在工作日长度既定的条件下调整必要劳动时间与剩余劳动时间的比例，通过缩短必要劳动时间、相对延长剩余劳动时间的方法，增加剩余价值的生产。一般是通过引进新的机器设备，进行生产技术革新进而提高生产效率的方式进行，这种生产剩余价值的方法叫作相对剩余价值。与前者相比，资本家对工人阶级的这种剥削方法相对比较“温和”，但仍旧没有改变和消除工人阶级与资本家之间的贫富差异及阶级对立，工人辛勤创造的财富绝大多数还是流入了资本家的口袋。从工人生产的绝对剩余价值和相对剩余价值可以看出，劳动力与其他商品一样也具有价值和使用价值，劳动力的使用价值在于创造出高于自身价值的价值，然而这部分价值最终并没有归属于工人阶级本身，而是被资本家无偿占有，这便是资本主义剥削的秘密。由此，马克思以劳动价值为基础，阐释了剩余价值的生产过程，揭示了资本主义生产关系的剥削性，指明资本主义制度下的固有矛盾（即生产社会化和生产资料私人占有制之间的矛盾），得出资本主义必将为社会主义所取代的结论。

第二节　中国特色社会主义劳动价值观

劳动是任何社会历史阶段都存在的产物。中国共产党成立以后，以毛泽东为代表的第一代中国共产党领导集体在马克思主义劳动观的指导下，带领全国人民以极大的热情投身于社会主义革命和建设的浪潮中，不断在理论和实践中迎接新挑战，解决新问题。在无数中华儿女的努力奋斗下，我们告别了积贫积弱的年代，也告别了物质短缺的时代，实现了从站起来到富起来再到强起来的伟大飞跃。可以说，新中国的崛起是劳动人民用鲜血和汗水换来的。哲学上讲，社会存在决定社会意识，社会意识是对社会存在的反映。在过去的一百多年中，党在牢牢把握“劳动创造幸福生活”的真理命题基础上，根据不同的时代任务，制定了不同的方针政策。这些方针政策既是社会蓬勃发展的保证，也是党和国家对不同时代背景下劳动的认识和思考。

一、党的十八大之前劳动价值观的变迁

（一）社会主义革命和建设时期的劳动价值观

1. 人民是创造世界历史的动力

经过 14 年的抗日战争和 3 年的解放战争后，我国成立初期的状况可以用“一穷二白”“百废待兴”来描述。当时工业生产极其落后，毛泽东在谈到我国工业

的情况时说："我们现在能造什么？能造桌子椅子，能造茶碗茶壶，能种粮食，还能磨成面粉，还能造纸，但是，一辆汽车、一架飞机、一辆坦克、一辆拖拉机都不能造。"[①]除落后的工业情况之外，当时的就业情况也不容乐观，"城市失业人员达 400 万人，农村破产的农民有几千万人"。[②]在这样的严峻背景下，以毛泽东为代表的中国共产党人认识到只有调动广大人民群众参与生产劳动实践的积极性，才能在相对比较短的时间内恢复国民经济，进而巩固新生的政权。所以，毛泽东提出："人民，只有人民，才是创造世界历史的动力。"[③]这句话体现了党和国家尊重劳动者、重视劳动者的价值创造，鼓励人人参与生产劳动。同时，国家为了建立一支有阶级觉悟和业务才能、经得起风险、密切联系群众的为共产主义奋斗的工人阶级知识分子队伍，对现实中不合理的生产劳动制度进行了整改。例如，中共中央、政务院先后于 1957 年和 1958 年发布《关于各级领导人员参加体力劳动的指示》《关于下放干部进行劳动锻炼的指示》等文件，要求党政军各级工作人员定期同工人、农民工参加劳动并大力推行"两参一改三结合"的"鞍钢宪法"。此外，为进一步掀起社会主义建设的新高潮，全国上下开展了"劳动竞赛""学习劳模"等活动，并以是否积极参加生产劳动作为衡量社会主义合格建设者的重要标准。在这一系列举措的影响下，广大人民群众参加社会主义生产劳动的热情被点燃，特别是妇女群体。据统计，约有 600 万妇女劳动力参加了人民公社化的劳动，成为社办工业、集体福利事业、社会服务行业等领域的劳动力主力军。在人们的努力下，截至"一五计划"末，工农业生产总值达到 1 649 亿元，是 1949 年的 3.54 倍。

2. 集体主义劳动价值观的形成

"人们的劳动出发点是以个人为价值本位还是以集体为价值本位，是从自我需要出发还是从集体需要出发，是衡量和判断个人本位和集体本位这两种不同的劳动价值取向的标准和试金石。"[④]中华人民共和国成立到改革开放前的历史阶段，是集体主义劳动价值观形成的黄金时期。在党和国家"调动一切积极因素为社会主义服务"的号召之下，广大人民群众以饱满的热情投入到生产劳动中。最为明显的例子就是"大炼钢铁"的运动。1957 年 11 月，毛泽东提出要用 15 年左右的时间在钢铁等主要工业品的产量方面赶上和超过英国，并提出"以钢为纲，全面跃进"的口号。这在今天看来，显然不符合当时社会的实际情况，但人民群众对于社会主义的建设热情是高涨的，为了生产 1 070 万吨钢，干部带领群众建造了

① 中共中央文献研究室. 毛泽东文集：第六卷[M]. 北京：人民出版社，1999：329.
② 劳动人事部人事教育局. 新中国劳动经济史[M]. 北京：劳动人事出版社，1987：3.
③ 中共中央文献研究室. 毛泽东文集：第三卷 [M]. 北京：人民出版社，1991：1031.
④ 郑银凤，林伯海. 当代中国马克思主义劳动价值观的变迁、弘扬和发展[J]. 思想理论教育导刊，2016（1）：19-23.

一座座小高炉，夜以继日奋战在荒野。白天一片人，黑夜一片火。部分地区甚至出现了“砸锅炼铁”的情况，这足以说明在当时参与社会主义建设的劳动者看来，国家和集体的利益远高于自身的利益。此外，我国的三大改造能够顺利完成，从某种程度上讲，也得益于人们头脑中的集体主义劳动价值观念，如农业生产合作社的形成等。新中国成立后，虽然党和国家进行了土地改革，将土地分给了农民，但由于生产劳动工具的匮乏，农民一家一户“单打独斗”注定是不行的，因此，在国家提出走互助合作化的道路后，农民纷纷积极响应，加入其中，这促成了农业社会主义改造的顺利完成。

（二）改革开放和社会主义现代化建设时期的劳动价值观

1.“脑体倒挂”成为趋势和潮流

脑体倒挂是指在相同的工作时间内，脑力劳动者取得的报酬低于或等于体力劳动者取得的报酬。这种现象存在于20世纪八九十年代。究其原因，主要在于改革开放的决策将国家的工作重心转移到经济建设后，国内的产业便迎来了发展的“春天”。当时科学技术不够发达，国内大多产业为劳动密集型产业，其最为突出的特点是技术含量低、获得财富周期短，这让许多没有文化知识的人看到了发家致富的机会，于是纷纷投身于劳动密集型的产业劳动中。而在以“实体经济”为主的时代背景下，当时的知识分子“无用武之地”，“缺乏用知识和技术创造财富的机会，即便有机会，但由于分配方式的不合理，也难以获得较高的收入，这就导致了脑力劳动者的收入普遍低于同龄的体力劳动者”。①曾有人算过一笔账：1985年，一个茶叶蛋的成本为0.15元，市场售价为0.40元，一天只要卖出100个茶叶蛋，每月至少有 750 元收入；而从事导弹原子弹研究的科学家，月薪最多400元。因此。当时才有了“造导弹的不如卖茶叶蛋的，拿手术刀的不如拿剃头刀的”的现象。

2. 市场经济衍生多样化的劳动价值观

自 1992 年邓小平进行南方谈话和同年中共十四大正式提出建立社会主义市场经济体制的目标后，土地、知识和技术等其他生产要素开始不断融入市场交易环节中，企业的类型也由劳动密集型逐渐向知识密集型和技术密集型转变。与此同时，在市场经济的冲击下，人们的劳动价值取向相较于之前也出现了多样化特征。具体表现在以下方面：一是劳动价值取向偏向功利化。在市场经济和财富利益的驱使下，一些商人为追求高额的利润回报，不惜采取非法手段，置市场秩序和规则于不顾，出现恶意囤积商品和哄抬物价、贿赂市场管理

① 郑银凤，林伯海. 当代中国马克思主义劳动价值观的变迁、弘扬和发展[J]. 思想理论教育导刊，2016（1）：19-23.

部门进行垄断等行为。二是劳动担当意识与责任意识淡化。劳动不仅仅是要满足自身的需求，更要为他人、为社会做出一定的贡献，这样的劳动才是最伟大和最有意义的。但市场经济提倡的自由贸易、自主经营理念使得人们的劳动担当意识和责任意识出现了淡化，人们不再过多关注国家和集体的利益，而是着眼于自身的利益。三是劳动价值观扭曲，丑化劳动。随着党和国家对科技人才的重视和知识经济的兴起，人群中出现了对劳动的新认识与新看法。不少人对脑力劳动趋之若鹜，而对传统的体力劳动表示排斥和拒绝，他们认为体力劳动是最底层的劳动。“在为数不少的人那里，‘劳动’已不再是一个神圣的字眼，‘劳动人民’也不再是一个光荣的称号”，[①]取而代之的是对体育明星、娱乐明星的追捧。另外，还有一些人在看到别人一举成名后，不是想着通过诚实劳动、发明创造和合法经营来实现，而是进行各种投机倒把，疯狂地寻求成功的“捷径”，甚至为此走上违法犯罪的道路。

二、新时代劳动价值观

党的十八大以来，中国特色社会主义建设进入了更加高速发展的历史机遇时期，同时我国改革开放也进入了攻坚期、社会转型发展期，在劳动领域出现了利益分配不均、劳动不公平等矛盾问题。为进一步发挥广大劳动群众的生产积极性和在新时代重申劳动的地位与作用，习近平总书记在多次重要讲话中围绕劳动、劳动者、劳模精神等内容进行深刻阐述。这些论述既继承和发展了马克思主义劳动思想，又勾勒出中国特色社会主义伟大事业的实践路径。概括来讲，新时代的劳动价值观体现在以下几个方面：

（一）劳动最伟大

习近平总书记指出：“正是因为劳动创造，我们拥有了历史的辉煌；也正是因为劳动创造，我们拥有了今天的成就。”[②]这句话表明了习近平总书记对劳动的重视，在他看来，中华民族的复兴之路是光荣而又艰辛的。回顾历史，我们会发现自新中国成立以来我国取得的成就举世瞩目：在新民主主义革命阶段，党带领中国人民浴血奋战，最终取得新民主主义革命的胜利；在社会主义革命和建设阶段，党以艰苦奋斗的实干精神带领中国人民不断向前，建立起社会主义制度；改革开放后，在国家各项方针政策的指引下，我国各项实力不断提升，生产总值已经连续 10 多年稳居世界第二并顺利实现第一个百年奋斗目标，正蓄力实现下一个

① 钱焕琦. 社会主义荣辱观解读[M]. 上海：华东师范大学出版社，2006：76.

② 习近平在庆祝“五一”国际劳动节暨表彰全国劳动模范和先进工作者大会上的讲话[N]. 人民日报，2015-04-29（02）.

百年目标……这样的丰功伟绩不是等来的，更不是靠来的，而是人们通过辛勤的劳动换来的，所以党的二十大把中华民族的伟大事业归功于人民的奋斗。目前，我国仍处于社会主义初级阶段，解决人民群众日益增长的美好生活需要与不平衡不充分的发展之间的矛盾仍然需要劳动者的继续努力。每一个劳动者都要在自己的岗位上，脚踏实地，兢兢业业，竭尽全力做好自己的本职工作，为推进社会主义现代化建设的进程贡献自己的力量。

（二）劳动最光荣

纵览古今中外，“劳动最光荣”一直是各个国家和民族的口号。这不是一句空洞的鼓励话语，更不是麻痹神经的心灵鸡汤，而是人们从人类文明发展史的进程中看到了劳动的伟大和光荣之处。从“刀耕火种”的原始社会到“男耕女织”的农业社会，再到信息爆炸的数字化时代，劳动在推动人类社会前进的过程中起着非常重要的促进作用，人类每一次的进步和成就都彰显着人的伟大力量。希腊的帕特农神庙、埃及的金字塔、中国的万里长城，很难想象在没有起重机和大型机械设备的年代，这些重大的工程是如何进行修建的。时至今日，它们饱经岁月洗礼，却依旧熠熠生辉，无不散发着千千万万劳动人民勤劳与智慧的光芒。马克思强调：“任何一个民族，如果停止劳动，不用说一年，就是几个星期，也要灭亡，这是每一个小孩都知道的。”[①]这句话体现出劳动对于人和人类社会的重要性，也凸显出劳动的光荣——推动人类社会进步和发展。

（三）劳动最崇高

崇尚劳动和尊重劳动理应是新时代的文明之风与价值遵循，但由于劳动价值观是人们在现实的劳动中形成的，不同的人基于职业分工的差异，会形成不同的劳动价值观判断。在现实生活中，不少人认为体力劳动者是社会最底层的劳动者，所以看不起体力劳动者，这是错误劳动价值观的体现，也是不尊重劳动的表现。劳动有分工的差别，但是没有高低贵贱之分。不管是在什么阶段的社会，只要是付出了辛勤努力，只要是有益于社会和人民发展的劳动，都值得尊重。近些年来，随着网络信息的快速发展和人们就业创业观念的改变，一些富有特色的新兴职业应运而生，如撸猫师、STEM 创客指导师、酒店收益管理师、无人车安全员、线上餐厅装修师等。未来，随着人们对生活品质的不断追求，社会职业分工将会越来越细化，届时会有更多的劳动者加入新兴行业中。在新时代，劳动者的地位和待遇将不断提高，劳动价值也将进一步凸显。2016 年 4 月 26 日，习近平总书记在知识分子、劳动模范、青年代表座谈会上讲到：“我们要在全社会大力宣传劳动模范的先进事迹，号召全社会向他们学习、向他们致敬。要为劳动模范更好施

① 中共中央马恩列斯著作编译局. 马克思恩格斯选集：第四卷[M]. 北京：人民出版社，1995：580.

展才华、展现精神品格提供全方位支持，使他们的劳动技能、创新方法、管理经验能广泛传播，充分发挥示范带动作用。”①此外，习近平总书记指出，在社会主义国家，不论是体力劳动还是脑力劳动，都值得敬重和鼓励。习近平总书记还呼吁全社会要“以辛勤劳动为荣”，无论处在何时何地都不能看不起劳动者，坚决摈弃一切投机取巧、不劳而获、贪图享乐的思想观念。

（四）劳动最美丽

劳动最美丽不只是因为劳动者最终创造出的劳动产品工艺美，还在于劳动者在劳动中投入的创新意识和创新思维。马克思的唯物史观认为，人在生产劳作的过程中是可以发挥自己的主观能动性的，可以将创新性思想融入产品中，进而体现出劳动是人自由自觉的活动。回望人类历史进程，人类的每一次进步都离不开创新性劳动。从传统的马车到第一辆内燃机汽车，再到呼啸而过的磁悬浮列车；从最初的飞鸽传书到电报电话，再到遍及全球的互联网，人类生产劳动方式的每一次革新与进步都标志着一个时代的终结和另一个时代的开启。党的十八大以来，创新精神与创新意识不断得到党和国家的重视，习近平总书记也多次围绕“创造性劳动”“创新性发展”“创造性人才”发表讲话，在2014年的文艺工作座谈会上，习近平总书记强调：“要尊重文艺工作者的创作个性和创造性劳动。”②在2015年的“五一”讲话发言中，习近平总书记27次提到“创造”，“创造”一词成为“五一”讲话中出现的高频词汇。在2020年的全国劳动模范和先进工作者表彰大会上，习近平总书记提出要建设高素质的劳动大军，鼓励劳动者“增强创新意识、培养创新思维，展示锐意创新的勇气、敢为人先的锐气、蓬勃向上的朝气”。③从习近平总书记的这些话语中可以看出，创新性的劳动已经成为新时代劳动发展方向的风向标，要不断激发群众的创新创造活力，让人民群众充分感悟到创新劳动对国家、民族发展爆发出的无限力量和巨大价值。

第三节　树立正确的劳动价值观

大学生作为社会群体的重要组成部分，是党和国家发展的主力军和后备人才，其自身具备的素质直接关乎中国社会主义现代化建设的进程。“大学生的成长成才不仅需要依靠知识和智慧，还需要具有深厚的劳动情怀和正确的劳动价值观。”④这样才能在走向工作岗位后正确处理个人利益与集体利益的关系，积极主动承担

---

① 习近平：在知识分子、劳动模范、青年代表座谈会上的讲话[N]. 人民日报，2016-04-30（02）.

② 习近平在文艺工作座谈会上的讲话[N]. 人民日报，2014-10-15（02）.

③ 习近平在全国劳动模范和先进工作者表彰大会上的讲话[N]. 人民日报，2020-11-25（02）.

④ 刘向兵，李珂. 论当代大学生劳动情怀的培养[J]. 教学与研究，2017（4）：83-89.

责任，成为社会主义建设事业的中坚力量。因此，大学生树立正确的劳动价值观具有重要的意义。

一、新时代大学生树立正确的劳动价值观的原因

（一）劳动是幸福的源泉

习近平总书记强调：“劳动是财富的源泉，也是幸福的源泉。人世间的美好梦想，只有通过诚实劳动才能实现；发展中的各种难题，只有通过诚实劳动才能破解；生命里的一切辉煌，只有通过诚实劳动才能铸就。”[①]这句话中，习近平总书记反复提到诚实劳动，意在突出强调劳动在现实生活中的重要作用。大学生应该从马克思的唯物史观中看到劳动是推动人类社会进步的根本力量，通过劳动，人类社会的物质财富和精神财富变得丰富多样。特别是在现如今信息技术急速发展的时代，各类生活家居用品、应用程序（APP）客户端、小程序的竞相出台令人眼花缭乱，但也极大地满足了人们日常所需，使人们足不出户就能享受到优质的上门服务，为人们的生活带来了便捷与舒适，提升了人们的生活品质与幸福指数。然而，我们应该认识到这些方便快捷的背后离不开相关工作人员的努力，是他们的默默付出改变了我们的生活。大学生应该向这些科技工作人员学习，扎实学习本领，然后用于回报社会。此外，大学生应该认识到劳动不仅是生产人们衣食住行所需物品的活动，还是人的一种内在需求。当人们在享用通过自己的辛勤劳动获得的劳动产品时，内心是愉悦的，这说明劳动能使人们的物质需要和精神需要都达到极大程度的满足，获得享受和幸福。

（二）人的自我价值通过劳动得以实现

马克思的劳动价值观认为劳动是生产者借助劳动工具从自然界中获取相关物质来满足自身需要的行为，它不仅仅是一种生活方式，也是一种价值体现，还是人们社会角色和功能的体现。试想，一个满腹经纶、非常有才华的人，如果整天无所事事，自身的智慧才干发挥不出来，他的自我价值又怎能实现呢？因此，人要想成为对他人和社会有用的人，就必须通过劳动创造一定的价值。当这种价值满足了他人和社会的需要后，人的价值就得到了体现。进入新时期以来，我国各行业、各领域涌现出一大批优秀劳动模范，他们在各自平凡的岗位上踏实奋进、发光发热，用自己的实际行动诠释了中国劳动人民伟大的创造能力、伟大的奋斗精神，彰显了自身的人生价值。例如，爱生如子的张桂梅，她放弃优越的工作条件，毅然前往贫困山区教育扶贫主战场，坚守滇西贫困地区 40 多年，努力阻断贫

① 习近平在同全国劳动模范代表座谈时的讲话[N]. 人民日报，2014-04-29（02）.

困代际传递，建成全国第一所针对贫困山区家庭困难女孩的全免费女子高中，使1 600多名贫困家庭学生圆梦大学，托举起贫困家庭脱贫发展的希望与信心，为当地教育发展和脱贫攻坚作出重要贡献。张桂梅的事迹是伟大的，这种公而忘私、舍己为人的奉献精神值得新时代每一位劳动者学习。大学生更是应该将其视为榜样，树立“小我”融入“大我”的远大志向，积极为社会发展奉献智慧和力量。

（三）劳动无贵贱，一律平等

习近平总书记指出：“劳动没有高低贵贱之分，任何一份职业都很光荣。”① 随着现代社会劳动分工的日益精细化，很多新兴职业陆续出现，而受传统劳动价值观的影响，不少人对于某些新兴职业存在一定的偏见。将劳动分为三六九等，以利益获取的多少作为评价劳动的准则，这是典型的功利主义劳动价值观。很多人认为体力劳动没面子、技术含量低，因而轻视从事体力劳动的群体。在教育领域，不少学生和家长对于职业教育存在一定的偏见，高考报志愿时出现“非本不上”的现象。这也是错误的劳动价值观念，既不符合社会发展的潮流，也严重阻碍青年的健康发展。从近些年的大学生就业情况统计数据中可以看出，“高精尖”的技术人才在社会人才需求中还有很大的缺口，未来社会的发展需要很多掌握劳动技能的人才。另外，自古以来中华民族是勤于劳动、善于劳动的民族，始终以热爱劳动为传统美德，在新时期更应该将这种美德继承下来并发扬光大，让职业平等和尊重劳动成为社会文明的良好风气之一。

二、新时代大学生树立正确劳动价值观的现实困境

（一）便捷化的生活方式造成对他人劳动的依赖心理

现如今，随着科技的不断发展和服务行业的日益兴起，借助科技手段的服务开始融入人们生活的方方面面，导致人们的生活方式发生了很大的变化。特别是人工智能的出现，将人类从一些繁杂的劳动中解放出来。人们可以通过一个按钮、一道指令来发布劳动任务，然后静静等待“不劳而获”的劳动结果即可。这样的生活方式虽然体现了“科技改变生活”的真理，给人们的生活带来便捷，但剥夺了人从劳动中获得快乐与技能的权利。举一个简单的例子，家庭的宠溺使得一些学生过上了“衣来伸手，饭来张口”的生活，但这样的教育方式会导致其缺乏日常生活技能，甚至很多大学生连基本的做饭和洗衣服都不会。当然，除了家庭环境，社会环境也是重要的影响因素，饿了可以点外卖、衣服脏了可以送干洗店、家具脏了可以预约家庭保洁……这些“利民”式服务虽然比较高效，但久而久之

① 习近平：在知识分子、劳动模范、青年代表座谈会上的讲话[N]. 人民日报，2016-04-30（02）.

就会让人滋生懒惰的心理，致使很多人患上“懒癌”。“在需要通过劳动获得一定社会资源或满足自身生存生活的事项上，多数人更热衷于第一时间寻求机械代劳或其他人代劳来服务个人需要，而不是积极地学习劳动技能、完成自我服务。”[①]马克思的唯物史观认为劳动是人的自由自觉活动，因为在劳动中人可以按照内心的想法，然后通过身体劳作将想法变成现实。上述现象其实剥离了“身”与“心”的统一性，不利于人的全面发展。因此，对于生活中的这些便民服务，大学生不可过分依赖，要树立自觉劳动的观念并在其中不断增长智慧和才干。

（二）学校理论为主的教育培养模式弱化劳动认知

高校教育是大学生劳动价值观教育的重要环节，在中共中央、国务院及教育部先后发布《关于全面加强新时代大中小学劳动教育的意见》《大中小学劳动教育指导纲要（试行）》后，全国上下各个高校便如火如荼地开展了大学生劳动教育。但目前高校的劳动教育存在比较严重的重理论、轻实践问题。理论固然重要，但对于劳动教育这门课程而言，实践也是重要的。枯燥乏味的理论讲述只会引起学生的反感，甚至让学生觉得“假大空”，只有让学生沉浸式参与实际的劳动，他们才能领略到劳动的真谛。另外，通过劳动，学生能够习得良好的生活技能和养成良好的劳动习惯。但是，这种劳动实践在大学校园中较为匮乏，就连最为简单的打扫卫生都是由专门的清洁人员来完成，这样造成的后果便是学生接受劳动锻炼的机会变少，最终导致一部分学生在大学期间养“懒”，不会劳动，也不想劳动。此外，部分高校的劳动教育课程流于形式，学生参与课程只是为了获得学分，上课体验感可想而知。鉴于这种情况，高校的劳动教育课程应该做出调整与改变，适当增加实践教育的比例，使学生对于劳动的认识不是仅仅停留在口头层面，而是内心深有感悟。

（三）网络新媒体的兴起诱发劳动价值观产生畸变

伴随着信息化时代的不断深入发展，新媒体日益成为影响大学生学习、生活和工作的重要因素，正潜移默化地改变着他们的思维方式、价值观念和行为模式。其中，对大学生最大的影响就是诱发劳动价值观产生畸变。在这个“流量为王”的时代，一些媒体为了博大众的眼球以谋取利益，发布一些低俗、无营养的内容。当大学生不能辩证看待这些信息时，就会受到负面影响。另外，“网络经济发展出直播带货的新运营模式，一时间大量网红迅速涌现，但是迅速发展起来的网络主播队伍内部的水平也参差不齐，甚至出现主播劳动价值观缺位的情况，如网络中伪装成未成年主播，其自身存在着不良嗜好，还在直播间宣扬沉溺于物质享受、

① 孔洁珺，王占仁. 新时代大学生劳动价值观培育的场域、困境与对策研究[J]. 东北师大学报（哲学社会科学版），2023（3）：90-97.

好逸恶劳、不思进取的价值观。”[1]这些都会对大学生原有的劳动价值观造成一定的冲击，使其产生通过效仿带货主播进而“一夜暴富”的幻想。另外，受某些网红、明星生活消费方式的影响，大学生可能会崇尚享乐安逸、渴望一夜成名，不再愿意参加艰苦的体力劳动，进而加剧对体力劳动的偏见，弱化对劳动的情感。

三、新时代大学生树立正确劳动价值观的路径

（一）学校教育发挥培育劳动价值观的主导作用

高校作为培养人才的重要阵地，不仅要向学生传授科学文化知识，更要重视对学生价值观念的引导。在当前激烈的社会竞争和层层压力的作用下，不少大学生站在毕业求职的十字路口很是迷茫，无法找到心仪的工作，出现“高不成、低不就”的现象。在遭受挫折后，他们甚至会产生“躺平”“摆烂”的想法。面对这种消极的劳动态度，首先，高校可以在现有的思想政治课程教学中融入劳动教育内容，为学生讲解马克思主义劳动价值观对人类及社会发展的重要性，引导学生认识到劳动的重要性；其次，要发挥课程思政和思政课程相融合的作用，对各个学科知识中有关劳动价值观的要素进行梳理与归纳，将这些劳动教育的内容形成可以单独实施劳动专题教育的课程体系，实现高职学生劳动价值观的专项教育；最后，可以依托宿舍、教室、社区等生活劳动场域强化大学生劳动价值观培育，如设立“两早一晚”学风学纪督查岗、校园仪容仪表监督岗、无烟校园监督岗等。依托校外志愿服务平台，组织志愿者到敬老院、孤儿院以及工厂、社区等开展志愿者活动，让学生体验劳动的成就感和愉悦感，正确认识生活离不开劳动付出、离不开探索奋斗，只有热爱劳动、尊重劳动、坚持劳动，才能找到生活的意义，才能实现自我的人生价值。

（二）社会层面发挥培育劳动价值观的支撑作用

社会教育作为最大的教育环境，对学生的劳动价值观起着重要的作用。风清气正的社会环境有助于大学生形成正确的劳动价值观，而消极腐败的社会环境则会阻碍大学生正确劳动价值观的树立。首先，各级各类社会组织要积极利用自身独特的优势助力大学生劳动价值观的形成。社会层面的工会可以组织安排优秀劳动模范进校园进行事迹宣讲和劳动技能的现场展示，让学生直观感受到劳动的魅力；企业单位可以利用其自身优势，与高校结成合作伙伴关系，组织广大学生深入一线劳动，助推高校开展产学结合、实习实训等活动，充分发挥优秀劳动工作人员对大学生的传帮带作用。大学生在劳动锻炼的过程中，接受优秀劳动文化的

① 张翔，胡婷玉. 新媒体下典型人物对大学生劳动价值观的影响[J]. 理论观察，2021（6）：11-13.

熏陶和洗礼，从而养成崇尚劳动、热爱劳动、踏实劳动的品质。同时，针对网络媒体中一些有辱劳动模范、发布不当言论的行为，国家工信部及相关部门应积极出台相关文件制度对其"封杀"，使大学生意识到劳动的神圣性。在惩罚的同时，"各级政府部门要加强社会舆论的引导，通过微信、QQ、微博、抖音、B站等网络平台宣传劳模事迹，弘扬劳动精神，同时通过社区文化墙、城市主题设计等环节，在全社会营造浓厚的劳动崇高的氛围"，[①]使大学生在无形之中受到正确劳动价值观的影响，进而形成正确的劳动价值判断和劳动价值选择。

（三）学生个体发挥培育劳动价值观的主体作用

马克思唯物辩证法中的内外因关系原理认为外因是事物存在和发展的外部条件，内因是事物运动的源泉与动力。因此，大学生树立正确的劳动价值观除了需要有学校和社会等外界条件的帮扶，更需要积极发挥自身的主体作用。具体来讲，新时代大学生首先要树立正确的劳动意识，深刻学习领悟马克思主义的劳动价值观、习近平总书记提出的"四最"劳动观念，在读原著、悟真理的过程中自觉抵制不良劳动价值观，形成正确的劳动价值观；其次要积极主动投入劳动实践。大学生可以选择参加学校的勤工助学，在服务师生的过程中锻炼自己的组织能力和协调能力；可以参加各种志愿者活动，通过自己的力量发光发热，为他人提供方便；可以参加暑期学校组织的"三下乡"活动，从校园走向工厂、乡间田头、革命教育基地等。在一系列的劳动实践中，大学生可以增强体魄、磨炼意志，培养埋头苦干、勇毅前行的劳动精神，认识到"人世间的美好愿望和社会主义建设所取得的种种成就都是人民群众的劳动成果，没有人民伟大的劳动就没有现在的幸福生活"，从而深化对"劳动最光荣、劳动最崇高、劳动最伟大、劳动最美丽"的认识，最终形成正确的劳动价值观。

案例分析

"90后"技工"先锋"裴先峰：朵朵焊花铺就工匠之路

裴先峰于1990年8月出生在河南洛阳南郊李楼乡下庄村，父母以种菜为生。初中毕业后，本想和同村朋友外出打工贴补家用的他，被母亲劝住，选择到中国石油工程建设有限公司第一建设公司职工教育培训中心（原中国石油天然气第一建设公司技工学校）学习焊接技术。焊接对手的稳定力要求非常高，也非常考验忍耐力和躯体承受力。实操时，工作服里的汗水从头流到脚，但手也不能有任何抖动。温度高达几百、上千摄氏度的焊花一旦飞溅到工作服上，可瞬间将其穿透，

---

① 王欢，黄正东，刘东梅. 新时代高校大学生劳动价值观的培育路径研究[J]. 太原城市职业技术学院学报，2022（6）：187-189.

在皮肤上烫出水泡。这些对裴先峰来说，早已是家常便饭。

从学校毕业后，裴先峰成为中国石油工程建设有限公司第一建设公司（原中国石油天然气第一建设公司）的一名普通电焊工。刚到项目工地时，他的工作不是焊接，而是辅助焊工师傅做些杂活儿。幸运的是，入职不久，他便随公司303工程队直奔甘肃庆阳石化炼油工程搬迁改造现场，参与工期最紧、技术最难的活——四合一加热炉壁板的组对。为了提升焊接技术，当同事在休息室取暖时，裴先峰早早地背着焊机的把线开始爬上爬下作业。同样，在后续调至公司金牌队313管焊队工作时，为了使焊道（金属在管道衔接处融化后形成的纹路）更完美，裴先峰白天干活儿，晚上翻阅专业书籍研究，终于熟练地掌握了每一层施焊熔池灭弧的方向、停顿时间、电流大小与成形的关系。2008年，他作为学生代表前往廊坊管道学院参加中国石油集团举办的技能竞赛并获得第二名，这是他第一次坐火车，也是他第一次走出洛阳。此后，他多次参加全国类的焊工技能竞赛。2011年，在大赛中快速成长的裴先峰，登上了人生中最重要的一次比赛舞台——第41届世界技能大赛。最终，他获得了银牌，成为中国70多年来在该领域获得奖牌的第一人。2013年"五四"青年节，裴先峰作为优秀青年代表来到中国航天科技集团公司中国空间技术研究院，参加了"实现中国梦、青春勇担当"主题团日活动。至今，他都记得总书记对他的谆谆嘱托——"你通过奋发努力，成就的青春事业与党和国家的事业、人民的事业高度契合，这样事业的光谱就更广阔，能量也会更强"。

（资料来源：https://mp.weixin.qq.com/s/_OBQc903nAPQs2GQdCc_ng）

【案例分析】一个生于穷困家庭的农村娃，虽然因交不起学费而被迫上技校，但他的人生发生了惊人变化，这的确令人感慨。裴先锋的奋斗经历告诉我们，想实现人生价值，学技能、做技术工人不失为一个很好的选择。选对了路以后，热爱技能，为掌握技能而学习钻研、努力拼搏，最终创出成果，就能很好地实现人生价值。另外，从裴先峰的成长经历中我们可以看到，他的成功源于骨子里不服输的劲，更源于正确的劳动价值观。他热爱劳动，甘于吃苦，坚持立足岗位、技能报国，始终保持昂扬向上的精气神，在平凡的岗位上不断锤炼本领、永不放弃，最终闯出一条青年技能工人攀登世界技能高峰的闪光之路。

李庆恒：从快递小哥到"高层次人才"，把平凡工作干出彩

李庆恒是一位"90后"，因为练就了快递业务的专长，并在省级技能竞赛中获得冠军，最终被评为杭州市高层次D类人才。和很多到外地打工的年轻人一样，他想凭着自己的双手闯出一条出路。从老家来到杭州后，李庆恒入职申通快递，成为一名快递小哥。李庆恒也有过身心交瘁的时候，他说："最累的时候也想过放弃，但是因为还年轻，而且打心底里喜欢这样充实的生活，在忙碌的节奏中踏

踏实实把手上的事情做完。”

李庆恒在一线操作行动麻利、工作踏实，很快便加入了公司备战行业各类技能比赛的团队。2019 年 8 月，他参加了浙江省第三届快递职业技能竞赛。在这次比赛中，李庆恒获得了快递员项目第一名，被浙江省人力资源和社会保障厅授予“浙江省快递技术能手”称号。凭借该称号，他被认定为杭州市高层次人才，认定类别为 D 类，获得在杭州购买首套房 100 万元补贴的奖励。李庆恒说：“这件事也让我觉得，无论在社会哪个职业、哪个岗位，只要把自己的工作做精做细，最终都能得到社会认可，成为这个行业的人才。”

在评上高层次人才之后，对于未来的职业发展，李庆恒也有了更清晰的规划。“提升学历，成为快递行业的高级工程师。”2020 年 11 月 9 日，李庆恒被浙江邮电职业技术学院录取，成为经济管理学院（快递管理学院）工商企业管理专业的一名 2020 级新生。

（资料来源：https://politics.gmw.cn/2021-12/09/content_35370839.htm）

【案例分析】李庆恒作为一名普通劳动者，从外卖小哥的岗位上踏踏实实做起，不怕苦不怕累，勤奋好学，得到了行业认可和社会尊重，得到了升学深造的机会。劳动有分工的差别，但没有高低贵贱的区分，无论干哪一行，只要付出努力就会有收获，只要肯踏踏实实地去钻研就会有回报。劳动不仅能成就自我，还是我们创造美好生活的起点。

声音 · 言论

劳动永远是人类生活的基础，是创造人类文化幸福的基础。

——（苏联）马卡连柯

愉快只是幸福的伴随现象，愉快如果不伴随以劳动，那么它不仅会迅速地失去价值，而且也会迅速地使人们的心灵堕落下来。

——（俄罗斯）乌申斯基

一切劳动者，只要肯学肯干肯钻研，练就一身真本领，掌握一手好技术，就能立足岗位成长成才，就都能在劳动中发现广阔的天地，在劳动中体现价值、展现风采、感受快乐。

——习近平

当人开始生产自己的生活资料，即迈出由他们的肉体组织所决定的这一步的时候，人本身就开始把自己和动物区别开来。人们生产自己的生活资料，同时间接地生产着自己的物质生活本身。

——（德国）马克思

要采取适应当前环境和条件的有效措施，加强劳动教育，组织好形式多样的劳动实践，让学生在实践中养成劳动习惯，学会劳动、学会勤俭。

——习近平

思考题

1. 马克思的劳动价值观包括哪些方面？
2. 深化对中国特色社会主义劳动观研究的重要意义是什么？
3. 大学生如何树立科学正确的劳动价值观？

知识链接

马克思主义如何理解“劳动”

“劳动”是人类特有的活动，数千年来人们都通过劳动创造财富，实现梦想。“劳动”在人类自身的发展以及人类社会经济发展中的作用十分重要且不可替代，那么，马克思主义是如何理解“劳动”的呢？

劳动是贯穿马克思主义理论的一个核心概念，马克思开始观照现实中的人正是从分析研究劳动这一现象开始的。在马克思主义学说中，对于劳动没有确切的定义，但是在不同时代的经典文本中，马克思使用了很多劳动的概念和说法。在《黑格尔法哲学批判》中，马克思认为“直接劳动即具体劳动的等级”“是市民社会各集团赖以安身和活动的基础”。这时马克思在使用劳动时已经带有唯物主义色彩。在《1844年经济学哲学手稿》中，马克思提出了“异化劳动”理论，通过分析劳动的异化现象，对资本主义进行了批判，同时把人类社会的发展和劳动相联系。正如他写道：“整个所谓世界历史不外是人通过人的劳动而诞生的过程，是自然界对人来说的生成过程”。在《资本论》中，马克思通过对资本主义条件下劳动现象的分析，深入批判了资本主义制度，从劳动的二重性开始，深入研究了劳动与剩余价值产生、劳动与资本对立、劳动与劳动者分离的核心问题，从现实的经济生活角度对未来社会的走向作出了理论构想。可以看出，马克思对劳动的认识是逐渐深入、丰富的过程，从最初对黑格尔哲学上关于劳动的解释的不同见解，到《资本论》中深入的研究，马克思在3个层面上使用和研究了劳动。

首先，从哲学层面上看，劳动是决定人本质的实践活动，是人的主体性活动的基础。马克思在分析异化劳动现象时认为，自然界作为感性的外部世界是工人的劳动得以实现的材料，但是黑格尔认为现实的人和现实的自然界不过是象征，绝对精神才是人自我产生过程的主体。虽然黑格尔“抓住了劳动的本质，把对象性的人、现实的因而是真正的人理解为人自己的劳动的结果”，但是他“把一般说来构成哲学的本质的那个东西，即知道自身的人的外化或者思考自身的、外化的科学，看成劳动的本质”。这表明他只在抽象的自我意识层面承认劳动。马克思不同意黑格尔的这种认识，认为他仅仅在抽象的范围内、精神的层面上理解了劳动，然而“人靠自然界生活”，人为了不致死亡而必须与自然界处于持续不断的交互作用过程。这个交互作用过程是人的精神活动，同时也是人的实践活动，所以与自然界发生联系包含着人的肉体生活和精神生活两个方面。劳动作为人的实践活动，是为了维持人的有机体的生命活动。人通过劳动完成人和自然界之间的物质交换，从而维持人的生存、实现人的发展。人本身是自然界的一部分，自然界是人的无机的身体，人和自然界原本没有主客体之分。人为了生存，需要通过劳动实现对自然界的占有，在这个过程中，人的活动是主动的、有意识的、有目的的，人通过劳动实现对自然界主动的认识和改造。马克思借鉴了哲学当中主体与客体的概念，强调人对自然界的主动的作用和意义，人和自然界有了主体和客体之分。

其次，从经济学层面看，劳动是创造物质财富的手段，是劳动力的使用。当马克思开始思考现实的人的境遇为什么如此悲惨的时候，他把研究的视角转向了国民经济学。马克思在分析“劳动的异化行为”时，从现实的经济活动出发，把工人的劳动看作实践的人的活动。这种活动的主体是工人，工人通过生产劳动的过程创造了劳动产品，然而劳动产品是属于工人之外的他人的。通过进一步研究异化劳动和私有财产的关系，他得出结论：私有财产一方面是外化劳动的产物；另一方面又是劳动借以外化的手段，是这一外化的实现。实际上，马克思在经济学层面上所分析的劳动正是在资本主义条件之下的劳动。马克思在《资本论》中从分析商品的二因素入手，认为劳动也有二重性。人类劳动力在生理学意义上的耗费形成商品价值，在特殊的有一定目的的形式上的耗费产生使用价值，劳动二重性的提出让我们更清晰地看到工人的劳动如何在现实的经济生活中形成价值。马克思还发现货币以资本的形式进行流通时，在结果上得到的货币会比原本支付的货币多一部分增殖，这部分价值就是剩余价值。剩余价值也是由工人的劳动创造而来的。资本家购买工人劳动力是为了生产剩余价值，所以在资本主义条件下，工人劳动产生价值的过程和资本家追求剩余价值的过程是统一的。由此，马克思揭示了资本主义经济制度的剥削本质，指出资本主义社会化生产与资本主义私有制之间存在矛盾，得出资本主义必然灭亡的历史预判。马克思在经济学层面对劳动的认识，完成了对资本主义制度科学的剖析和批判。资本主义制度下的劳动虽然仍然是人和自然之间的交换过程，通过劳动生产了人必需的物质产品，但同时也通过劳动生产出了人和人之间的不平等关系。

最后，从人学层面看，劳动是通向人的解放的必由之路。马克思通过劳动对资本主义展开批判是为了找到人的解放之路。实现人的解放首要地是需要解决人与自然之间的矛盾，只有在人类社会形成过程中生成的自然界才是人的现实的自然界，这个过程正是通过劳动实现的。虽然是异化劳动，但是也带来了财富的积累，生产力水平的提高，开始了人类社会工业化的进程，可以认为工业是人的本质力量的公开展示。同时，需要解决的问题还有如何解决人与人之间的矛盾、资产阶级与无产阶级之间的矛盾。为了使无产阶级获得解放，实现自由人的联合体，只能消灭资本主义制度下的异化劳动、雇佣劳动。人的解放首先要完成劳动的解放，实现异化劳动、雇佣劳动向劳动本身的复归，劳动不能成为资本或其他生产剥削关系的任何形式，这时积累起来的劳动只是用来丰富人的生活，劳动成为人自觉自愿的活动，是人的需要而非谋生的需要。

实现劳动解放进而实现人的解放还需要经过相当一段历史过程。目前，我国仍处于社会主义初级阶段，物质还没有达到极大丰富程度，全体社会成员都要参与到社会劳动中，通过劳动换取消费产品。但是，社会主义基本经济制度这个前提使得社会成员有了平等劳动的机会，通过劳动实现梦想是每个社会成员应有的权利。我们要完善分配制度，坚持多劳多得，鼓励勤劳致富，促进机会公平，增加低收入者收入，扩大中等收入群体。

（资料来源：https://theory.gmw.cn/2023-07/24/content_36717110.htm）

专题三
争当楷模　弘扬劳动精神

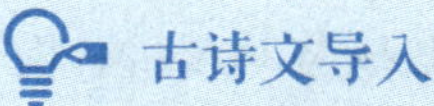

古诗文导入

诗经·卫风·淇奥

瞻彼淇奥，绿竹猗猗。有匪君子，如切如磋，如琢如磨。瑟兮僩兮！赫兮咺兮！有匪君子，终不可谖兮！

瞻彼淇奥，绿竹青青。有匪君子，充耳琇莹，会弁如星。瑟兮僩兮！赫兮咺兮！有匪君子，终不可谖兮！

瞻彼淇奥，绿竹如箦。有匪君子，如金如锡，如圭如璧。宽兮绰兮！猗重较兮！善戏谑兮！不为虐兮！

【解读】《诗经·卫风·淇奥》中有佳句“如切如磋，如琢如磨”，赞叹了工匠在对骨器、玉石进行加工时所表现出来的认真制作、精益求精的精神。这不仅是工匠精神的具体体现，也彰显了我国古代工匠的价值追求。

我国自古就有弘扬工匠精神和尊重传统匠人的优良传统，一些工艺水平在世界长期处于一流水准。四大发明，家具、瓷器、丝绸等精美制品和很多恢宏壮观的工程建筑，都离不开劳动者追求完美的工匠精神。祖先的智慧结晶是工匠技艺具有悠久历史的实物见证。从古至今，我国涌现了很多良工巧匠，如墨子、鲁班、马钧、张衡等。他们以超凡卓绝的智慧、精美绝伦的技艺、丰富无穷的创造力，给中国传统生活增添了奇妙的色彩，丰富了优秀的中华传统文化。在古代匠人的身上，闪烁着“创新、至诚、至善”的智慧光芒，孕育发展了中华手工艺文化及匠人文化，演绎着为人津津乐道的工匠式传奇，铸就了中国昔日手工业的辉煌。

中华人民共和国成立后，党和政府高度重视传统工艺的继承和发扬，强调传统匠人精神的现代价值。从东方红一号的腾飞，到杂交水稻的推广，再到神舟飞船的顺利飞天，无不凝结着新一代制造人的工匠精神。新时代的中国工匠精神与劳动精神、劳模精神构成一个完备的体系，成为激励广大劳动群众实现中华民族伟大复兴、建设社会主义现代化强国的伟大精神力量。

第一节　劳动精神

2014 年 4 月 30 日，习近平总书记于乌鲁木齐接见劳动模范和先进工作者时首次提出“劳动精神”。2015 年 4 月 28 日，习近平总书记在庆祝“五一”国际劳动节暨表彰全国劳动模范和先进工作者大会上的讲话中提出："我们一定要在全社会大力弘扬劳模精神、劳动精神，大力宣传劳动模范和其他典型的先进事迹，引导广大人民群众树立辛勤劳动、诚实劳动、创造性劳动的理念，让劳动光荣、创造伟大成为铿锵的时代强音，让劳动最光荣、劳动最崇高、劳动最伟大、劳动最美丽蔚然成风。"[①]2016 年 4 月 26 日，习近平总书记在知识分子、劳动模范、青年代表座谈会上的讲话指出："要在全社会大力弘扬劳动精神，提倡通过诚实劳动来实现人生的梦想、改变自己的命运。"[②]2018 年 9 月 10 日，习近平总书记在全国教育大会上强调："要在学生中弘扬劳动精神，教育引导学生崇尚劳动、尊重劳动。"[③]2020 年 3 月 20 日，中共中央、国务院印发的《关于全面加强新时代大中小学劳动教育的意见》中指出，明确劳动教育总体目标。通过劳动教育，使学生能够理解和形成马克思主义劳动观，牢固树立劳动最光荣、劳动最崇高、劳动最伟大、劳动最美丽的观念；体会劳动创造美好生活，体会劳动不分贵贱，热爱劳动，尊重普通劳动者，培养勤俭、奋斗、创新、奉献的劳动精神。2020 年 11 月 24 日，习近平总书记在全国劳动模范和先进工作者表彰大会上的重要讲话中，第一次正式概括了劳动精神的主要内容，即崇尚劳动、热爱劳动、辛勤劳动、诚实劳动。习近平总书记关于"劳动精神"的一系列论述，深刻阐述了新时代劳动教育的重要性。培育和弘扬劳动精神对丰富人民美好生活、实现人的自由全面发展、建成社会主义现代化国家和实现中华民族伟大复兴中国梦有非常重要的意义。

一、劳动精神的含义

纵观世界文明史，人类的所有进步和发明创造都是劳动带来的。而创造一切文明奇迹的根源，就在于人类身上体现的劳动精神。劳动精神是每一位劳动者为创造美好生活而在劳动过程中秉持的劳动态度、劳动观念、劳动习惯以及展现出的劳动精神面貌。

（一）劳动精神体现劳动态度

劳动精神首先表现为劳动态度。态度决定高度，劳动态度决定劳动的质量。所以，我们学习和践行劳动精神，需要端正劳动态度。劳动态度左右着我们的劳动思维和判断，控制着我们的劳动情感与劳动实践。有什么样的劳动态度，就会

① 习近平在庆祝"五一"国际劳动节暨表彰全国劳动模范和先进工作者大会上的讲话[N]. 人民日报，2015-04-29（02）.

② 习近平：在知识分子、劳动模范、青年代表座谈会上的讲话[N]. 人民日报，2016-04-30（02）.

③ 习近平：坚持中国特色社会主义教育发展道路 培养德智体美劳全面发展的社会主义建设者和接班人[N]. 人民日报，2018-09-11（01）.

有什么样的劳动成果。

（二）劳动精神展现劳动观念

劳动精神的核心是劳动观念，也就是劳动者对劳动的认识和看法。随着社会的发展、科技的进步以及生活水平的提高，资本、知识、技术、信息在生产和生活中的力量不断凸显，人们的劳动观念发生了很大变化。部分人对劳动的理解出现偏差，导致好逸恶劳、渴望不劳而获、盲目消费、拜金主义等社会现象层出不穷。这就需要用马克思主义劳动观，特别是新时代劳动观，引导广大劳动者，尤其是青年树立正确的劳动观念。

（三）劳动精神彰显劳动习惯

弘扬劳动精神的目的就是养成热爱劳动、尊重劳动、崇尚劳动、践行劳动的好习惯，每一位劳动者都应该养成良好的劳动习惯。学校、家庭、社会等要密切配合，合理分工，采取有效的劳动教育手段，激发青年大学生自觉参与劳动实践，引导青年大学生养成热爱劳动、尊重劳动、崇尚劳动、践行劳动的好习惯。

二、劳动精神的主要内容

2020 年 11 月 24 日，习近平总书记在全国劳动模范和先进工作者表彰大会上的重要讲话中，第一次正式概括了劳动精神的主要内容，即崇尚劳动、热爱劳动、辛勤劳动、诚实劳动。崇尚劳动就是要让每一位劳动者认识到劳动的重大价值，树立劳动最光荣的理念；热爱劳动就是让每一位劳动者热爱自己的岗位和工作，营造热爱劳动的社会风气，培育青年学生热爱劳动的习惯和素养；辛勤劳动就是勤奋地劳动，从中磨炼劳动意志和劳动毅力；诚实劳动可以概括为诚实做事、诚实做人。

（一）崇尚劳动

劳动精神是习近平总书记 2014 年 4 月 30 日在乌鲁木齐接见劳动模范和先进工作者、先进人物代表发表重要讲话时提出的。他强调：“我们要在全社会大力弘扬劳动光荣、知识崇高、人才宝贵、创造伟大的时代新风，促使全体社会成员弘扬劳动精神，推动全社会热爱劳动、投身劳动、爱岗敬业，为改革开放和社会主义现代化建设贡献智慧和力量。”[①]崇尚劳动就是要牢固树立劳动最光荣、劳动最崇高、劳动最伟大、劳动最美丽的观念。这就需要我们深刻领会习近平总书记关于劳动的系列重要讲话精神，认识到劳动的重大价值。

① 习近平向全国广大劳动者致以“五一”节问候 在乌鲁木齐接见劳动模范和先进工作者、先进人物代表[N]. 人民日报，2014-05-01（01）.

习近平总书记指出："劳动开创未来。劳动是推动人类社会进步的根本力量。"①"劳动是财富的源泉，也是幸福的源泉……劳动创造了中华民族，造就了中华民族的辉煌历史，也必将创造出中华民族的光明未来。"②"劳动是共产党人保持政治本色的重要途径，是共产党人保持政治肌体健康的重要手段，也是共产党人发扬优良作风、自觉抵制'四风'的重要保障。"③"劳动是一切成功的必经之路。"④"人类是劳动创造的，社会是劳动创造的。劳动没有高低贵贱之分，任何一份职业都很光荣。"⑤习近平总书记的论述，为我们指出了崇尚劳动的重要意义。

但是，我们需要清楚的是，习近平总书记对劳动的重视本质上是对劳动者的重视。因为劳动的主体是劳动者，劳动的成果也是满足劳动者的需要。因此，习近平总书记进一步指出："全社会都要贯彻尊重劳动、尊重知识、尊重人才、尊重创造的重大方针，维护和发展劳动者的利益，保障劳动者的权利。要坚持社会公平正义，排除阻碍劳动者参与发展、分享发展成果的障碍，努力让劳动者实现体面劳动、全面发展。"⑥"在我们社会主义国家，一切劳动，无论是体力劳动还是脑力劳动，都值得尊重和鼓励；一切创造，无论是个人创造还是集体创造，也都值得尊重和鼓励……全社会都要以辛勤劳动为荣、以好逸恶劳为耻，任何时候任何人都不能看不起普通劳动者，都不能贪图不劳而获的生活。"⑦"一切劳动者，只要肯学肯干肯钻研，练就一身真本领，掌握一手好技术，就能立足岗位成长成才，就能在劳动中发现广阔的天地，在劳动中体现价值、展现风采、感受快乐。"⑧

习近平总书记既提出了尊重一切劳动者的要求，又对一切劳动者提出了希望。所以，崇尚劳动的最终目的就是尊重一切劳动者及其劳动。

（二）热爱劳动

既然劳动对于我们的未来和幸福都有着重大的价值，那么热爱劳动就成为顺其自然的事情。对于广大劳动者来说，热爱劳动主要指的是热爱自己的岗位和工

---

① 习近平在同全国劳动模范代表座谈时的讲话[N]. 人民日报，2013-04-29（02）.

② 习近平在同全国劳动模范代表座谈时的讲话[N]. 人民日报，2013-04-29（02）.

③ 以劳动托起中国梦 以习近平同志为总书记的党中央关心工人阶级和广大劳动群众纪实[N]. 人民日报，2015-05-01（01）.

④ 习近平向全国广大劳动者致以"五一"节问候 在乌鲁木齐接见劳动模范和先进工作者、先进人物代表[N]. 人民日报，2014-05-01（01）.

⑤ 习近平：在知识分子、劳动模范、青年代表座谈会上的讲话[N]. 人民日报，2016-04-30（02）.

⑥ 习近平在同全国劳动模范代表座谈时的讲话[N]. 人民日报，2013-04-29（02）.

⑦ 习近平在庆祝"五一"国际劳动节暨表彰全国劳动模范和先进工作者大会上的讲话[N]. 人民日报，2015-04-29（02）.

⑧ 习近平在庆祝"五一"国际劳动节暨表彰全国劳动模范和先进工作者大会上的讲话[N]. 人民日报，2015-04-29（02）.

作。这就要求每一位劳动者都干一行、爱一行，认真钻研业务，争取成为行家里手。一份工作既是劳动者的“饭碗”，可以养家糊口，也是展示自己才能和实现自己价值的平台，更是为单位、社会和国家创造价值的机会。一个人如果不能为单位、社会和国家创造足够的价值，不仅无法实现自己的价值，甚至还会影响到自己的“饭碗”。所以，热爱劳动是每一位劳动者的本分。

每一位劳动者都希望通过劳动创造自己的幸福生活和美好未来，更希望能在工作岗位上不断提升自己的综合素质，带来更好的发展机会，这都需要有一颗热爱劳动的心。对于劳动者来说，热爱劳动就是勇于承担起工作中的重任、积极面对岗位上的难题，恪尽职守，认真完成每一项工作，从而推动企业、社会进步，汇聚成国家振兴的力量。对岗位和工作的热爱，实际上就是对单位、社会和国家的热爱。

总之，热爱劳动对于所有人来讲都是必不可少的。热爱劳动表面上看热爱的是劳动，实际上热爱的是劳动所承担的责任。也就是说，一个富有高度社会责任感，对人民、对国家有大爱的人，他的劳动就会取得难以想象的成就，他的劳动价值也将是无可限量的。

（三）辛勤劳动

一分耕耘，一分收获。伟大的成绩总是和辛勤劳动联系在一起的。没有亿万人民的日耕夜作，就不会有今日中国的巨变。实现中国梦，最终要靠全体人民辛勤劳动，天上不会掉馅饼！“一勤天下无难事”，实现我们确立的奋斗目标，归根结底要靠辛勤劳动、诚实劳动、科学劳动。实现中华民族伟大复兴的中国梦，要靠各行各业的人们辛勤劳动。面对2020年突如其来的新冠疫情，我国能够取得抗疫的显著成效，一方面取决于党的伟大领导，另一方面则得益于全国人民的辛勤劳动。无论是逆风而行的“白衣天使”，还是创造“火神山速度”的建筑工人，抑或是“召之即来”的人民子弟兵，都彰显了亿万劳动者艰苦奋斗、无私奉献的“硬核力量”。

辛勤劳动从字面上理解是指辛苦、勤快地劳动。所以，辛勤劳动首先就要做好“吃苦”的准备。俗话说：“吃得苦中苦，方为人上人。”任何劳动成果的取得都不会是一帆风顺的，过程中总会遇到各种困难。只不过有的困难大，有的困难小。如果一个人一遇到困难就退缩和逃避，那么他就很难取得理想的劳动成果。反之，一个人如果“明知山有虎，偏向虎山行”，那么他就会取得意想不到的收获。

辛勤劳动除了要承受得住辛苦、艰苦外，还要养成勤快的习惯。勤能补拙是良训，天道酬勤讲的就是勤快的重要性。很多事情不是短时间就能完成的，需要坚持、坚守、坚定自己的信念和习惯。在工作中，各种问题总是层出不穷，所以需要养成善于观察问题、分析问题、解决问题的思维。例如，有的生产技术难题需要经过几十次、上百次乃至更多次的反复试验，才会找到最后的解决方案。如果离开了勤快，可能就会与最后的解决方案失之交臂。实际上，辛苦和勤快在很多情况下是密不可分的。辛苦的人在很多情况下是因为太勤快了，而勤快的人总是比较辛苦的，所以才会有辛勤劳动的说法。只有辛勤劳动，才会收获自己的幸福和未来。

（四）诚实劳动

习近平总书记强调："人世间的美好梦想，只有通过诚实劳动才能实现；发展中的各种难题，只有通过诚实劳动才能破解；生命里的一切辉煌，只有通过诚实劳动才能铸就。"①"广大劳动群众要立足本职岗位诚实劳动……只要踏实劳动、勤勉劳动，在平凡岗位上也能干出不平凡的业绩。"②"我们要在全社会大力弘扬劳动精神，提倡通过诚实劳动来实现人生的梦想、改变自己的命运，反对一切不劳而获、投机取巧、贪图享乐的思想。"③

习近平总书记强调的诚实劳动，既是劳动态度，也是劳动品德。作为劳动态度，诚实劳动是指每一位劳动者都要以诚实的态度做事，不要在劳动的形式、劳动的内容、劳动的效果等方面弄虚作假、混淆视听。作为劳动品德，诚实劳动是指每一位劳动者都要以诚实的态度做人，既要真实展示自己，又要真诚对待别人。做事先做人。劳动品德对于诚实劳动有着更重要的价值，因为做人不诚实，做事也很难诚实。

在劳动态度上，诚实劳动是用诚实的态度做事。这就需要每一位劳动者尊重客观规律，坚持问题导向。这里的问题主要是指劳动者在工作中遇到的问题。如果一个人用诚实的态度做事，就会严格按照单位和岗位工作的要求做事，深入思考和钻研劳动中遇到的各种问题，采用科学的思路，找到解决问题的科学方法。相反，用不诚实的态度做事就会违反客观规律，最终的劳动效果也会适得其反、事与愿违。以诚实的劳动态度做事，总会生产出有质量保证的产品、提供有信誉保证的服务；以不诚实的劳动态度做事，则往往以假冒伪劣产品或不良服务赚取不义之财。

在劳动品德上，诚实劳动是用诚实的态度做人。其实，诚实本身就是人的一种品德修养，每一个人都应该诚实做人。诚实就是要真诚，要实在，不弄虚作假，不瞒哄欺骗，做到言行一致、表里如一，以本来面目示人，实实在在对人。一个人要想在社会上立足，就要努力做一个诚实的人。诚实劳动就是要做一个诚实的劳动者，包括劳动者自身的诚实语言、诚实形象以及诚实交往等。如果一个劳动者不诚实，就会想方设法掩盖自己，甚至谎话连篇，到处骗人。从这个意义上讲，诚实劳动就是诚实做人。所以，诚实劳动的关键在于劳动品德的教育和塑造。特别是对于青少年和孩子们的劳动教育，劳动品德的教育应该是第一位的。

---

① 习近平在同全国劳动模范代表座谈时的讲话[N]. 人民日报，2013-04-29（02）.
② 习近平：在知识分子、劳动模范、青年代表座谈会上的讲话[N]. 人民日报，2016-04-30（02）.
③ 习近平：在知识分子、劳动模范、青年代表座谈会上的讲话[N]. 人民日报，2016-04-30（02）.

三、弘扬劳动精神对大学生成长成才的重要意义

（一）弘扬劳动精神是大学生精神成人的重要条件

大学时期是大学生世界观、人生观、价值观形成的关键期，影响决定着大学生的精神成才。马克思在《资本论》中指出："未来的教育对所有已满一定年龄的儿童来说，就是生产劳动同智育、体育相结合，它不仅是提高社会生产的一种方法，而且是培养全面发展的人的唯一方法。"马克思的教导对当代大学生同样适用。德育、智育、体育、美育、劳育是促进人全面发展不可或缺的 5 个方面。其中，"劳动教育是国民教育体系的重要内容，是学生成长的必要途径，具有树德、增智、强体、育美的综合育人价值"。弘扬劳动精神，通过劳动教育让大学生理解和形成马克思主义劳动观，拥有健康、积极的劳动精神面貌和科学的劳动价值取向，获得个人发展所需的劳动技能水平。

弘扬劳动精神使我们具备了沟通主观世界和客观世界的能力。劳动精神既是对传统劳动观念、劳动价值、劳动方式等的扬弃性继承，又是对新的时代条件下人类生产方式、生活方式反思之后对传统劳动精神的继承性发扬。可以说，弘扬劳动精神是现代人精神成人的重要组成部分。弘扬劳动精神，坚持劳动实践，是大学生促进个人主客观世界相统一的重要路径。

（二）弘扬劳动精神是大学生完成人的社会化的重要路径

弘扬劳动精神，劳动实践是大学生正确认识和处理本我与他人、与社会、与自然关系的天然媒介。劳动教育是一个天然媒介，可以使我们保持动态地与他人交往，更好地融入社会生活，更科学地理解并践行与自然的关系。通过劳动，我们可以在处理各种社会关系中"体会劳动创造美好生活，体认劳动不分贵贱，热爱劳动，尊重普通劳动者，培养勤俭、奋斗、创新、奉献的劳动精神"。劳动是大学生创造个人价值以及个人价值得到他人、社会认同的先决条件。

弘扬劳动精神，劳动实践是大学生个人价值得以实现的重要保障。弘扬劳动精神，关键是激发个体的自觉意识，不仅要使个体获得劳动知识、技能，培养个体的劳动观念、情感，而且要使个体意识到劳动是个人在社会上的立足之本，是个人获得自由和幸福生活的前提。弘扬劳动精神，能让大学生更加清晰地把握时代的脉搏，了解世界和国家发展大势，了解国家和社会发展需要什么样的劳动者，进而促使大学生有针对性地培养自己，实现个人价值和社会价值的趋同。也就是说，弘扬劳动精神，是大学生理性审视国家和社会发展需要之后，大胆追求个人价值，并且自觉把个人价值的实现融入国家和社会发展的过程。追求个人价值实现的过程，同样也是大学生实现人的社会化的过程。

（三）弘扬劳动精神是大学生顺利融入新生活的重要保障

弘扬劳动精神是大学生顺利融入社会生活的基本前提。科学研究表明，劳动教育在磨炼人的意志，培养劳动者形成健康生活习惯、遵守社会规则、珍惜劳动成果等方面具有特殊作用。根据国家规定，“实施劳动教育重点是在系统的文化知识学习之外，有目的、有计划地组织学生参加日常生活劳动、生产劳动和服务性劳动，让学生动手实践、出力流汗，接受锻炼、磨炼意志，培养学生正确劳动价值观和良好劳动品质”。关于劳育对劳动者品行、修养和成才等的作用，古往今来有很多经典评断。其中，苏联著名教育家凯洛夫在其《教育学》中就曾明确指出：“劳动使一个人的道德变为高尚，使他习惯于小心地对待劳动工具、器械和产品，重视书籍及其他精神文化和物质文化的物品，尊重任何一种职业的劳动者，仇视那些寄生虫和剥削者、二流子、怯懦者和懒汉。”也就是说，劳动不仅是一种谋生的手段，也是人全面发展的必需品。

弘扬劳动精神是大学生顺利融入职场生活的重要保障。在现代社会，普通人的一生一般有近 40 年的职业生活，即普通人的一生要在各种不同的工作岗位上度过。职业既是养家糊口的需要，又是个人价值实现的平台。职业生活一般都对劳动者的职业态度、职业技能、职业习惯等有特别的要求。弘扬劳动精神，践行劳动，既能够使大学生养成诚实合法劳动意识，形成良好劳动习惯，又能够使大学生较为准确地判断国家和社会发展需要，进而自觉有针对性地培养满足生存发展需要的基本劳动能力和特定职业的核心能力，为大学生顺利融入职场生活奠定良好基础。

弘扬劳动精神是判断网络生活是否适度的重要依据。网络生活已经成为大学生活中不可或缺的一部分，“网络劳动”也是大学生现实劳动的重要补充。如何合理定位网络生活、分配网络生活时间、规避网络生活的弊端等是我们必须要面对的现实问题。网络生活是科技发展的结果，是依托科技建构的对现实生活场景的网络虚拟化的表达。有一些人分不清现实和虚拟，以虚拟生活替代现实生活，结果迷失在网络世界中不能自拔。弘扬劳动精神，一方面可以使大学生清晰地认知网络虚拟生活的本质，理论上不被“虚拟”的技术所“奴役”；另一方面可以使大学生通过劳动在现实世界中建构良性的人际关系，乐于接纳自然、享受自然，在实践中增强对“虚拟”技术的把控，做技术的“主人”。

第二节　工 匠 精 神

在我国几千年文明史中，工匠精神源远流长，形成了“尚巧工”的社会氛围。中华人民共和国成立以来，我们党在带领广大人民进行社会主义现代化建设的进程中，始终坚持弘扬工匠精神。无论是“两弹一星”、载人航天工程取得的辉煌成就，还是高铁、飞机等的设计与制造，都离不开工匠精神，都展现出我们对工匠精神的继承与发扬。

一、工匠精神的含义

工匠精神，就是工匠们在自己的职业中淬炼出来的品质与气质。它其实是一种理念，一种对自己的作品精益求精、不断完善使其完美的精神理念。工匠专注于每一个细节，运用智慧和经验，创造性地改造物质世界，打造完美产品。工匠们对每一项工作都充满敬畏，对每一个步骤都一丝不苟，同时对最后的劳动结果充满诚意，并由此获得成就感。工匠们的付出，赋予了作品灵魂和生命。

工匠精神是每一位不甘于平庸的劳动者在平凡的工作中不断对自己提出更高的要求，并不断自我超越、自我提升、自我完善，始终追求做更好的自己时所表现出的工作态度、工作境界、工作习惯以及整体精神面貌。

（一）工匠精神表现为劳动者酷爱工作的劳动态度

被誉为能工巧匠的工匠，之所以能成为广大劳动者群体中的佼佼者和杰出代表，首先表现为他们酷爱工作的劳动态度。酷爱工作的劳动态度会让劳动者“干一行、爱一行、钻一行”，并“精心打磨每一个零部件，生产优质的产品”，从而创造出精品乃至极品。

（二）工匠精神彰显的是精神的力量

工匠精神的核心是精神的力量，反映了劳动者的工作态度、工作境界、工作习惯以及整体工作风貌。2016 年 10 月 21 日，习近平总书记在纪念红军长征胜利 80 周年大会上强调：“人无精神则不立，国无精神则不强。精神是一个民族赖以长久生存的灵魂，唯有精神上达到一定的高度，这个民族才能在历史的洪流中屹立不倒、奋勇向前。”①

（三）工匠精神为广大劳动者指明奋斗的方向

工匠是能工巧匠的简称，自我学习、自我钻研、自我挑战、自我突破，是部分人能成为能工巧匠的根源。他们不断超越过去的自己，成为战胜自己的榜样。当他们不断超越过去的自己，不断超越其他人时，就成为领域内的佼佼者。

① 习近平在纪念红军长征胜利 80 周年大会上的讲话[N]. 人民日报，2016-10-22（02）.

二、工匠精神的主要内容

2020年11月24日，习近平总书记在全国劳动模范和先进工作者表彰大会上发表重要讲话，第一次全面阐述了工匠精神的主要内容，即执着专注、精益求精、一丝不苟、追求卓越。执着专注是工匠的本分，精益求精是工匠的追求，一丝不苟是工匠的作风，追求卓越是工匠的使命。

（一）执着专注

执着专注是指工匠坚定不移、集中全部精力完成一项工作时的态度，是工匠专心致志做事情的工作状态。

态度往往决定了一个人能到达的高度。对工作没有执着的态度，就很难取得显著的成效。没有卑微的工作，只有卑微的工作态度，每个人的工作态度完全取决于自己。工作态度比工作能力更重要，一个人的态度会决定他把事情做到什么样的程度。因此，做任何事情，都要有一个好的态度。

专注就是把全部精力都集中在专业领域的学习和发展上。只有专注地耕作于某一专业领域，才能有常人不及的成就。很多优秀工匠都是长时间（短则十几年，长则几十年）专注于一项技艺或一个岗位，经过持续不断的磨炼，才最终获得卓越的成就。有了专注才会有钻劲儿，有钻劲儿几乎是大国工匠身上共同的优良品质。

（二）精益求精

精益求精已经成为工匠精神的另一种表述方式，反映了工匠的最高追求。精益求精的字面意思是，已经做得很好了，还要追求更好。精了还要更精，好了还要更好。

精益求精的品质精神是工匠精神的核心。对工匠而言，雕琢自己的作品不只是一份工作，还是生活的重要组成部分。工匠精神不仅存在于某一个职业中，更存在于每一个人的心里。工匠不会马马虎虎、得过且过，而是从日复一日的劳动过程中体会快乐和成就感，将每一步做到精益求精。“天下大事，必作于细。”工匠是笃实专一、心无旁骛、努力将工艺做到极致的人。精益求精是一种极强的责任意识，是对品质、信誉负责，对消费者权益负责的体现。

（三）一丝不苟

一丝不苟是一种做事的境界，表示一个人做事的思想觉悟和做事认真细致的态度。一丝不苟的工匠精神可以概括为严谨、严格、严苛、严肃等以“严”为核心的精神状态。

认真细致的工作态度是一丝不苟的工匠精神的基础。它体现为一个人把全部心思用在干事创业上，把所有精力用在学习进步上，真正以认真细致的态度，扎扎实实地把工作做好。这种工作态度有时表现为“轴”的精神、较真的态度。

“严”的工作精神是工匠共同的优秀品质。他们能够自觉培养这种“严”的工作精神和作风，以严之又严、慎之又慎、细之又细的工作态度为标尺衡量自己的工作。在这种“严”的工作状态下，他们鞭策着自己不断进步，学有所得、思有所悟，不断提升自身的综合素质。

（四）追求卓越

卓越是指杰出、优秀意思。追求卓越就是追求杰出的、优秀的目标。这一目标既可以是成为杰出的、优秀的人，也可以是取得杰出的、优秀的成果。工匠精神中的追求卓越是指不断让自身更加优秀的工作状态和人生信念。这种状态和信念一般源于工匠的崇高使命感、自我超越的人生追求以及关注细节的工作态度。

工匠精神的本质是一种自我超越的精神，自我超越就是不断超越过去的自己。人可以对标先进典型，也可以进行自我超越。不断反省自己、完善自己、提升自己是自我超越的过程，也是追求卓越的过程。

三、工匠精神的培育

前总理李克强曾寄语四川芦山学子“工匠也可以成为大师”，激励广大学子走技能成才、技能报国之路，鼓励新一代学子践行工匠精神，做技术创新的开拓者、技能操作的引领者。

（一）加强专业知识学习，树立终身学习意识

工匠崇尚技能，崇尚劳动，具有学习掌握技术的兴趣和意愿，熟练掌握专业技术，具备将专业技术创意和方案转化为有形物品或对已有物品进行改进与优化等能力。专业学习和实践实训绝不只是简单地做出有形的产品，还应结合行业特点和专业特点分析本职业岗位应具备的职业精神，并将其融入专业学习中。

为了自身的持续发展，大学生要树立起终身学习的意识，不断积淀知识经验，强化自身的创新意识、创新精神，积极参与创新实践，从小事做起、从基础做起，迎难而上、百折不挠，在实践中增长见识、砥砺品质、强化本领、收获成功。

（二）专心致志，干一行爱一行

青年大学生要学习工匠对工作充满激情、对技术精益求精、对产品追求极致，穷尽一切力量只为做到最好的精神，要把工作当成使命、当成一生的信仰和追求。只有把工作当使命的人，才能始终对工作充满热情，才能潜心谋事、一心干事、全心成事，才能激发自己最大的潜能。

不慕虚荣，珍惜就业岗位。工作来之不易，应该把自己的工作当成一种责任、一种承诺、一种义务、一种使命。珍惜岗位就是珍惜自己的就业机会，拓展自己的生存和发展空间，千万别等到失去的时候才懂得珍惜。如果你对工作总是漫不经心，做一天和尚撞一天钟，不珍惜自己的岗位，到头来损害的不仅是企业的利益，自己也会因此丢掉手中的“饭碗”。对自己的每一份工作，我们都应有珍惜之情，并勤问之、慎思之、精进之，精益求精、精雕细琢，从而成就每一个岗位上的辉煌。

（三）树立职业荣誉感，赢得尊重

所谓职业荣誉感，就是每个职业人在职责范围内做好自己的事情的那种职业责任感以及做好本职工作之后在社会上获得尊敬和感到光荣的感觉。职业荣誉感与敬业精神、职业道德息息相关。良好的职业荣誉感是良性社会的标志。只要把本职工作做得出色，就会得到充分的尊敬，自己也能体验职业所带来的荣誉感和幸福感。普通人即使在平凡的岗位上也能成就一番事业，推动社会发展、进步。新时代的青年大学生，应当树立、强化自己的职业荣誉感，不管是在学校还是在工作中，都用工匠的严格标准要求自己的行为举止、工作态度，用自己创造出的优秀成果赢得尊重。

第三节　劳 模 精 神

劳动模范是时代的先锋、民族的楷模，他们以对事业无限热爱、对祖国无限忠诚的赤子之心，在自己岗位上辛勤劳动，以超出常人几倍甚至几十倍的努力，为国家、民族、社会创造了巨大的经济效益和社会效益，为中华民族积累了宝贵的精神财富，激励了一代又一代的人民奋发图强、无私奉献。

劳动模范是广大劳动者的先进代表，劳模精神引领时代精神，劳模价值创造社会价值。每一个时期的劳模都是那个时代的精神符号和力量象征，劳模精神被赋予了时代的内涵和元素。

一、劳模精神的时代内涵

劳动模范这一光荣的称号，从含义上来说有广义和狭义之分。广义上的劳动模范是指通过辛勤劳动推动人类社会不断向前发展的劳动者。狭义上的劳动模范是指在革命、建设和改革的各个历史发展时期，中国共产党选出的为推动社会主义生产实践做出巨大贡献的时代标兵和先进分子。他们被授予“劳动模范”的光荣称号，带动和引领广大劳动者努力奋斗，为社会主义建设创造更多的精神财富和物质财富。他们是新时代中国特色社会主义建设中必不可少的一部分。

劳动模范之所以光荣而伟大，不仅在于他们是社会主义建设中的时代新星，为促进我国经济发展、民族复兴做出了巨大贡献，更在于他们的思想行为和优秀品质中所体现出的伟大的奉献精神，即劳模精神。这种精神是劳动模范价值观、人生观和世界观的精神升华，是体现在劳动模范的精神风貌和社会生活当中的价值追求。

劳模精神是形成于中国共产党带领人民进行革命、建设和改革的历史时期的，以劳动模范这个群体的先进行为、高尚情操和优秀品质为基本内容，在中国特色社会主义进入新时代和建设社会主义现代化强国的历史实践中丰富并发展的先进思想与精神，其核心和实质是强烈的责任感与主人翁意识，并在平凡的岗位上发光发热、拼搏向上的精神。劳模精神是一种历经时代洗礼而毫不变质的极为珍贵的精神财富，是对中国工人阶级优秀品质的彰显和诠释，是对五千年中华民族精神的传承和发扬，是对社会主义核心价值观的生动体现，它代表着新时代我国社会主义精神文明的时代风貌。

2020 年 11 月 24 日，在全国劳动模范和先进工作者表彰大会上，习近平总书记指出："在长期实践中，我们培育形成了爱岗敬业、争创一流、艰苦奋斗、勇于创新、淡泊名利、甘于奉献的劳模精神。"①

"爱岗敬业、争创一流"是劳模对待自己职业的一种态度，它体现了劳模热爱自己的工作岗位、对工作负责、敬重自己所从事职业的道德操守，致力于追求更高的劳动效率、劳动质量。"艰苦奋斗、勇于创新"展现了劳模的精神风貌，他们不怕艰难困苦，奋发图强，艰苦创业，在劳动中敢于突破陈规、大胆探索未知、勇于创新创造。"淡泊名利、甘于奉献"体现了劳模的思想境界，他们不看重外在的名声与利益，在自己的岗位上勤勤恳恳、兢兢业业，主动为他人做贡献。

劳模精神是时代精神的集中体现，它不会随着历史的发展而消亡，反而会在时代的跌宕中不断发展和丰富。习近平总书记指出，必须要大力弘扬劳模精神，大力发挥劳模作用，并把劳模精神概括为、3 个方面、24 个字，即爱岗敬业、争创一流，艰苦奋斗、勇于创新，淡泊名利、甘于奉献。这三方面不可分割、相互联系，共同构成劳模精神的丰富内涵。

（一）爱岗敬业、争创一流

爱岗敬业、争创一流是劳模精神的本质要求，也是评选劳动模范的基本标准，更是公民在工作中应当遵循的基本职业道德和行为标准。它反映的是工作人员对待所从事职业的基本态度，体现的是从业人员热爱工作岗位、敬重自己的职业，尽职尽责、勤奋努力的道德操守。爱岗敬业、争创一流可以分为两个方面：一是

① 习近平在全国劳动模范和先进工作者表彰大会上的讲话[N]. 人民日报，2020-11-25（02）.

要立足本职、热爱工作岗位。“业精于勤荒于嬉，行成于思毁于随。”敬业是踏踏实实做事的工作态度，是勤勤恳恳的无悔付出。二是要精益求精，争做行业领头羊。工作上必须要有细致入微的态度，有奋发向上、争当第一的工作心态。爱岗敬业、争创一流表达的是基本的职业道德要求，要做到干一行、爱一行，在此基础上达到专一行、精一行，勤勤恳恳、尽忠职守、精益求精，用自己的工作体现出公民基本的职业操守。

（二）艰苦奋斗、勇于创新

艰苦奋斗是中华民族的优良传统之一，是中国人民的美好品德，更是劳动模范所必有的优秀品质。从思想上来说，艰苦奋斗包括两个方面：一是艰苦，二是奋斗。艰苦是指客观环境上的困难，奋斗是指积极进取，艰苦奋斗是指用积极进取的行动战胜艰苦的客观环境。艰苦奋斗的精神与时代同轨，任何时候都不能丧失进取心和战胜困难的决心。艰苦奋斗精神在任何时候都是推动社会进步、国家富强的力量支撑。创新是一个民族发展进步的力量源泉，是民族精神的深刻沉淀。创新推动民族复兴和国家进步，促进经济社会可持续发展，引领中华民族一步步屹立于世界之林。从食不果腹、衣不蔽体到如今的民富国强，再到载人航天、月球探测，创新引领着生活的改变，不断推动“中国制造”向“中国智造”转变。

（三）淡泊名利、甘于奉献

淡泊名利就是不为利益所绊，不忘俯首甘为孺子牛的初心。甘于奉献就是在平凡的岗位上发光发热，为人民事业奋斗，这两者共同构成劳模精神的独特品格。“天下熙熙，皆为利来。天下攘攘，皆为利往。”自古至今，世人都有对名利的追求和向往，但是作为人民群众中的一员，劳模在努力奋斗创造出光辉成就的过程中、在从基层工作者到行业领头人的转换中、在从普通大众成长为世人尊重的先进模范中，始终坚持淡泊名利，大爱无疆，毫不利己、专门利人的奉献精神，对党和国家奉献自己，默默无闻倾尽所有，始终不忘初心、牢记使命，坚持吃苦在前、享受在后的原则。

二、劳模精神的时代价值

（一）劳模精神是劳动精神的积极呈现

劳模先锋们不仅具有忘我的劳动热情、积极进取的精神状态，也饱含无私奉献、淡泊名利的利他主义作风。他们身上闪耀着的优秀品质正是劳动精神的积极呈现。

劳模精神继承并发展了中华民族传统优秀的劳动观念；树立并彰显了一种辛

勤劳动、诚实劳动、创造性劳动的新理念；营造并弘扬了一种劳动光荣、技能宝贵、创造伟大的时代风尚；生成并传播了一种劳动者至上、劳动者平等、劳动者可敬，劳动最光荣、劳动最崇高、劳动最伟大、劳动最美丽的劳动观。

（二）劳模精神的核心是工匠精神

现今，我国各行各业涌现出来的劳动模范所展示的劳模精神，其行为实质和精神特质本身都是工匠精神的价值升华，既体现了劳动者的勤劳创造之美，展现了劳动者的追求卓越之美，也凸显了劳动者的爱岗敬业之美。可以说，工匠的职业操守精神是劳模精神的基础，工匠的求精创新精神是劳模精神的源泉，工匠的敬业奉献精神是劳模精神的内核。

（三）劳模精神促进劳动者素质的提升

劳动者素质对一个国家和民族的发展至关重要。劳模在工作岗位上的示范、引领、带动作用是巨大的，劳模精神的影响是深远的。全社会劳动者，尤其是广大青年大学生，要以学习和传承劳模精神为荣，到祖国最需要的地方绽放青春之花，不断提升个人的劳动素质，到祖国建设的各个岗位上发光发热。

三、如何践行劳模精神

劳模精神中，爱岗敬业是本分，争创一流是追求，艰苦奋斗是作风，勇于创新是使命，淡泊名利是境界，甘于奉献是修为。做一个守本分、有追求、讲作风、担使命、有境界、有修为的劳动者，是每一位劳模的精神风范，更是每一位劳动者应该追求的目标。

榜样的力量是无穷的，劳模身上充满创造、创新、创业激情，他们以炽热的爱国情怀、精湛的专业技能在各自岗位上建功立业，激励无数青年学子通过劳动创造更加美好的生活。

（一）在学习中践行劳模精神

大学生应在勤学、修德、明辨、笃实上下足功夫，牢固树立“劳动最光荣、劳动最崇高、劳动最伟大、劳动最美丽”的观念，坚定中国特色社会主义共同理想。在学习中践行劳模精神，就是要刻苦钻研、不畏艰苦，孜孜不倦地学习科学文化知识，勇于探索和创造，不断提高政治理论和科学文化水平，不断完善自己的人格。

学习是通往成功的阶梯。只有努力学习，才能练就过硬本领。大学生要多读书、勤实践，努力完善知识结构，提升劳动技能，掌握真才实学，练就过硬本领。1 年内连续 3 次创造了全国黑色冶金矿山掘进新纪录的劳模马万水常说：“加快矿山建设，光靠拼体力是不行的，必须把苦干、实干与巧干结合起来。”唯有学以致用，方能经世济民；唯有学行修明，才可受命于危难之间。

作为大学生，我们应时刻牢记：不一定每个人都能成为劳模，但人人都能学习和践行劳模精神。弘扬劳模精神，尊重劳动创造，不是一句口号，而应体现在每一天的学习生活中，落实到每一项行动中。

（二）在实践中践行劳模精神

劳模精神体现在实践中，就是要在平凡的岗位上践行劳动理念，在本职工作中培育劳动素养，自力更生、奋发图强、不怕困难、不畏艰险，全力完成各项任务。

要在实践中践行劳模精神，我们还要学习劳动模范的工作态度、工作作风、工作方式，推动劳模精神的贯彻落实、创新发展。

“三人行，必有我师焉。”不懂就问是中华民族的优秀传统。全国模范何满棠被誉为电力检修一线的“设备医生”“工人发明家”的，谈到工作心得他只有一句话：多做、多问、多想，自然功多艺熟！青年大学生阅历尚浅，更应该做到善于发问、乐于请教，要有不耻下问的勇气，向比自己学历低、职位低但实践经验丰富的人请教学习。

案例分析

磨掉指纹的“大国工匠”——顾秋亮

蛟龙号载人潜水器是目前世界上潜深最深的载人潜水器，其研制难度不亚于航天工程。在这个高精尖的重大技术攻关中，有一个普通钳工技师的身影，他就是顾秋亮。

10 多年来，顾秋亮带领全组成员，保质保量完成了蛟龙号总装集成、数十次水池试验和海试过程中的部件拆装与维护工作，还和科技人员一道攻关解决了海上试验中遇到的种种技术难题。其中，组装起来最大的难度就是密封性，精密度要求也达到了“丝”级。顾秋亮能够不依靠检测仪器，仅凭目测手摸，就判断出的精密度能达到两“丝”，因此，他也被同行称为“顾两丝”。这是对他高超技能的赞扬，然而这一技能并非一朝一夕练就的。1972 年，17 岁的顾秋亮高中毕业后进入七 O 二所当钳工。“平面锉平特别费时费力，站得腿麻，锉得手酸。”他说，“那段时间，吃饭时连筷子都拿不住。”白天练，晚上下班后接着练。一边锉，一边琢磨，锉完了十几块方铁，用断了几十把锉刀，两年后，终于满师。他手上的活儿也开始有了灵性，做的工件得到了师傅的肯定。而要将金属锉磨到“丝”的精度，对手上控制力的要求极高，时间长了，顾秋亮两只手基本上没有纹路了，打卡都成问题。但顾秋亮说：“在海上工作生活确实很苦很累，但我感到很兴奋、很自豪。不管是晚上加班到半夜还是早上五点半起床保养潜器，不管日晒还是雨淋，我感到很光荣，能为海试出一份力，我很骄傲，因为在祖国的深潜纪录中有我的汗水，光荣！”

一把锉刀一握就是40余年，一头黑发如今已是霜白，参与了“蛟龙号”载人潜水器等众多重大装备研制任务的顾秋亮也早已退休。退休后的他被无锡职业技术学院正式特聘为兼职教授，为广大师生传授钳工技术技能经验。“人的天赋有大小，工匠精神就是要干一行、爱一行，对国家和自己都要负责任。”顾秋亮表示，他会给更多的学生讲一讲工匠的意义，将工匠精神植入他们的心中。

（资料来源：https://mp.weixin.qq.com/s/_OBQc903nAPQs2GQdCc_ng）

【案例分析】当今中国，工匠精神依然是大家最敬仰、最看重、最推崇的精神。以顾秋亮为代表的科研人员身上所拥有的那种对工作的无限热爱、对事业的执着专注、对质量的极致追求以及甘心奉献的精神，正是工匠精神的现实展示，也是新时代劳动价值观的生动诠释。为建造“大国重器”，在这场“钢铁对话”中，顾秋亮让自己手上的每块肌肉、每根神经都形成了“工匠的记忆”。表面是锉磨钢铁，而更深层的含义是锉磨内心。这种对技术创新的执着，对技艺完美的追求感染着我们，值得全社会尊重。作为21世纪的主人，年轻一代理应看清自己人生的价值体现其实不必拘泥于书本，身怀一技之长，在平凡的岗位上也能熠熠生辉。

“一心一衣”向世界展示东方之美的江苏省劳模——于燕

于燕，1976年出生，高级工程师，现任江苏阳光集团服装研发中心主任，曾获“中国纺织大工匠”“江苏省劳动模范”“江苏省五一劳动奖章”等荣誉称号。通过聚力创新，她带领团队先后设计制作新中国成立60周年和70周年国庆庆典服装，建党100周年庆典服装，冬奥会中国冰雪运动员商务正装、中式礼服；参与国家三军仪仗队和国家军乐团礼服设计制作开发和标准制定；为3 280个单位设计开发制作服装，获得国家专利86项，制定行业标准和军服标准32项；带领的团队获得“全国纺织工业先进集体”“江苏省巾帼文明岗”等称号。

工作中的于燕喜欢琢磨，从纱线到面料再到服装款式版型、工艺、制作等上百个环节、上千道工序，她都要一一了解。“设计师不能只会设计，首先要对样板精通，还要对工艺精通，这样才能完美呈现你想要的服装。”这种全能型理念支撑着于燕“把服装当作精密仪器来做”。“她很擅于运用新材料、新技术对传统服装工艺进行改进，推动了创新产品在服装行业的运用，特别是为我国三军仪仗队开发的夏礼宾服和宴会演奏服等服装产品，都充分体现了创新技术，得到一致好评。”江苏阳光股份有限公司董事长陈丽芬说。

2022年的北京冬奥会备受世界瞩目，1月24日，于燕领衔设计开发的“中国冰雪·运动员商务正装”正式发布，设计紧扣冰雪元素与民族特色，从中国传统山水画《千里江山图》汲取美学灵感。从“远山含黛”般的西服套装到融入精致“苏绣”的中式礼服系列，典雅的中国风不仅生动诠释了东方美学，展示了中国健儿的飒爽英姿，更凸显了中国品牌的原创精神，向世界展现了中国的大国风采。

一般来说，重大设计生产任务的完成至少需要1年，可于燕接到冬奥会项目时已经是2021年9月底。她带领21名年轻骨干火速投入设计，大到面料、颜色、版型，小到纹理、花型、刺绣，整个设计工作耗时一个半月，设计稿多达200多个。仅用4个月，于燕团队就圆满完成了设计与样衣制作的任务。

近年来，于燕一次次以衣为媒向世界展示东方之美，参与国家一系列大型活动与重要场合的服装研发、设计与制作，还为中国银行、北京首都机场、国家电网、上海地铁等多家窗口单位设计服装，每一款设计都浸透着她追求超越和极致的精神。

（资料来源：https://www.163.com/dy/article/GVUQK5O00514R1NM.html）

【案例分析】劳模精神引领时代精神，劳模价值创造时代价值。于燕注重学习，不满足于只做一名服装设计师，立志成长为行业全能型人才；她勇于创新，把中西元素和特定场景完美结合，凸显中国品牌的原创精神；她勇挑重担，在极短的时间内圆满完成2022年北京冬奥会的商务正装设计与样衣制作任务。于燕的故事将引领我们在今后的学习生活中敢于挑战、拼搏进取、奋勇向前，用劳动的汗水浇灌时代之花！

声音·言论

弘扬劳模精神和工匠精神，营造劳动光荣的社会风尚和精益求精的敬业风气。

——习近平

要在学生中弘扬劳动精神，教育引导学生崇尚劳动、尊重劳动，懂得劳动最光荣、劳动最崇高、劳动最伟大、劳动最美丽的道理，长大后能够辛勤劳动、诚实劳动、创造性劳动。

——习近平

在长期实践中，我们培育形成了爱岗敬业、争创一流、艰苦奋斗、勇于创新、淡泊名利、甘于奉献的劳模精神，崇尚劳动、热爱劳动、辛勤劳动、诚实劳动的劳动精神，执着专注、精益求精、一丝不苟、追求卓越的工匠精神。劳模精神、劳动精神、工匠精神是以爱国主义为核心的民族精神和以改革创新为核心的时代精神的生动体现，是鼓舞全党全国各族人民风雨无阻、勇敢前进的强大精神动力。

——习近平

思考题

1. 大学生应该如何学习劳模精神？
2. 大学生应该如何培养、弘扬工匠精神？
3. 请谈谈你身边体现劳动精神的典型事例。

知识链接

让工匠精神深入人心

12 月 10 日，习近平总书记致信祝贺首届全国职业技能大赛举办，强调“大力弘扬劳模精神、劳动精神、工匠精神”“培养更多高技能人才和大国工匠”。① 在长期实践中，我们培育形成了“执着专注、精益求精、一丝不苟、追求卓越的工匠精神”。迈向新征程，扬帆再出发，急需一大批具有工匠精神的劳动者，亟待让工匠精神在全社会更加深入人心。

不论是传统制造业还是新兴制造业，不论是工业经济还是数字经济，工匠始终是中国制造业的重要力量，工匠精神始终是创新创业的重要精神源泉。中国制造、中国创造需要培养更多高技能人才和大国工匠，需要激励更多劳动者特别是青年人走技能成才、技能报国之路，更需要大力弘扬工匠精神，造就一支有理想守信念、懂技术会创新、敢担当讲奉献的庞大产业工人队伍，为经济社会发展注入充沛动力。

让工匠精神深入人心，就要创造更多“工匠故事”。做好电线电缆“守门员”的叶金龙，与马达结缘一辈子的吴玉泉，以精湛技能完美诠释“钳工”意义的赵水林……一批批国家级技能大师，坚守产业报国的初心，在平凡的岗位上成就了不平凡的业绩。深入贯彻尊重劳动、尊重知识、尊重人才、尊重创造方针，完善工匠政策，提升工匠地位，落实工匠待遇，才能为广大技能人才提供更广阔的舞台，推动更多工匠竞相涌现。

让工匠精神深入人心，还要进一步讲好“工匠故事”。工匠精神是在生产实践中凝聚而成的可贵品质，充分展现着劳动之美、精神之美、时代之美。讲好“工匠故事”，能让人们从大国工匠身上感受到劳动的光荣、精神的魅力。开展以弘扬工匠精神为主题的宣传教育，把崇尚工匠精神纳入人才培养全过程，贯通大中小学各学段和家庭、学校、社会各方面，才能让一个个“工匠故事”激励青少年乃至更多人追求卓越。

自 2019 年起，杭州将每年的 9 月 26 日设为“工匠日”，成为全国第一个为

① 习近平致信祝贺首届全国职业技能大赛举办强调 大力弘扬劳模精神劳动精神工匠精神 培养更多高技能人才和大国工匠 李克强作出批示[N]. 人民日报，2020-12-11（01）.

工匠设立专属节日的城市。设立“工匠日”，是为了激励工匠们创新创造，也是为了培厚工匠精神的土壤。无论是开展“杭州工匠”评选与表彰、打造劳模工匠文化公园与工匠元素特色街区，还是创立“杭工云课”等线上线下教学平台、建立健全“工匠带徒”制度，众多举措让工匠有荣誉感、成就感，让崇尚工匠精神成为一种新时尚。

时代发展需要大国工匠。站在实现“两个一百年”奋斗目标的历史交汇点上，全社会都要大力弘扬工匠精神，让崇尚工匠精神的理念深入人心，让每一位劳动者在新时代书写出更多更精彩更动人的“工匠故事”。

（资料来源：http://gs.people.com.cn/n2/2020/1225/c183343-34494258.html）

第二篇

掌握劳动常识　提升劳动素养

专题四
筑牢防线　保障劳动安全

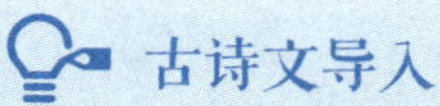

四时田园

南宋·范成大

新筑场泥镜面平，家家打稻趁霜晴。

笑歌声里轻雷动，一夜连枷响到明。

【解读】这首诗描述了这样的场景："脱稻"上下翻飞的连枷发出有节奏的响声，劳动者们各自在紧张忙碌着，大家在欢声笑语中、在丰收的喜悦中劳动了整整一夜。整首诗富有生活气息，给人强烈的画面感，体现了人们在充满乐趣、热闹、安全的环境下，辛勤劳作的田园生活场景。

劳动的欢乐和愉悦需要安全可靠的劳动环境保障，劳动安全是劳动者在职业劳动中享有的人身安全得到保障、免受职业伤害的权利。劳动安全在生产劳动过程中极其重要。生产劳动不仅是人类社会生存和发展的基础，也是人们实现自我价值的基本途径。但是，任何生产劳动都会伴有不同程度的劳动安全问题，一旦疏于防范，就会造成安全隐患、发生安全事故，导致人员伤害和财产损失。因此，大学生应该掌握劳动安全和劳动保护的基础知识，学习劳动安全常识，了解劳动者应享有安全健康权利，从而在今后的实习和工作中有效避免或减少安全事故，保护自己的人身安全和财产安全。《经济、文化和社会权利国际公约》第 7 条规定，人人有权享受公正和良好的工作条件，特别要保证安全和卫生的工作条件。中国作为公约缔约国成员，积极响应公约内容，在保障劳动者权利安全方面，以立法的形式加以确保，并不断加以完善。

第一节　劳动安全常识

一、劳动安全概况

劳动安全是指劳动者在生产劳动过程中的安全和健康没有受到威胁，不存在危险、危害的隐患，是免除了不可接受的损害风险的状态。对于劳动安全的含义，不仅需要从保障劳动安全的多重主体立场去理解，还要了解劳动安全问题产生的原因。从不同主体来看，劳动安全保护是劳动者依法获得的基本劳动权利之一。

在生产劳动过程中，劳动者有权要求用人单位提供安全卫生的劳动条件，以保护自身的生命和健康。加强劳动保护，实现安全生产，保护劳动者生命和身体健康是用人单位应尽的法律义务。此外，国家可以制定一系列劳动保护的法律法规，督促用人单位履行法律责任，保障劳动者的劳动安全。

二、劳动安全常识

保障劳动安全是劳动者的权利，政府和企业有义务依法提供符合安全卫生标准的劳动条件。为了培养劳动安全意识，大学生要了解必要的劳动安全知识，主要包括识别安全设施、安全色与安全标志。安全色与安全标志是在特定的工作环境中，为了提醒劳动者做好防护而设置的。每一种安全色、每一个安全标志都具有特定的含义，大学生必须要正确识别。

（一）安全设施

日常生活中经常能够见到的灭火装置、消防应急照明、安全疏散指示标志、安全护栏等都属于安全设施。在安全生产领域，安全设施是指企业在生产经营活动中，将危险、有害因素控制在安全范围内，以及为减少、预防和消除危害所配备的装置、设备和采取的措施。

安全设施分为 3 类：一是预防事故设施，包括检测和报警设施（如感烟器）、设备的安全防护（如防护罩）、作业场所的防护（如防护栏、防护网）、防爆设施、安全警示标志等；二是控制事故设施，包括泄压和止逆设施（如泄压阀、止逆阀）、紧急处理设施（如备用电源、紧急停车装置）等；三是减少与消除事故影响的设施，包括防火设施（如防火门）、灭火设施、应急救援设施、逃生避难设施、劳动防护用品和装备等。

（二）安全色

安全色表示安全信息的颜色。颜色常被用作为加强安全和预防事故而设置的标志。安全色要求醒目、容易识别，其作用在于迅速指示危险，或指示在安全方面有着重要意义的器材和设备的位置。

我国已制定了安全色国家标准。2009 年 10 月 1 日实施的最新版国家标准《安全色》（GB 2893—2008）与国际标准基本相同。

4 种安全色的含义和用途如下：

（1）红色：表示禁止、停止、消防和危险的意思。禁止、停止和有危险的器件设备或环境涂以红色的标记，如禁止标志、交通禁令标志、消防设备、停止按钮、停车和刹车装置的操纵把手、仪表刻度盘上的极限位置刻度、机器转动部件的裸露部分、液化石油气槽车的条带及文字、危险信号旗等。

（2）黄色：表示注意、警告的意思。需要警告人们注意的器件、设备或环境涂以黄色标记，如警告标志、交通警告标志、道路交通路面标志、皮带轮及其防护罩的内壁、砂轮机罩的内壁、楼梯的第一级和最后一级的踏步前沿、防护栏杆及警告信号等。

（3）蓝色：表示指令以及必须遵守的规定，如指令标志、交通指示标志等。

（4）绿色：表示通行、安全和提供信息的意思，如表示通行的信息、机器启动按钮、安全信号旗等。

黑、白两种颜色一般作为安全色的对比色，主要用作上述各种安全色的背景色，如安全标志牌上的底色一般采用白色或黑色。

（三）安全标志

安全标志分为禁止标志、指令标志、警告标志和提示标志 4 类。

（1）禁止标志：禁止人们的不安全行为。其基本形式为带斜杠的圆形框，圆环和斜杠为红色，图形符号为黑色，衬底为白色。

（2）指令标志：强制人们必须做出某种动作或采用防范措施。其基本形式为圆形边框，图形符号为白色，衬底为蓝色。

（3）警告标志：提醒人们注意周遭环境，以避免可能发生的危险。其基本形式为正三角形边框，三角形边框及图形符号为黑色，衬底为黄色。

（4）提示标志：向人们提供某种信息。如标明安全设施或场所。其基本图形是正方形边框，图形符号为白色，衬底为绿色。

第二节　劳动安全与职业健康

劳动者在作业过程或生产生活中可能遇到各种各样的事故，为了自身的安全，必须掌握劳动安全与职业健康的危害因素以及职业健康制度。

一、职业健康

与职业健康相关或相似的概念有多种，如职业卫生、工业卫生、劳动卫生等。《职业安全卫生术语》（GB/T 15236—2008）中将职业卫生定义为“对工作场所内产生或存在的职业性有害因素及其健康损害进行识别、评估、预测和控制的一门科学，其目的是预防和保护劳动者免受职业性有害因素所致的健康影响和危险，使工作适应劳动者，促进和保障劳动者在职业活动中的身心健康和社会福利”。

习近平总书记在十九大报告中提出实施健康中国战略，这是新时代健康卫生工作的纲领。2016年，中共中央、国务院印发了《“健康中国2030”规划纲要》，提出要遵循“健康优先”的原则，把健康摆在优先发展的战略地位，也明确指出要强化安全生产和职业健康。2019年，健康中国行动推进委员会发布了《健康中国行动（2019—2030年）》等相关文件，提出将开展15个重大专项行动，其中之一就有实施职业健康保护行动。

职业健康符合健康中国发展战略，使得职业卫生工作的目标不仅仅是针对由各种有害因素造成的职业病，也关注工作条件对劳动者生理、心理的影响，关注劳动者在劳动过程中的舒适度。企业不仅要做好粉尘、噪声等职业病危害因素的控制，也要为劳动者提供舒适的工作环境，促进劳动者身心健康，提高劳动者对社会适应的良好状态。

（一）职业危害因素

职业危害因素又称职业性有害因素或职业病危害因素，是指在职业活动中产生和（或）存在的、可能对职业人群健康、安全和作业能力造成不良影响的因素或条件，包括化学、物理、生物等因素。《职业病危害因素分类目录》中将职业病危害因素分为6大类459种，包括52种粉尘（如矽尘、煤尘等）、375种化学因素（如铅、汞及其化合物等）、15种物理因素（如噪声、振动、高温等）、8种放射性因素、6种生物因素和3种其他因素。

职业危害因素按照来源可分为三大类：一是生产过程中的有害因素，主要是和生产工艺、设备、原辅料等有关的粉尘、化学因素、物理因素等危害因素；二是劳动过程中的有害因素，主要包括劳动组织的不合理、劳动强度大、劳动时间长、长期不良体位等因素；三是劳动环境中的有害因素，主要包括厂房布局不合理、室外不良气象条件、室内不良照明及通风不畅等因素。

（二）职业病

职业病是指企业、事业单位和个体经济组织的劳动者在职业活动中，因接触粉尘、放射性物质和其他有毒、有害物质等因素而引起的疾病。广义地讲，由职业有害因素所引起的疾病统称为职业病。

《职业病分类和目录》将职业病分为10大类，包括职业性尘肺病及其他呼吸系统疾病19种、职业性皮肤病9种、职业性眼病3种、职业性耳鼻喉口腔疾病4种、职业性化学中毒60种、物理因素所致职业病7种、职业性放射疾病11种、职业性传染病5种、职业性肿瘤11种、其他职业病3种。狭义上讲，职业病必须是《职业病分类和目录》里所列出的职业病。

（三）职业禁忌证

职业禁忌证是劳动者从事特定职业或者接触特定职业性有害因素时，比一般职业人群更易于遭受职业危害、罹患职业病、可能导致原有自身疾病病情加重，或者在从事作业过程中诱发对劳动者生命健康构成危险的疾病的个人生理或病理状态。例如，II期高血压是噪声作业的职业禁忌证，长期在高噪声环境下，会使患有II期高血压的劳动者病情加重。也就是说，相比绝大多数人而言，患有II期高血压的劳动者更容易遭受到噪声伤害。因此，患有职业禁忌证的劳动者应调离该工作岗位。

（四）职业健康促进

职业健康促进又称工作场所健康促进，《职业健康促进名词术语》（GBZ/T 296—2017）将其定义为“采取综合干预措施，以改善工作条件，改变劳动者不健康的生活方式和行为，控制健康危险因素，预防职业病，减少工作有关疾病的发生，以促进和提高劳动者健康和生命质量为目的的活动”。劳动者在劳动过程中面临众多健康问题，除了以上提到的职业危害因素之外，还面临压力大、心里紧张等因素的威胁。因此，开展职业健康促进活动能有效确保劳动者的安全和健康，从而提高企业生产效率、提高国民健康水平。

二、劳动安全与职业健康制度

通过一系列法律、法规、规章及标准规范的颁布实施，我国在劳动安全和职业健康领域形成了比较完善的法律法规体系，在推进我国安全生产法治建设、改善作业场所职业卫生条件、保障劳动者职业安全和健康权益等方面发挥了重要的作用。

（一）宪法

《中华人民共和国宪法》（以下简称《宪法》）规定了劳动安全健康的基本要求：加强劳动保护，改善劳动条件，并在发展生产的基础上，提高劳动报酬和福利待遇。这是劳动安全健康其他法律法规的基本依据。

（二）安全生产法

《中华人民共和国安全生产法》（以下简称《安全生产法》）于 2002 年 11 月开始实施，2021 年进行了第三次修正。该法旨在加强安全生产工作，防止和减少生产安全事故，保障人民群众生命和财产安全，促进经济社会持续健康发展。该法对加强我国安全生产法治建设、加强监督、规范经营、遏制事故、保障人民生命安全、促进经济发展和社会稳定都具有深远的意义。该法的基本方针是安全第一、预防为主、综合治理。其主要内容如下：

（1）生产经营单位的安全生产保障，主要包括生产经营单位的安全生产条件、主要负责人的安全生产职责、资金投入、组织和人员保障、基础保障和管理保障。

（2）从业人员的安全生产权利义务。

（3）安全生产的监督管理，包括安全生产的监督管理体制、各级政府的监督管理职责、安全生产事项的审批和验收、安全生产监督管理过程、社会和舆论监督、对安全生产违法行为的举报及管理和安全生产守信单位的激励。

（4）安全生产事故的应急与调查处理，包括安全生产事故的概念、分类、等级、应急救援和调查处理。

（5）法律责任，包括责任追究、责任形式、责任主体、行政执法主体和法律责任。其中，法律责任包括地方政府、监管部门及其工作人员、生产经营单位及其负责人、安全生产服务机构和从业人员的法律责任。

（三）职业病防治法

《中华人民共和国职业病防治法》（以下简称《职业病防治法》）于 2001 年开始实施，到 2018 年经过了 4 次修正。该法的颁布实施是我国职业卫生领域的一件大事，关系到我国亿万劳动者的职业健康，极大地推动了我国职业卫生管理工作与国际接轨。

该法律旨在预防、控制和消除职业病危害，防治职业病，保护劳动者健康及其相关权益，促进经济社会发展。其基本方针是预防为主，防治结合。该法的主要内容如下：

（1）职业病防治的总体要求，包括职业病防治工作的方针和原则，以及对劳动者、用人单位、工会、各级政府、相关部门的总体要求。

（2）职业病的前期预防，包括源头控制和消除、职业病危害项目申报制度和建设项目职业病危害的预防。

（3）劳动过程中的防护与管理，包括职业病防护、职业卫生技术服务、劳动合同的告知事项、职业卫生培训、劳动者的健康检查和监护档案、职业病危害事故应急救援、劳动者的职业卫生权利、工会组织的作用和其他保障措施。

（4）职业病诊断与职业病病人的保障，包括职业病诊断的医疗卫生机构资质条件、职业病诊断需综合分析的因素、职业病诊断委员会专家构成、职业病病人待遇等。

（5）监督管理，包括卫生行政部门履行监督检查职责时可采取的措施、发生职业病危害事故时可采取的控制措施、不得发生的监管行为等。

（6）法律责任，包括建设单位、用人单位、向用人单位提供可能产生职业病危害的设备和材料的企业、职业卫生技术服务机构、职业病诊断鉴定委员会和各级人民政府及职业卫生监管部门的法律责任。

（四）基本医疗卫生与健康促进法

《中华人民共和国基本医疗卫生与健康促进法》于 2020 年 6 月 1 日起实施，

其目的是发展医疗卫生与健康事业，保障公民享有基本医疗卫生服务，提高公民健康水平，推进健康中国建设。该法律对国家、各级政府和用人单位的职业健康工作提出要求：国家要加强职业健康保护，鼓励用人单位开展职工健康指导工作，提倡用人单位为职工定期开展健康检查；县级以上人民政府应当制定职业病防治规划，建立健全职业健康工作机制，加强职业健康监督管理，提高职业病综合防治能力和水平；用人单位应当控制职业病危害因素，采取工程技术、个体防护和健康管理等综合治理措施，改善工作环境和劳动条件，积极组织职工开展健身活动，保护职工健康。

（五）劳动法

《中华人民共和国劳动法》（以下简称《劳动法》）的目的之一是保护劳动者合法权益。在劳动安全卫生方面，要求用人单位必须建立健全劳动安全卫生制度、劳动安全卫生设施必须符合国家标准、对劳动者进行安全卫生教育、为劳动者提供符合国家规定的劳动安全卫生条件和必要的劳动防护用品、对从事有职业危害的劳动者进行定期健康检查；要求从事特种作业的劳动者必须经过专门培训并取得作业资格；要求劳动者必须遵守安全操作规程，同时赋予劳动者拒绝违章指挥，对危害生命安全和身体健康行为的批评、检举和控告的权利；要求各级政府建立伤亡事故和职业病统计报告和处理制度；要求对女职工和未成年工实行特殊劳动保护。

（六）劳动合同法

《中华人民共和国劳动合同法》（以下简称《劳动合同法》）中涉及劳动者安全和健康的内容如下：

（1）用人单位在制定、修改或者决定有工作时间、休息休假、劳动安全卫生、保险福利等直接涉及劳动者切身利益的规章制度或者重大事项时，应当经职工代表大会或者全体职工讨论，提出方案和意见，与工会或者职工代表平等协商确定。

（2）用人单位招用劳动者时，应当如实告知劳动者工作内容、工作条件、工作地点、职业危害、安全生产状况、劳动报酬，以及劳动者要求了解的其他情况。

（3）劳动合同应当具备劳动保护、劳动条件和职业危害防护条款。

（4）劳动者拒绝违章指挥、强令冒险作业、对危害生命安全和身体健康的劳动条件提出批评、检举和控告时，不视为违反合同。

（5）用人单位未按照劳动合同约定提供劳动保护或者劳动条件的，劳动者可以解除劳动合同。用人单位违章指挥、强令冒险作业危及劳动者人身安全的，劳动者可以立即解除劳动合同，不需事先告知用人单位。

（6）劳动者从事接触职业病危害作业的、劳动者未进行离岗前职业健康检查，或者疑似职业病病人在诊断或者医学观察期间的、劳动者在本单位患职业病或者因工负伤并被确认丧失或者部分丧失劳动能力的，用人单位不得依照《劳动合同法》第四十条、四十一条的规定解除劳动合同。

（七）工会法

《中华人民共和国工会法》中与劳动安全卫生相关的内容如下：

（1）企事业单位克扣、拖欠职工工资，不提供劳动安全卫生条件，随意延长劳动时间，侵犯女职工和未成年工特殊权益时，工会应当代表职工要求企事业单位采取措施予以改正。

（2）工会依照国家规定对新建、扩建企业和技术改造工程中的劳动条件和安全卫生设施与主体工程同时设计、同时施工、同时投产使用进行监督。

（3）工会发现企业违章指挥、强令工人冒险作业，或者生产过程中发现明显重大事故隐患和职业危害，有权提出解决的建议，企业应当及时研究答复。

（4）发现危及职工生命安全的情况时，工会有权向企业建议组织职工撤离危险现场，企业必须及时做出处理决定。

（5）职工因工伤亡事故和其他严重危害职工健康问题的调查处理，必须有工会参加。

（6）县级以上各级人民政府及其有关部门研究制定劳动安全卫生政策、措施时，应当吸收同级工会参加研究，听取工会意见。

（八）与劳动安全和职业健康相关的其他法律

与劳动安全和职业健康相关的法律还有《中华人民共和国突发事件应对法》《中华人民共和国消防法》《中华人民共和国道路交通安全法》《中华人民共和国矿山安全法》《中华人民共和国矿产资源法》《中华人民共和国煤炭法》《中华人民共和国特种设备安全法》《中华人民共和国建筑法》等。

三、劳动安全与职业健康相关法规

（一）煤矿安全监察条例

《煤矿安全监察条例》于2000年开始施行，2013年对部分内容进行了修订。该条例旨在保障煤矿安全，规范煤矿安全监察工作，保护煤矿职工人身安全与身体健康。该条例规定了煤矿安全监察机构的职责、煤矿安全监察的内容和罚则。

（二）安全生产许可证条例

《安全生产许可证条例》于2004年开始施行，2014年进行了第二次修订。该条例旨在严格规范安全生产条件，进一步加强安全生产监督管理，防止和减少生产安全事故。国家对矿山企业，建筑施工企业，危险化学品、烟花爆竹、民用爆炸物品生产企业实行安全生产许可制度。该条例的主要内容是对以上企业的安全生产许可证的办法管理、获取条件、获取程序、监督管理和法律责任的详细规定。

（三）生产安全事故报告和调查处理条例

《生产安全事故报告和调查处理条例》于2007年开始施行，旨在规范生产安全事故的报告和调查处理，落实生产安全事故责任追究制度，防止和减少生产安全事故。其主要内容是对安全生产事故的分级、报告、调查和法律责任的详细规定。

（四）安全生产事故隐患排查治理暂行规定

《安全生产事故隐患排查治理暂行规定》于2008年开始施行，旨在建立安全生产事故隐患排查治理长效机制，强化安全生产主体责任，加强事故隐患监督管理，防止和减少事故，保障人民群众生命财产安全。其主要内容包括：①事故隐患的分类、排查治理方针、排渣治理的重点范围和事故隐患的监督管理；②煤矿等8个重点行业领域的安全生产重大事故隐患；③生产经营单位事故隐患排查治理的职责；④事故隐患排查治理的监督检查；⑤事故隐患排查治理的法律责任；⑥举报原则、奖励、处理等。

（五）工伤保险条例

《工伤保险条例》于2004开始施行，2010年修订，旨在保障因工作遭受事故伤害或者患职业病的职工获得医疗救治和经济补偿，促进工伤预防和职业康复，分散用人单位的工伤风险。其主要内容有工伤保险的适用范围、工伤保险基金、应当认定和视同工伤的情形、不应当认定和视同工伤的情形、劳动能力鉴定、工伤保险待遇和法律责任等。该条例将劳动能力鉴定分为劳动功能障碍程度等级和生活自理障碍程度等级。劳动功能障碍分为10个伤残等级，最重的为一级。生活自理障碍分为3个等级：生活完全不能自理、生活大部分不能自理和生活部分不能自理。

（六）尘肺病防治条例

《尘肺病防治条例》于1987年开始施行，旨在保护职工健康、消除粉尘危害、防止发生尘肺病、促进生产发展。该条例规定了尘肺病防治工作的适用范围、工作原则、治理措施、监督监测、健康管理、奖励和处罚等。该条例是在我国还未制定职业病防治法的情况下颁布的，体现了我国对尘肺病防治工作的重视，但由于年代久远，已经不能完全适应目前职业病防治工作的要求。

（七）使用有毒物品作业场所劳动保护条例

《使用有毒物品作业场所劳动保护条例》于2002年开始实施，旨在保证作业场所安全使用有毒物品，预防、控制和消除职业中毒危害，保护劳动者的生命安全、身体健康及其相关权益。该条例的主要内容包括：作业场所的预防措施、劳动过程的防护措施、职业健康监护、劳动者的权利和义务、监督管理和法律责任等。

（八）突发公共卫生事件应急条例

《突发公共卫生事件应急条例》于2003年开始施行，2011年进行修订，旨在有效预防、及时控制和消除突发公共卫生事件的危害，保障公众身体健康和生命安全，维护正常的社会秩序。该条例的主要内容是重大传染病疫情、重大食物中毒、职业中毒等突发公共卫生事件的预防与应急准备、应急处理、相关制度（报告、举报、信息发布）和法律责任。

（九）与劳动安全和职业健康相关的其他法规

与劳动安全和职业健康相关的其他法规还有《生产安全事故应急条例》《大型群众性活动安全管理条例》《烟花爆竹安全管理条例》《建设工程安全生产管理条例》《危险化学品安全管理条例》《特种设备安全监察条例》《民用爆炸物品安全管理条例》《国务院关于预防煤矿安全生产事故的特别规定》《女职工劳动保护特别规定》《放射性同位素与射线装置安全和防护条例》《工厂安全卫生规定》等。

四、劳动者的权利和义务

我国的法律对劳动者劳动安全健康权利和应承担的相关义务都做了明确的规定。学习和了解这些规定，有助于劳动者明确自己的权利和义务、维护自己的安全健康权益。

（一）劳动者的权利

1. 获得劳动保护

加强劳动保护、改善劳动条件是《宪法》赋予劳动者的基本权利。《劳动法》规定，劳动者享有获得劳动安全卫生保护的权利。《职业病防治法》也规定，劳动者依法享有职业卫生保护的权利。用人单位应当为劳动者创造符合国家职业卫生标准和卫生要求的工作环境与条件，并采取措施保障劳动者获得职业卫生保护。

2. 休息休假

保障劳动者休息休假的权利，使劳动者获得充足的休息时间，能够有效减少人的不安全行为，有效降低劳动者接触有害因素累计时间，从而降低事故和患职业病的风险。《劳动法》中对劳动者工作时间、休假节日和带薪年休假制度都有规定。用人单位因为生产经营需要延长工作时间的，须与工会和劳动者协商，并按照标准支付高于正常工作时间的劳动报酬。

3. 知情权

《安全生产法》规定，生产经营单位应当向劳动者如实告知作业场所和工作岗位存在的危险因素和职业病危害因素，以及相关防范措施和事故应急措施。《职业病防治法》规定，产生职业病危害的用人单位，应当在醒目位置设置公告栏，公布有关职业病防治的规章制度、操作规程、应急救援措施和职业病危害因素检测结果。对产生严重职业病危害的作业岗位，应当在其醒目位置设置警示标识，说明职业病危害的种类、后果、预防以及应急救治措施等内容。劳动者享有了解工作场所产生或者可能产生的职业病危害因素、危害后果和应当采取的职业病防护措施的权利。

4. 拒绝权

《劳动法》规定，劳动者对用人单位管理人员违章指挥、强令冒险作业，有权拒绝执行。《劳动合同法》规定，劳动者拒绝用人单位管理人员违章指挥、强令冒险作业的，不视为违反劳动合同。《职业病防治法》规定，用人单位与劳动者订立劳动合同时违反相应规定的，劳动者有权拒绝从事存在职业病危害的作业，用人单位不得因此解除与劳动者所订立的劳动合同。同时，劳动者享有拒绝违章指挥和强令进行没有职业病防护措施的作业的权利。

5. 建议、批评、检举和控告权

《安全生产法》规定，生产经营单位的劳动者有权了解其作业场所和工作岗位存在的危险因素、防范措施及事故应急措施，有权对本单位的安全生产工作提出建议。劳动者有权对本单位安全生产工作中存在的问题提出批评、检举、控告；有权拒绝违章指挥和强令冒险作业。生产经营单位不得因劳动者对本单位安全生产工作提出批评、检举、控告或者拒绝违章指挥、强令冒险作业而降低其工资、福利等待遇或者解除与其订立的劳动合同。

6. 紧急撤离权

《安全生产法》规定，劳动者发现直接危及人身安全的紧急情况时，有权停止作业或者在采取可能的应急措施后撤离作业场所。生产经营单位不得因劳动者在前款紧急情况下停止作业或者采取紧急撤离措施而降低其工资、福利等待遇或者解除与其订立的劳动合同。

7. 参加教育和培训

《职业病防治法》规定，用人单位应当对劳动者进行上岗前的职业卫生培训和在岗期间的定期职业卫生培训与普及职业卫生知识。

8. 参加健康检查、防治和治疗

《职业病防治法》赋予劳动者享有获得职业健康检查、职业病诊疗、康复等职业病防治服务的权利。用人单位应对从事接触职业病危害作业的劳动者进行职业健康监护，在劳动者上岗前、在岗期间、离岗时和应急时进行职业健康检查并建立职业健康监护档案。同时，劳动者享有查阅、复印职业健康档案的权利。

9. 特殊劳动保护

《劳动法》第五十八条规定，国家对女职工和未成年工实行特殊劳动保护。

为了减少和解决女职工在劳动中因生理特点造成的特殊困难、保护女职工健康，《女职工劳动保护特别规定》对用人单位的职责、相关部门的监督检查、女职工享有的产假及生育津贴等权益、女职工禁忌从事的劳动范围等都做了明确规定。

未成年工是指年满 16 周岁，未满 18 周岁的劳动者。《未成年工特殊保护规定》明确规定了未成年工不能从事的劳动范围以及用人单位对未成年工进行定期健康检查的要求。

《职业病防治法》明确规定，用人单位不得安排未成年工从事接触职业病危害的作业；不得安排孕期、哺乳期的女职工从事对本人和胎儿、婴儿有危害的作业。

（二）劳动者的义务

劳动者享有上述权利的同时，也应承担相应的义务。

1. 遵规守纪

《劳动法》规定，劳动者在劳动过程中必须严格遵守安全操作规程。《安全生产法》规定，劳动者应当严格遵守本单位的安全生产规章制度和操作规程，服从管理，正确佩戴和使用劳动防护用品。《职业病防治法》规定，劳动者要遵守职业病防治法律、法规、规章和操作规程，正确使用、维护职业病防护设备和个人使用的职业病防护用品。

2. 接受学习和培训

《安全生产法》规定，劳动者应当接受安全生产教育和培训，掌握本职工作所需的安全生产知识，提高安全生产技能，增强事故预防和应急处理能力。《职业病防治法》规定，劳动者应当学习和掌握相关的职业卫生知识，增强职业病防范意识。

3. 及时报告

劳动者发现安全生产事故隐患或其他不安全因素、职业病危害事故隐患时，应当及时向安全管理人员、职业卫生管理人员或单位负责人报告。

（三）劳动者的权益维护

1. 积极学习相关法律法规

学习与劳动安全和职业健康有关的法律法规，一方面可以明确劳动者的权利和义务，了解用人单位在保障劳动者安全健康权益方面的法律责任，以便知道自己的权益是否收到侵犯；另一方面，可以了解一些处理劳动保护争议的法律法规，以便权益受到侵犯时充分利用维护权益的途径。

2. 依法签订劳动合同

签订劳动合同对劳动者维护自身权益十分重要，因为劳动合同是证明劳动关系最有利的证据。尤其是很多职业病要多年后才会发病，一些职业病患者由于没有与用人单位签订劳动合同而陷入维权困局。劳动合同中应当具备劳动保护、劳动条件和职业危害防护条款。用人单位未按照合同约定提供劳动保护或者劳动条件的，劳动者可以解除劳动合同。用人单位违章指挥、强令冒险作业危及劳动者人身安全的，劳动者可以立即解除劳动合同，不需事先告知用人单位。

3. 通过协商、调解、仲裁、诉讼维护劳动权益

当劳动者利益受到侵犯时，首先可以和用人单位协商解决问题。如通过协商仍达不成一致意见，劳动者可以向本单位的劳动争议调解委员会申请调解。企业劳动争议调解委员会由职工代表和企业代表组成。职工代表由工会成员担任或者由全体职工推举产生，企业代表由企业负责人指定。未达成调解协议或约定期限内不履行调解协议的，劳动者可以向当地人力资源和社会保障主管部门申请仲裁；如果对仲裁裁决不服，可以向人民法院起诉，以维护劳动者权益。

第三节　劳动安全应急逃生

有效的应急系统和应急预案可以有效降低事故损失。因此，劳动者掌握必要的安全应急管理知识和应急逃生手段，对于事故发生后最大限度地减少人员伤亡和事故损失具有非常重要的指导意义。

一、应急逃生方法

（一）不要惊慌，尽量保持镇定

烟气及火的出现会让多数人心理恐慌、手足无措，这种情况十分危险。

在以往的火灾案例中，有些人盲目逃生，如跳楼、惊慌失措找不到疏散通道和安全出口等，最终因延误逃生时机而死亡。

因此，火灾发生后要保持冷静。先观察火势，再决定逃生方式，运用所学的避难常识随机应变，方能化险为夷。

（二）利用一切可利用的物品逃生

发生火灾时，要学会利用现场一切可以利用的物品逃生，如将毛巾、口罩用水浇湿，当成防烟工具捂住口鼻；把被褥、窗帘用水浇湿后，堵住门缝，阻止火势蔓延；利用绳索或把布匹、床单、地毯、窗帘结绳自救。

（三）找到疏散通道和安全出口

《建筑防火通用规范》要求，建筑设置的疏散通道和安全出口，在额定人数内，只要有组织、有秩序地疏散，5 分钟内即能供全部人员疏散完毕。

进入集贸市场时，应首先观察，熟悉疏散通道和安全出口的位置。

发生火灾时，不要惊慌失措，应及时向疏散通道和安全出口的方向逃生，疏散时要听从工作人员的疏导和指挥，分流疏散，避免争先逃生，朝一个出口挤，堵塞出口。盲目逃生，往往欲速则不达。

（四）在逃生过程中要防止中毒

有些集贸市场在装修过程中使用了大量的海绵、泡沫塑料板、纤维等装饰物，所以火灾发生后会产生大量有毒气体。

在逃生过程中应用水浇湿毛巾或衣服，捂住口鼻。

匍匐爬行是避免毒气伤害的最科学的逃生方法。火灾中如果站着走，走不了多远便会窒息。

（五）寻找避难所

在无路可逃的情况下，应积极寻找避难处所，如到阳台、楼顶等，等待救援。等待救援时要选择火和烟雾难以到达的房间，关好门窗，堵塞间隙。房间内如果有水源，要立即将门窗和各种可燃物浇湿，以阻隔大火或减缓火和烟雾的蔓延速度。

无论是在白天遇到火灾还是夜晚，被困者都应大声呼救，不断发出各种呼救信号，以引起救援人员的注意，帮助自己脱离险境。

二、安全事故应急管理

事故应急管理包括 4 个过程，即预防、准备、响应和恢复。

（一）预防

在应急管理中预防有两层含义：一是事故的预防工作，即通过安全管理和安全技术等，尽可能地防止事故的发生，实现本质安全；二是假定事故发生的前提，通过采取预防措施来降低事故后果的严重程度，如加大建筑物的安全距离、减少危险物品的存量、设置防护墙以及开展公众教育等。

（二）准备

准备是应急管理过程中的关键过程。它是为针对可能发生的事故迅速有效地开展应急行动而预先所做的各种准备，包括应急机构的设立和职责的落实、预案的编制、应急队伍的建设、应急设备及物资的准备和维护、预案的演习、与外部应急力量的衔接等。其目的是保持重大事故应急救援所需的应急能力。

（三）响应

响应是在事故发生后立即采取的应急与救援行动，包括事故的报警与通报、人员的紧急疏散、急救与医疗、消防和工程抢险措施、信息收集与应急决策和外部求援等。其目的是尽可能地抢救受害人员，保护可能受威胁的人群，并尽可能控制和消除事故。

（四）恢复

恢复工作应在事故发生后立即进行，首先是将事故影响区域恢复到相对安全的基本状态，然后逐步恢复到正常。要求立即进行的恢复工作包括事故损失评估、原因调查、清理废墟等。在短期恢复中应注意的是避免出现新的紧急情况。长期恢复包括场地设施重建以及受影响区域的重新规划和发展。在长期恢复工作中应汲取事故和应急救援的经验教训，开展进一步的预防工作。

及时有效的应急救援和逃生行动是抵御事故或控制灾害蔓延、降低危害后果的关键一环。劳动者掌握必要的安全应急管理知识和逃生手段，是正确开展自救和互救的基础，也是保障生命财产健康的重要前提。

案例分析

某公司安排未经职业健康检查的劳动者从事接触职业病危害的作业案

2018 年 5 月 31 日，珠海市安全生产监督管理局执法人员对珠海某公司落实企业职业病防治主体责任情况进行了执法检查。现场检查发现，该公司存在安排未经职业健康检查的劳动者从事接触职业病危害的作业的问题。该公司烘干车间有脱水、烘干等工位，存在噪声危害因素，且两名烘干工位的工人（曹某、张某）未进行职业健康检查。对该公司上述违法情况，执法人员下达了《责令限期整改指令书》。6 月 4 日，执法人员分别对该公司职业卫生责任人郭某、职业卫生管理人员章某、烘干工位工人曹某、张某等 4 人进行了询问，并制作了询问笔录。上述 4 人均承认该公司存在安排未经职业健康检查的劳动者从事接触职业病危害的作业的情况。6 月 13 日，该公司提供了 2017 年职业健康检查总结报告，证实该公司在执法检查时确有安排未经职业健康检查的劳动者从事接触职业病危害的作业的情况。

该公司安排未经职业健康检查的劳动者从事接触职业病危害的作业的行为，违反了《职业病防治法》第三十五条第二款的规定。鉴于该违法事实并未造成危害后果，且认识错误和整改态度积极，且积极完成整改，可从轻处罚。根据《广东省安全生产监督管理局关于规范安全生产行政处罚自由裁量权的实施意见》中"罚款为一定幅度的数额的，从重处罚不得低于最高罚款数额与最低罚款数额的平均值；从轻处罚应当低于平均值"的要求，以及《中华人民共和国职业病防治法》第七十五条第（七）项的规定，建议对该公司做出"处罚款人民币 5 万元"的行政处罚。

（资料来源：http://wjw.nanning.gov.cn/ztjj/pfyfzlyasfzl/t4585583.html）

【案例分析】实际生活中，职业病一旦发生可能影响终生。如果企业在职工作业环境中没有采取相应的防护措施，一旦发生危险涉及的可能不只是一两个人，而是一批人。因此，针对职业病的防范、检查，安监部门将事后惩罚性的罚款转向事前预防性罚款，督促企业做好职业病防护措施。《职业病防治法》第三十五条规定："对从事接触职业病危害的作业的劳动者，用人单位应当按照国务院安全生产监督管理部门、卫生行政部门的规定组织上岗前、在岗期间和离岗时的职业健康检查，并将检查结果书面告知劳动者。"

山东五彩龙投资有限公司栖霞市笏山金矿"1·10"重大爆炸事故救援

2021 年 1 月 10 日 13 时 13 分许，山东五彩龙投资有限公司栖霞市笏山金矿在基建施工过程中，回风井发生爆炸，造成井下 22 名工人被困。事故发生后，应急管理部持续调度指导救援，派出工作组赶赴现场指导处置，并调集矿山救援专家及矿山救援专业力量和设备前往增援。山东省委、省政府主要负责同志赶赴现场指挥救援处置，连夜成立省市县一体化应急救援指挥部，紧急调集省内外 20 支救援队伍、690 余名救援人员及 420 余套救援装备全力搜救被困人员。山东省消防救援总队调派 297 名消防救援人员，承担给养、生命探测、通信保障、设备冷却水保障等任务。事故矿井为近 700 米深的"独眼井"，岩层地质、井下涌水等各种情况复杂。经过 1 000 多名抢险救援人员 14 个昼夜的连续奋战，11 名被困人员获救生还。

（资料来源：https://m.thepaper.cn/baijiahao_16394611）

【案例分析】经科学研判，分析被困人员生存条件，工作组坚信井下有人生存。各级领导靠前指挥，现场指挥部坚强有力、组织有序，救援方案不断优化调整；

专家团队技术支撑，科学论证、综合施策，为成功救援打下坚实基础。地面钻孔救援技术发挥关键作用，工作组部署专业钻孔救援队伍多点同步开钻，确保能贯通困人巷道。在跨省快速通行机制保障下，快速调动国家级矿山救援队伍、高精尖装备和技术专家团队成建制、高效投入救援，攻克钻孔施工技术难题，在被困生命极限时刻，成功打通生命探测、维护通道，延续了井下被困生命，为救援赢得了宝贵时间。营救被困人员多措并举，施工排水钻孔减轻矿井涌水对被困人员的威胁，施工大口径生命救援钻孔与井筒清障同步推进、相互保障，开辟救生通道，实现科学救援。

声音·言论

提高公共安全治理水平。坚持安全第一、预防为主，建立大安全大应急框架，完善公共安全体系，推动公共安全治理模式向事前预防转型。推进安全生产风险专项整治，加强重点行业、重点领域安全监管。提高防灾减灾救灾和重大突发公共事件处置保障能力，加强国家区域应急力量建设。强化食品药品安全监管，健全生物安全监管预警防控体系。加强个人信息保护。

——习近平

生命重于泰山。各级党委和政府务必把安全生产摆到重要位置，树牢安全发展理念，绝不能只重发展不顾安全，更不能将其视作无关痛痒的事，搞形式主义、官僚主义。要针对安全生产事故主要特点和突出问题，层层压实责任，狠抓整改落实，强化风险防控，从根本上消除事故隐患，有效遏制重特大事故发生。

——习近平

安全生产是民生大事，一丝一毫不能放松，要以对人民极端负责的精神抓好安全生产工作，站在人民群众的角度想问题，把重大风险隐患当成事故来对待，守土有责，敢于担当，完善体制，严格监管，让人民群众安心放心。

——习近平

思考题

1. 请列举你知道的事故隐患及职业危害因素。
2. 分析你目前所在地区的安全管理存在哪些缺陷。
3. 请结合所学知识，谈谈劳动者应如何保护好自身权益。

知识链接

大学生安全防范知识

安全责任重于泰山。每个学校都会定期对大学生进行校园安全教育，但校园安全事故仍然时有发生，事故带来的人身与财物的损失令人痛惜。隐患处处有，安全时时记。大学生在校园内外劳动、实习、学习和日常生活中，要严格遵循各项安全管理规定、操作规程和有关安全制度，时刻绷紧安全弦，防止一切意外安全事故发生。

1. 防火

（1）不使用违禁电器。电炉、热得快、电热杯等大功率电器可能会导致电线超载引发火灾。

（2）各种充电器具充电后要及时拔下，避免充电器具过热过载引发火灾。

（3）不私自乱接电源。随着学生宿舍中计算机、空调、冰箱、电视机等电器的逐步普及，有的同学私拉乱接电线、网线，增加了线路负荷，电线长期超负荷运行后出现绝缘老化，极易导致火灾发生。

（4）不随意焚烧杂物、不玩火。劳动、实验、实习中，不随意焚烧废弃物，避免引发火灾。

（5）保持高度的安全意识，爱护消防设施和灭火器材，不随意移动或挪作他用。

（6）不擅自使用酒精炉具。

（7）不吸烟，严禁吸烟、乱丢烟头等不文明行为。烟头中心温度可达 700～800 摄氏度，超过了棉、麻、毛织物、纸张、家具等可燃物的燃点。

（8）不随意燃点蚊香。蚊香具有很强的阴燃能力，点燃后没有火焰，但能长时间持续燃烧，中心温度可高达 700 摄氏度，超过了多数可燃物的燃点，一旦接触到可燃物就会引起燃烧，甚至扩大成火灾。

（9）不违规使用蜡烛。蜡烛作为一种可以移动的火源，稍不小心，就可能烧融、流淌或者倒下，遇可燃物容易引起火灾。

（10）特殊天气注意安全。夏天雷暴天气增多，更应防止雷电引发火灾。

2. 防爆炸

爆炸是化学物品保管、使用和储存以及实验、科研活动中最常见的事故之一，极易造成人身伤亡，是一种十分严重的灾害事故。

爆炸事故主要有以下 3 种类型：一是物理爆炸，如因内部压力过高压力容器破裂而发生的爆炸；二是化学爆炸，如氧化剂与可燃剂接触或雷管、炸药类化学物品在一定条件下发生的爆炸；三是物理化学爆炸，如在化工生产或化学实验中，因技术条件控制不好，容器中物料膨胀加速或温度上升，导致压力过大、超过容器强度极限而发生的爆炸。

防止爆炸伤害，必须做到以下几点：

（1）对于易爆材料、爆炸危害应当有足够的认识，从而引起高度的警觉。

（2）在劳动、实习、实验活动中，加强对化学物品的保管、使用和储存的管理，做好实验设备特别是压力容器的定期检验；参加实验时，必须严格遵守操作规程和操作步骤，在教师或实验人员的指导下完成实验。

（3）在与爆炸物品接触时，要做到“七防”：①防止可燃气体、粉尘与空气混合；②防止明火；③防止摩擦和撞击；④防止电火花；⑤防止静电放电；⑥防止雷击；⑦防止化学反应。

3. 防盗

在高校历年发生的安全事故中，失窃是最为常见的，会给学生、学校带来严重的经济损失。对于大学生来说，预防失窃最重要的是做好以下几点：

（1）贵重物品要放置在安全保险的地方。

（2）平时要养成随手锁门、关窗的习惯，晚上睡觉不要将贵重物品和衣物放于窗前或窗台上。

（3）手机、存折、信用卡要加密，平时卡内不要存太多钱，不要与证件共放，丢失后要立即挂失。

（4）增强安全意识，防止意外泄露手机、存折、银行卡密码，防止财产丢失。

（5）遵守宿舍管理规定，不留宿外来人员。

（6）保护好自己的证件信息。

（7）在公共场所，保管好随身携带的财物。

（8）发现可疑人员时要提高警惕，加以询问，必要时拨110电话报警。

4. 防诈骗

（1）高校常见“骗术”：①整合资料，行骗家长；②中断通信，谎称行骗；③求助为名，骗取信任；④套取密码，偷梁换柱；⑤假充可怜，借钱行骗；⑥冒充学生，推销诈骗。

（2）防骗“五要”：①要提高防范意识，学会自我保护；②遇到往各种特定账号打钱的电话尤其要谨慎，及时与家长、学校或单位确认，安全无误后方可付款；③交友要谨慎，避免感情代替理智；④同学之间要相互沟通，相互帮助；⑤要服从学校管理，自觉遵守校纪校规。

5. 防抢劫

大学生要注意做好抢劫（抢夺）防范。

（1）不炫富、不外露。不外露或向人炫耀随身携带的贵重物品，单独外出不带过多的现金。

（2）少独行，多结伴。尽量不要独自外出，注意结伴而行。

（3）多走大道，少走偏狭小路。不要独自在偏远、行人稀少、环境阴暗的地方行走。

（4）不滞外，不晚归。尽量避免深夜在外滞留不归或晚归。

（5）心镇定，不露怯。单身遇险，要镇定从容，不要显露出过于胆怯害怕的神情。

（6）高声语，巧求助。遇到危险时，大声呼救，或故意高声说话，引起周围人注意，或机智周旋，巧妙向警察求助；要注意观察作案人，尽量准确地记下其特征，如身高、年龄、体态、发型、衣着、胡须、疤痕、语言、行为等特征，因为作案人得逞后，有可能继续寻找下一个抢劫目标，更有甚者在附近的商店、餐厅挥霍。各高校一般都有较为严密的防范机制，如能及时报案，准确描述作案人的特征，有利于有关部门及时组织力量布控，抓获作案人。

6. 防意外事故

大学生须小心谨慎，以防范各种安全事故的发生。除以上 5 种安全事故外，还要注意防范其他意外安全事故，如拥挤踩踏（特别是在楼梯上）、运动伤害（跑跳投、运动器械设施损坏）、打斗伤害、食物中毒、煤气中毒、危险建筑、高空坠物、交通事故等。大学生平时要注意做好以下几点：

（1）外出必须遵守交通规则。看交通标志，走人行道，没有人行道时靠路边行走，不要几个人并排走。

（2）穿越马路要走人行横道线、天桥和地下通道，集中注意力，看清来往车辆，不要边走边接打手机或随意招呼出租车。

（3）不坐超载或无证经营的车辆。

（4）不携带易燃、易爆等危险物品乘车。

（5）骑车要戴安全帽，不载人；超车时注意前后车辆；不要互相追逐或曲折竞驶。

（6）进行体育锻炼、劳动及教学实验时要提高安全意识，严格规范程序、动作，有特殊体质和特定疾病要告知学校和老师。

（7）不违反校规校纪，不私自外出游泳、登山。

（资料来源：史钟锋，栋爱芹，张艳霞. 新时代大学生劳动教育[M]. 北京：清华大学出版社，2021.）

专题五
以法为器　维护劳动权益

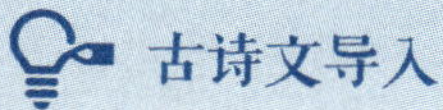

古诗文导入

《天论》节选

唐・刘禹锡

"人能胜乎天者，法也。法大行，则是为公是，非为公非，天下之人蹈道必赏，违之必罚。"

【解读】这是唐代诗人刘禹锡关于法律作用的论述，翻译成今天的白话文，意思就是法律普及了，那么是非都有了一个客观的标准。

法是调整人与人之间社会关系的行为规范。劳动关系作为劳动者与用人单位在实现劳动过程中发生的社会关系，是社会关系中最重要、最基本的社会关系之一。在劳动关系中，劳动者和用人单位是两个主要的参与者。劳动者为用人单位提供劳动，获取报酬，同时也有权利享受到劳动过程中的保障和尊重；用人单位则应该为劳动者提供合理的薪酬和福利待遇，保障劳动者的基本权利。劳动者与用人单位的劳动关系是否和谐，与社会大众的生活是否安定有着密切的联系。

随着社会的发展、经济的繁荣，劳动关系变得更加复杂，尤其需要运用劳动法律法规来调整，这些法律法规通常包括最低工资标准、工作时间、休息休假、社会保险等方面的规定。这些法律法规的实施，可以有效地规范劳动关系各方的行为，保障劳动者的基本权利，维持劳动关系的和谐稳定，促进市场经济的发展。

第一节　劳动基准法

一、劳动基准法的内涵

劳动基准，是指关于劳动条件的最低标准。劳动基准法，是指规范劳动者最基本劳动条件的法律法规，包括工作时间和休息休假法、最低工资法、劳动安全与卫生法、女职工和未成年工特殊保护法等。制定劳动基准法的目的是改善劳动条件，保障劳动者的基本生活，避免伤亡事故的发生。劳动基准法在法律上属于强制性规范，不允许劳动关系双方当事人通过劳动合同予以排除或变通，用人单位必须遵守执行。

我国的劳动基准目前并无统一立法，分散于劳动法律、行政法规、部门规章中。劳动基准涉及的法律主要有《劳动法》第四章“工作时间和休息休假”、第五章“工资”、第六章“劳动安全卫生”、第七章“女职工和未成年工特殊保护”的30个条文规定。其他单行立法主要有《安全生产法》《职业病防治法》等；行政法规和部门规章主要有《国务院关于职工工作时间的规定》《国务院关于职工探亲待遇的规定》《职工带薪年休假条例》《全国年节及纪念日放假办法》，以及原劳动部发布的《关于企业实行不定时工作制和综合计算工时工作制的审批办法》《企业职工带薪年休假实施办法》《最低工资规定》《企业职工患病或非因公负伤医疗期规定》《工伤保险条例》《未成年工特殊保护规定》等。

二、劳动基准法的内容

（一）工作时间和休息休假

1. 工作时间

工作时间又称劳动时间，是指劳动者根据法律规定和劳动合同约定，在用人单位提供正常劳动的时间。我国的工时制度具体可以分为标准工时制、综合计算工时制、不定时工时制。

标准工时制是我国运用最为普遍的工时制度，是指法律规定的在一般情况下普遍适用的，按照正常作息办法安排的工作日和工作周的工时制度。

《劳动法》第三十六条规定：“国家实行劳动者每日工作时间不超过8小时、平均每周工作时间不超过4小时的工时制度。”但国务院1995年5月1日颁布的《关于职工工作时间的规定》第三条规定：“职工每日工作8小时，每周工作40小时。”所以，在标准工时制下，职工每日工作时间不超过8小时、平均每周工作时间不超过40小时。

综合计算工时制是依照《劳动法》第三十九条而采用的一种特殊工时制，指用人单位因生产特点难以按照《劳动法》和《国务院关于职工工作时间的规定》执行法定标准工时制而采用的以周、月、季、年等为周期综合计算工作时间的一种工时制度。在综合计算工时周期内，某一具体日或周的实际工作时间可能超过法定标准工作时间8小时或40小时，但其平均日工作时间和平均周工作时间应与法定标准工作时间基本相同。用人单位实行综合计算工时制必须满足两个条件。一是确因工作性质特殊，无法执行标准工时制，像交通、铁路、邮电、水运、航空、渔业等行业中因工作性质特殊，需连续作业的职工；地质及资源勘探、建筑、制盐、制糖、旅游等受季节和自然条件限制的行业的部分职工；其他适合实行综合计算工时工作制的职工。二是必须经过劳动行政部门的审批。未经审批的，用人单位不能擅自决定或与劳动者约定实行综合计算工时制。

不定时工时制也称不定时工作制，是指每一工作日没有固定的上下班时间限制的工时制度。这是针对因工作性质、生产特点或工作职责范围的关系，无法按标准工作时间衡量所采用的一种工时制度。

不定时工时制适合如下情形：

（1）企业中的高级管理人员、外勤人员、推销人员、部分值班人员和其他因工作无法按照标准工作时间衡量的职工。

（2）企业中的长途运输人员、出租汽车司机和铁路、港口、仓库的部分装卸人员以及因工作性质特殊，需机动作业的职工。

（3）其他因生产特点、工作特殊需要或职责范围的关系，适合实行不定时工作制的。法律对日延长工作时间和月延长工作时间标准规定的限制不适用于不定时工作制的劳动者，但用人单位实行不定时工作制同样需要报经劳动保障行政部门批准才可以适用。

2. 休息休假

我国《宪法》第四十三条明确规定劳动者享有休息的权利，《劳动法》第三条也规定劳动者享有休息休假的权利。休息休假是劳动者所享有的一项法定的基本权利。休息休假是指劳动者为行使休息权按照规定不必进行生产和工作而自行支配的时间。《劳动法》规定的休息时间包括工作间歇、两个工作日之间的休息时间、公休日、法定节假日，以及年休假、探亲假、婚丧假、生育假、事假和病假等。一方面，休息休假使劳动者身体和精神上的疲劳得以解除，保护劳动者身体健康，使劳动者恢复劳动能力，从而提高劳动效率；另一方面，休息休假使劳动者有可能利用业余时间学习，促进文化水平和业务水平的提高，丰富自己的家庭和业余生活。

（1）休息时间，包括工作日内的休息时间、工作日之间的休息时间和周休息日。

① 工作日内的休息时间。它指在一个工作日内应当为劳动者安排的休息时间。在一天的正常工作中，为了减少劳动者的疲劳和紧张状态，用人单位必须给予劳动者必要的休息时间用于用餐、午休。实行轮班制的单位，在调换班次时，不得使劳动者连续工作两班。

② 工作日之间的休息时间。它指两个邻近工作日之间的休息时间。这种休息时间是保障职工恢复体力和智力、平衡生活和工作节奏的重要手段。一般情况下，如无特殊原因，这一类型的休息时间应当连续，不能随意中断。

③ 周休息日。它是指劳动者每工作满 1 个工作周后应当为其安排的休息时间。我国规定劳动者每周休息 2 日，不能实行国家标准工时制度的企业和事业组织，可根据实际情况灵活安排周休息日，用人单位应当保证劳动者每周至少休息 1 日。

（2）休假时间，包括法定节假日、年休假、探亲假、婚丧假、产假。一般情况下休假时间比休息时间要长。

① 法定节假日。法定节假日是指根据国家、民族的传统习俗而由法律规定的在节日实行的休假时间。我国法定休假日分为 3 种。第一种是全体公民放假的节日，包括元旦、春节、清明节、劳动节、端午节、中秋节、国庆节。第二种是部分公民放假的节日及纪念日，包括妇女节、青年节、儿童节、中国人民解放军建军纪念日。部分公民放假的假日，适逢公休假日时，不补假。第三种是少数民族节日，由各少数民族聚居地区的地方人民政府按照该民族习惯规定放假日期。根据劳动法规定，这些假日统统都是带薪假日。

② 年休假。年休假是指职工每年在一定时期内享有的带薪连续休息时间。《劳动法》第四十五条规定：国家实行带薪年休假制度。劳动者连续工作 1 年以上的，享受带薪年休假。具体办法由国务院规定。应当注意的是，国家法定休假日、休息日不应计入年休假的假期。

③ 探亲假。探亲假是指法定的给予家属分居两地的职工，在一定时期内与父母或者配偶团聚的假期。职工探望配偶的，每年给予一方探亲假一次，假期为 30 天；未婚职工探望父母，原则上每年给假一次，假期为 20 天；已婚职工探望父母的，每 4 年给假一次，假期为 20 天。职工在规定的探亲假期和路程假期内，按照本人的标准工资发给工资。

④ 婚丧假。婚丧假是指劳动者本人结婚以及劳动者的直系亲属死亡时依法享受的假期。

⑤ 产假。产假是指女职工产期前后的休假待遇。国务院发布的《女职工劳动保护特别规定》规定女职工生育享受 98 天产假。当前为贯彻落实国家新的生育政策，全国各省市完善了有关生育支持措施，女职工的产假与生育假相加，生育期间可普遍享有 158 天假期。

（二）工资制度

工资，又称“薪金”“薪水”，即劳动报酬。我国劳动法上的工资，是指用人单位依据国家法律规定或劳动合同约定，根据劳动者提供的劳动数量和质量，以货币形式直接支付给劳动者的劳动报酬。一般包括计时工资、计件工资、奖金、津贴和补贴、延长工作时间的工资报酬以及特殊情况下支付的工资等。

计时工资和计件工资是基本工资形式，其他都是工资辅助形式。计时工资是用人单位按照劳动者技术熟练程度、劳动繁重程度确定的单位时间工资标准和劳动者实际工作时间支付劳动者劳动报酬的工资形式。计件工资是按照劳动者生产的合格产品的数量或其他可以计量的作业量和预先规定的计件单位来计算报酬的工资形式。奖金是对劳动者额外的劳动支出而支付的劳动报酬，是对劳动者做出优异成绩的一种奖赏。津贴是为了补偿在特殊情况下工作劳动者额外的和特殊的劳动消耗而发给劳动者的劳动报酬和物质鼓励，是劳动报酬的一种补充形式。补贴是为了保障劳动者的工资水平不受特殊因素的影响而支付给劳动者的工资形式，其发放根据主要是国家的有关政策规定。特殊情况下的工资包括：依法参加社会活动期间的工资支付；法定休假日期间的工资支付；婚丧假期间的工资支付；探亲假期间的工资支付；加班加点的工资支付；企业依法破产时的工资支付；停工期间的工资支付。

《劳动法》《工资支付暂行规定》《最低工资规定》等法律法规为保障劳动者及时、足额获得相应劳动报酬提供了制度支持。

工资分配应当遵循按劳分配原则，实行同工同酬。工资水平在经济发展的基础上逐步提高。国家对工资总量实行宏观调控。工资支付以法定货币形式直接、足额、及时支付给劳动者，不得以其生产的产品或其他实物替代工资，也不得无故克扣或者拖欠劳动者的工资。用人单位克扣或者无故拖欠劳动者工资的，以及拒不支付劳动者延长工作时间工资报酬的，除在规定的时间内全额支付劳动者工资报酬外，还需加发相当于工资报酬 25%的经济补偿金。特殊情况下，如在劳动者或其亲属生病、生育、遭受灾害等特殊情况下，应根据情况允许劳动者预先支取工资。

为了保障劳动者获得维持本人及家庭生产与再生产的最低费用，国家实行最低工资保障制度。最低工资标准，是指劳动者在法定工作时间或依法签订的劳动合同约定的工作时间内提供了正常劳动的前提下，用人单位依法应支付的最低劳动报酬。与用人单位形成或建立劳动关系后，无论是见习期、试用期还是转正后，劳动者在法定工作时间内提供了正常劳动的，其所在用人单位支付的工资不得低于当地最低工资标准。但劳动者由于本人原因造成在法定工作时间内或依法签订的劳动合同约定的工作时间内未提供正常劳动的，不适用于这项规定。最低工资标准一般采用月最低工资标准和小时最低工资标准形式。月最低工资标准适用于全日制就业劳动者，小时最低工资标准适用于非全日制就业劳动者。我国不实行全国统一的最低工资标准，根据《劳动法》《最低工资规定》的规定，允许各地根据当地就业者及其赡养人口的最低生活费用、城镇居民消费价格指数、职工个人缴纳的社会保险费和住房公积金、职工平均工资、经济发展水平、就业状况等因素确定最低工资标准。

另外，用人单位依法安排劳动者在日法定标准工作时间以外延长工作时间的，按照不低于劳动合同规定的劳动者本人小时工资标准的 150%支付劳动者工资；用人单位依法安排劳动者在休息日工作而又不能安排补休的，按照不低于劳动合同规定的劳动者本人日或小时工资标准的 200%支付劳动者工资；用人单位依法安排劳动者在法定休假节日工作的，按照不低于劳动合同规定的劳动者本人日或小时工资标准的 300%支付劳动者工资。

（三）劳动安全卫生法律制度

劳动安全卫生法律制度是指国家为了保护劳动者在劳动过程中的安全和健康而制定的各种法律规范的总称，包括劳动安全技术规程、劳动卫生规程、企业安全卫生管理制度等。

我国《劳动法》第六章“劳动安全卫生”以专章形式对劳动安全卫生做了原则性规定。为进一步落实《劳动法》的规定，我国还颁布了一系列与《劳动法》相配套的有关劳动安全卫生的法规，如《未成年工特殊保护规定》《安全生产法》《职业病防治法》《企业职工劳动安全卫生教育管理规定》等。这些法律法规规定了劳动安全卫生的基本原则和基本要求。劳动安全卫生的基本原则是以人为本，坚持人民至上、生命至上，把保护人民生命安全摆在首位，树牢安全发展理念，坚持安全第一、坚持预防为主、防治结合、综合治理的方针。这些原则强调了保障劳工的生命安全和健康的重要性，以及预防事故和卫生问题的优先性。

根据我国法律的相关规定，劳动安全卫生法律制度的主要内容包括以下几点：

1. 用人单位的劳动安全卫生条件保障制度

用人单位生产过程中的劳动安全卫生条件符合国家规定的标准要求。新建、改建、扩建的工程设施建设必须符合“三同时”制度要求，即劳动安全卫生设施与主体工程同时设计、同时施工、同时投入生产和使用。

2. 用人单位的劳动安全卫生教育和培训制度

用人单位根据法律规定的劳动安全卫生规程和标准，对劳动者进行安全卫生教育和培训，使劳动者掌握本职工作所需的安全卫生知识，防止劳动过程中出现安全事故，减少职业危害。从事特种作业的劳动者必须经过专门培训并需要取得特种作业资格。

3. 用人单位提供合规的必要劳动安全卫生条件和防护设施制度

一方面，用人单位需为劳动者提供符合国家标准或者行业标准的劳动卫生设施和防护用品。从事有职业危害的工作的劳动者有从用人单位获得职业健康检查、职业病诊疗、康复等职业病防治服务权利。

另一方面，劳动者在作业过程中，应当严格遵守本单位的安全生产规章制度和操作规程，服从管理，但有权对危害生命安全和健康的行为提出批评、检举和控告，有权拒绝用人单位违章作业指挥和强令冒险作业。在发现事故隐患或者其他不安全因素时，劳动者应当立即向现场安全生产管理人员或者本单位负责人报告，接到报告的人员应当及时予以处理。

随着我国工业化进程的推进，生产领域发生的劳动安全与卫生问题日益突出，为确保我国劳动安全与卫生领域的法律法规的实施，我国专门建立了劳动安全卫生监察制度，包括国家劳动安全卫生监察制度、专业劳动安全卫生监察制度和群众劳动安全卫生监察制度。国务院和地方各级人民政府负责对安全生产工作的领导，支持、督促各有关部门依法履行安全生产监督管理职责，并建立有伤亡和职业病统计报告和处理制度。

（四）女职工和未成年工特殊保护

考虑到女职工和未成年工的生理特点，法律规定对女职工及未成年工在劳动过程中的安全健康给予特殊劳动保护。除《劳动法》的相关规定外，有关女职工和未成年工特殊保护的法律法规主要有《女职工劳动保护特别规定》《未成年工特殊保护规定》等。

1. 对女职工的特殊保护制度

女职工不仅在身体结构和生理上与男职工有很大差别，而且承担着生育、哺乳和抚养孩子的责任。法律对女职工给予特殊的保护，既有利于保护女职工的身体健康，也有利于下一代的健康成长。对女职工的特殊保护主要体现在以下几个方面：

（1）女职工禁忌从事以下范围的劳动：矿山井下作业；森林业伐木、归楞及流放作业；国家规定的第四级体力劳动强度的劳动；电力、电信行业的高处架线作业；其他禁忌从事的劳动。

（2）对女职工实行“四期”保护，即在女性的经期、孕期、产期、哺乳期实施特别保护。女职工在月经期间不得从事装卸、搬运等国家规定的第三级重体力劳动及高处、低温、冷水、野外作业；不得安排女职工在怀孕期间从事国家规定的第三级体力劳动强度的劳动；对怀孕 7 个月以上的女职工，不得安排其延长工作时间和夜班劳动；女职工生育享受不少于 98 天的产假；不得安排女职工在哺乳未满 1 周岁的婴儿期间从事国家规定的第三级体力劳动强度的劳动和哺乳期禁忌从事的其他劳动，不得安排其延长工作时间和夜班劳动。

（3）女职工劳动保护设施的规定。在女职工较多的单位，应设置女职工卫生室、孕妇休息室、哺乳室、托儿所、幼儿园等设施，妥善解决女职工在生理卫生、冲洗、哺乳等方面的实际困难。

用人单位违法律规定，侵害女职工合法权益的，女职工可以依法向有关部门投诉、举报、申诉。

2. 对未成年工的特殊保护

未成年工是指 16～18 岁的少年工人。未成年工正处于生长发育阶段，其身体发育尚未完全定型、心理尚未完全成熟、工作经验丰富程度等方面与成年职工存在差异。为了保护生产过程中未成年工健康和安全，用人单位必须在劳动过程中给予特殊的保护。对未成年工的特殊保护主要包括以下几个方面：

（1）上岗前培训。未成年工上岗，用人单位应对其进行有关职业安全卫生的教育、培训。

（2）缩短工作时间。对未成年工应实行缩短工作日，禁止安排未成年工加班、加点及从事夜班工作。

（3）限制工作范围。用人单位不得安排未成年工从事矿山井下、深水或高空作业以及有毒有害、国家规定的第四级体力劳动强度的劳动，不得安排未成年工进行机械危险部分的检修工作。未成年工使用的劳动工具应考虑未成年人的身体发育特点而定。此外，法律还规定了对患有某种疾病或具有某些生理缺陷的未成年工不得安排从事的工作。

（4）对未成年工定期进行身体健康检查。未成年工享受定期健康检查待遇，如未成年工所从事的工作有害其健康的，用人单位应安排适合其健康状况的其他工作。

（5）实行同工同酬。未成年工提供与成年工同等的劳动，应该获得同等的劳动报酬，对未成年工一般不得因实行缩短工作日而扣减其工资。

（6）对未成年工的使用和特殊保护实行登记制度。

第二节　劳动合同法

劳动合同制度是劳动法基本法律制度。我国现行劳动合同专门制度是《劳动法》基础上的《劳动合同法》和《劳动合同法实施条例》。《劳动合同法》是调整与规范劳动合同订立、履行、变更、解除终止和续订的法律规范，其目的是明确劳动合同双方当事人的权利和义务，保护劳动者的合法权益，构建和发展和谐稳定的劳动关系。《劳动合同法》适用于我国境内的企业、个体经济组织、民办非企业单位等组织与劳动者建立劳动关系，订立、履行、变更、解除或者终止劳动合同。

一、劳动合同订立

劳动合同也称劳动协议，是指劳动者与用人单位确立劳动关系、明确双方权利和义务的协议。订立劳动合同是指劳动者和用人单位就劳动合同条款协商一致，并以书面形式明确双方权利义务关系的法律行为。

（一）劳动合同的订立原则

劳动合同的订立应当遵循合法、公平、平等自愿、协商一致、诚实信用的原则。

合法原则指订立劳动合同不得违反法律、行政法规的强制性规定，也不得违背社会公共利益和社会公序良俗。

公平原则一是指订立劳动合同时，用人单位与劳动者之间的权利和义务对等，不能显失公平，只强调一方的权利而排斥另一方的权利；二是指用人单位对劳动者应当一视同仁，给予全体劳动者公平的劳动待遇，不得因民族、种族、年龄、性别的不同而区别对待。

平等自愿原则的含义有两层：其一是平等，其二是自愿。所谓平等，是指劳动合同双方当事人在签订劳动合同时的法律地位是平等的，不存任何依附关系，任何一方不存在任何法律形式上的强迫。所谓自愿，是指劳动合同双方当事人应完全出于自己的意愿订立劳动合同，是真实意愿的表达。凡是采取强迫欺诈、威胁或乘人之危等手段，把自己的意志强加给对方，或者所订条款与双方当事人的真实意愿不一致，都不符合自愿原则。

协商一致原则是指劳动合同双方当事人就劳动法律权利和义务问题充分地协商，在双方意思表示一致的基础上形成双方的合意，签订劳动合同。

诚实信用原则指双方当事人在订立劳动合同时应诚实、守信，如实告知各自的实际情况，本着善意与合作的态度，根据具体情况，相互承担说明、通知、保护、忠诚，协作、保密等义务，不得滥用权力及规避法律义务。

（二）劳动合同的形式

建立劳动关系应当签订书面劳动合同。《劳动合同法》第十条规定：“建立劳动关系，应当订立书面劳动合同。已建立劳动关系，未同时订立书面劳动合同的，应当自用工之日起一个月内订立书面劳动合同。用人单位与劳动者在用工前订立劳动合同的，劳动关系自用工之日起建立。”但作为例外，非全日制用工劳动者和用人单位可以签订口头协议。

劳动者拒签书面合同，根据不同情况采取不同处理方法。第一种情形，劳动者 1 个月内拒签书面合同，应当及时终止用工；第二种情形，劳动者超过 1 个月拒签书面合同，应当及时终止用工并支付经济补偿；第三种情形，劳动者超过 1 年未签订书面合同，视为已经同用人单位签订无固定期限劳动合同。

（三）劳动合同的内容

劳动合同的内容是指劳动者与用人单位劳动关系双方的权利义务，通过具体合同条款呈现出来。根据条款内容是否为一个劳动合同所必需，可以将劳动合同的内容分为必备条款和约定条款。必备条款又称法定条款，是劳动合同必须具备的内容。欠缺了必备条款，提供劳动合同文本的用人单位应负法律责任。约定条款又称任意条款、补充条款，是双方当事人在必备条款之外，根据具体情况自行协商后约定的条款内容。约定条款只要不违反法律和行政法规规定，具有与必备条款同等的法律效力。

《劳动合同法》规定劳动合同必备条款包括：用人单位的名称、住所和法定代表人或者主要负责人；劳动者的姓名、住址和居民身份证或者其他有效身份证件号码；劳动合同期限；工作内容和工作地点；工作时间和休息休假；劳动报酬；社会保险；劳动保护、劳动条件和职业危害防护；法律、法规规定应当纳入劳动合同的其他事项。法律法规规定应当纳入劳动合同的其他事项是指按照劳动合同法之外的其他法律、行政法规的规定，应当在劳动合同中载明的内容。

《劳动合同法》第十七条规定："用人单位与劳动者可以约定试用期、培训、保守秘密、补充保险和福利待遇等其他事项。"法律关于试用期的规定，属于强制性规范，不可突破其时间规定。《劳动合同法》第十九条规定："劳动合同期限 3 个月以上不满 1 年的，试用期不得超过 1 个月；劳动合同期限 1 年以上不满 3 年的，试用期不得超过 2 个月；3 年以上固定期限和无固定期限的劳动合同，试用期不得超过 6 个月。同一用人单位与同一劳动者只能约定 1 次试用期。以完成一定工作任务为期限的劳动合同或者劳动合同期限不满 3 个月的，不得约定试用期。试用期包含在劳动合同期限内。劳动合同仅约定试用期的，试用期不成立，该期限为劳动合同期限。"法律还规定，劳动者在试用期的工资不得低于本单位相同岗位最低档工资或者劳动合同约定工资的 80%，并不得低于用人单位所在地的最低工资标准。

根据劳动合同期限，劳动合同可分为固定期限的劳动合同、无固定期限劳动合同和以完成一定工作任务为期限的劳动合同。

（四）无效劳动合同

无效劳动合同，是指劳动者与用人单位订立的违反劳动法律法规的协议。无效劳动合同从订立时起就没有法律约束力。但确认劳动合同部分无效的，如果不影响其余部分的效力，其余部分仍然有效。

根据《劳动合同法》第二十六条规定，下列劳动合同无效或者部分无效：

1. 以欺诈、胁迫的手段或者乘人之危，使对方在违背真实意思的情况下订立或者变更劳动合同的

采取欺诈手段订立的合同是指订立劳动合同时，当事人一方故意隐瞒真相或有意制造假象，致使另一方产生与实际情况不符的认识和判断，从而同意订立或变更的劳动合同。采取胁迫手段订立的合同指当事人一方用可能实施的危害对方及其亲友人身、财产安全或名誉、荣誉的行为相要挟，使对方当事人产生恐惧，违背真实意愿与其订立或变更劳动合同。乘人之危订立的合同主要是指用人单位在劳动者处于危急、危难处境情况下，利用劳动者的紧迫需要，使劳动者违背自己的真实意愿而订立劳动合同的行为。

2. 用人单位免除自己的法定责任、排除劳动者权利的

主要体现在用人单位通过合同约定不承担按照法律规定应当承担的义务，以及在劳动合同中限制或剥夺劳动者依法应当享受的法律权利，如劳动者工伤自负、用人单位不为劳动者缴纳社保等内容。

3. 违反法律、行政法规强制性规定的

违反法律行政法规强制性规定，包括劳动合同的主体内容、形式和订立程序与法律法规的强制性或禁止性规定相抵触，或滥用法律法规的授权性或任意性规定。例如，在劳动合同条款中约定妇女不得在合同期间结婚或生育。

劳动合同的无效必须由法律规定的专门机关进行，其他任何组织和个人都无权进行。根据《劳动合同法》的规定，对劳动合同的无效或部分无效有争议的，由劳动争议仲裁机构或者人民法院确认。

劳动合同部分无效不影响其他部分效力的，其他部分仍然有效。如果确认劳动合同的某些条款无效，该部分内容与其他内容相比较，具有相对独立性或者可分性，则合同中部分无效部分不影响其他部分的效力。对于部分无效的条款可以进行修改或删除；而对于有效的部分，当事人有履行的义务，应当继续履行。

针对无效劳动合同，《劳动合同法》第二十八条规定："劳动合同被确认无效，劳动者已付出劳动的，用人单位应当向劳动者支付劳动报酬。劳动报酬的数额，参照本单位相同或者相近岗位劳动者的劳动报酬确定。"另外，因为一当事方导致合同无效而给另一方造成损害的，有过错的一方应当承担赔偿责任。对用人单位欺诈、胁迫的手段签订的无效劳动合同，劳动者除了有解除劳动合同的权利，还有要求用人单位支付经济补偿的权利。

二、劳动合同的履行和变更

（一）劳动合同的履行

劳动合同的履行是指劳动合同签订后，双方当事人按照合同约定，履行各自应承担义务的行为。劳动合同依法订立即具有法律约束力，任何一方都不得擅自变更或解除劳动合同，任何第三方不得非法干预劳动合同的履行。

劳动合同的履行是劳动合同制度的核心。只有全面履行劳动合同，订立劳动合同的目的才能实现。《劳动合同法》第二十九条规定："用人单位与劳动者应当按照劳动合同的约定，全面履行各自的义务。"这一规定确立了劳动合同全面履行的原则，用人单位和劳动者应当按照约定的内容、方式、期限，亲自、正确、全部履行其承担的义务，任何一方不履行或瑕疵履行都表明劳动合同存在着违约情形。

如果用人单位名称、法定代表人发生变更，用人单位出现合并或分立情形，

或者劳动合同履行地与用人单位注册地不一致，劳动合同怎么履行呢？

《劳动合同法》第三十三条规定："用人单位变更名称、法定代表人、主要负责人或者投资人等事项，不影响劳动合同的履行"。这一规定明确用人单位有关事项的变更不影响劳动合同的履行。《劳动合同法》第三十三条规定："用人单位发生合并或者分立等情况，原劳动合同继续有效，劳动合同由承继其权利和义务的用人单位继续履行。"《劳动合同法实施条例》第十四条规定："劳动合同履行地与用人单位注册地不一致的，有关劳动者的最低工资标准、劳动保护、劳动条件、职业危害防护和本地区上年度职工月平均工资标准等事项，按照劳动合同履行地的有关规定执行；用人单位注册地的有关标准高于劳动合同履行地的有关标准，且用人单位与劳动者约定按照用人单位注册地的有关标准执行的，从其约定。"由此可以看出劳动合同履行地与公司同注册地不一致时，一般情况下劳动合同履行按照合同履行地的有关标准执行，如果用人单位注册地的标准高于劳动合同履行地的标准，并且双方约定依照用人单位注册地标准执行的，则根据约定履行。

（二）劳动合同的变更

劳动合同的变更是指劳动合同双方当事人对尚未履行或尚未完全履行的劳动合同，依照法律规定的条件和程序，对原劳动合同条款达成修改、删减或补充协议的法律行为。其实质是双方的权利、义务的改变，变更的内容包括工作内容、工作地点、工资福利等。劳动合同变更应遵守平等自愿、协商一致原则，不得违反法律、行政法规的规定。劳动合同变更的原因主要是客观情况发生变化，变更的目的是继续履行合同。

《劳动合同法》第三十五条规定："用人单位与劳动者协商一致，可以变更劳动合同约定的内容。变更劳动合同，应当采用书面形式。变更后的劳动合同文本由用人单位和劳动者各执一份。"也就是说，变更劳动合同的形式要采取书面形式。

三、劳动合同的解除和终止

（一）劳动合同的解除

劳动合同的解除是指劳动合同签订后、尚未全部履行前，由于法定法律事实的出现，劳动者与用人单位一方或双方依法提前终结劳动合同的法律效力，使劳动者与用人单位原有的权利和义务不再存在的法律行为。劳动合同的解除，按劳动合同解除主体划分，可分为协商解除、劳动者单方解除、用人单位单方解除。

1. 协商解除劳动合同

《劳动合同法》第三十六条规定："用人单位与劳动者协商一致，可以解除劳动合同。”《劳动合同法实施条例》第十八条、第十九条规定：用人单位与劳动者协商一致的，可以依照劳动合同法规定的解除劳动合同的条件、程序，解除包括无固定期限在内的所有合同。

协商解除劳动合同是劳动合同双方当事人基于平等、自愿原则。劳动合同的协商解除，劳动者与用人单位皆可以提出。不同当事方提出解除劳动合同，法律后果存在差异。如果解除劳动合同由用人单位先提出，则用人单位应按照法律规定向劳动者支付经济补偿金；反之，若解除劳动合同由劳动者提出，则用人单位无须向劳动者支付经济补偿金。劳动合同解除后，未履行的部分不再履行。

2. 劳动者单方解除劳动合同

劳动者单方解除劳动合同规定呈现于《劳动合同法》第三十七条、第三十八条及《劳动合同法实施条例》第十八条之规定。劳动者单方面解除劳动合同的情形可以分为两种情况：一是劳动者提前预告解除；二是用人单位违法，劳动者立即解除。

（1）劳动者提前预告解除。按照法律规定，劳动者辞职只需要提前 30 日以书面形式通知用人单位，劳动合同随即解除。试用期期间，劳动者只需提前 3 日以书面或者口头方式通知用人单位，劳动合同即可解除。通过这种途径解除劳动合同，劳动者无须提出任何理由。在这种情况下，用人单位也不承担支付劳动者经济补偿的义务。但是，如果劳动合同中依法约定了劳动者提前解除劳动合同的法律责任，劳动者就要承担相应的法律责任。

（2）劳动者随时解除劳动合同。这种情况是用人单位存在违法情况，即用人单位的过错导致劳动合同解除。依据《劳动合同法》第三十八条第一款规定与《劳动合同法实施条例》第十八条规定，用人单位存在以下情形的，劳动者可解除合同：①用人单位未按照劳动合同约定提供劳动保护或者劳动条件的；②用人单位未及时足额支付劳动报酬的；③用人单位未依法为劳动者缴纳社会保险费的；④用人单位的规章制度违反法律、法规的规定，损害劳动者权益的；⑤用人单位以欺诈、胁迫的手段或者乘人之危，使劳动者在违背真实意思的情况下订立或者变更劳动合同，或者用人单位在劳动合同中免除自己的法定责任、排除劳动者权利，或者用人单位违反法律、行政法规强制性规定。

用人单位存在上述情形之一，劳动者可随时解除劳动合同，虽然不受提前 30 日书面告知用人单位的程序性义务的限制，但还是应告知用人单位。根据《劳动合同法》第三十八条第二款规定，用人单位存在以下法定情形的，劳动者既不受预告解除时间的限制，告知义务也不必履行，可随时解除劳动合同：①用人单位以暴力、威胁或者非法限制人身自由的手段强迫劳动者劳动的；②用人单位违章指挥、强令冒险作业危及劳动者人身安全的。

因上述原因，劳动者提前解除劳动合同的，用人单位应当向劳动者支付经济补偿，而劳动者无须支付违约金。

3. 用人单位单方解除劳动合同

用人单位单方解除合同相较于劳动者单方解除合同，立法上对用人单位施以了较大的限制，以此保护弱势劳动者群体。用人单位单方解除劳动合同的法定情形见之于《劳动合同法》第三十九条至第四十一条以及《劳动合同法实施条例》第十九条规定的无固定期限劳动合同的解除。

用人单位单方解除劳动合同包括 3 种情形：劳动者有过失，用人单位解除劳动合同；劳动者无过失，用人单位提前预告解除劳动合同；经济性裁员，解除劳动合同。

（1）劳动者有过失，用人单位解除劳动合同。依据《劳动合同法》第三十九条规定，劳动者有以下情形的，用人单位可解除劳动合同：①在试用期间被证明不符合录用条件的；②严重违反用人单位的规章制度的；③严重失职，营私舞弊，给用人单位造成重大损害的；④劳动者同时与其他用人单位建立劳动关系，对完成本单位的工作任务造成严重影响，或者经用人单位提出，拒不改正的；⑤劳动者以欺诈、胁迫的手段或者乘人之危，使用人单位在违背真实意思的情况下订立或者变更劳动合同致使劳动合同无效的；⑥被依法追究刑事责任的。用人单位不必行使提前 30 日通知程序义务，即可解除劳动合同。

（2）劳动者无过失，用人单位提前预告解除劳动合同。依据《劳动合同法》第四十条规定，在劳动者不存在过错的情形下，符合下列法定情形之一的，在用人单位提前 30 天书面告知劳动者，或者额外支付劳动者 1 个月工资后，可以解除劳动合同：①劳动者患病或者非因工负伤，在规定的医疗期满后不能从事原工作，也不能从事由用人单位另行安排的工作的。需要注意的是，劳动者患的并非职业病，负伤仅指的是非因工负伤。②劳动者不能胜任工作，经过培训或者调整工作岗位，仍不能胜任工作的。③劳动合同订立时所依据的客观情况发生重大变化，致使劳动合同无法履行，经用人单位与劳动者协商，未能就变更劳动合同内容达成协议的。

总之，非过失性解除是劳动者本身并无主观过失，而是基于某些外部环境或者劳动者自身的客观原因，用人单位可以单方面解除劳动合同。用人单位解除劳动合同应当符合法律规定的条件程序，并依法向劳动者支付经济补偿。另外，用人单位解除劳动合同受法律规定的不得解除合同的法定情形的限制。如果用人单位违法解除劳动合同，应当依照经济补偿标准的两倍向劳动者支付赔偿金。

（3）经济性裁员，用人单位解除劳动合同。经济性裁员是指用人单位由于生产经营状况发生变化，经济上遭遇困难，通过裁减人员以达到摆脱困境的目的行为。为保护劳动者的合法权益，以及防止经济性裁员对社会稳定带来不利的影响。依据《劳动合同法》第四十一条规定，有下列情形之一，需要裁减人员 20 人以上或者裁减不足20人但占企业职工总数10%以上的，用人单位提前30日向工会或者全体职工说明情况，听取工会或者职工的意见后，裁减人员方案经向劳动行政部门报告，可以裁减人员：①依照企业破产法规定进行重整的；②生产经营发生严重困难的；③企业转产重大技术革新或者经营方式调整经变更劳动合同后仍需裁减人员的；④其他因劳动合同订立时所依据的客观经济情况发生重大变化，致使劳动合同无法履行的。这一规定明确了经济性裁员的适用情形、人数限制和裁员程序等。《劳动合同法实施条例》第十九条第十二款进一步明确了经济性裁员同样适用无固定期限劳动合同。

经济性裁员并非由劳动者过错造成的，用人单位应向劳动者支付经济补偿金。而且法律规定，用人单位在裁员时，应当优先留用与单位订立较长期限的固定期限劳动合同、无固定期限劳动合同的劳动者，以及家庭无其他就业人员，有需要抚养的老人或者未成年人的劳动者。为保护被裁减人员的合法权益，裁员后，用人单位若在6个月内重新招用人员的，应通知被裁减的人员，并在同等条件下优先招用被裁减的人员。

法律规定用人单位可依照法律规定的情形行使单方解除权，但为防止用人单位单方解除劳动合同滥用，保护劳动者的合法权益，还规定了用人单位单方解除劳动合同的禁止性条件。劳动者有下列情形之一的，用人单位不得依照《劳动合同法》第四十条、第四十一条的规定解除劳动合同：①从事接触职业病危害作业的劳动者未进行离岗前职业健康检查，或者疑似职业病病人在诊断或者医学观察期间的；②在本单位患职业病或者因工负伤并被确认丧失或者部分丧失劳动能力的；③患病或者非因工负伤，在规定的医疗期内的；④女职工在孕期、产期、哺乳期的；⑤在本单位连续工作满15年，且距法定退休年龄不足5年的；⑥法律、行政法规规定的其他情形。

劳动者存在上述情形，用人单位不得因“无过失解除劳动合同”或者“经济性裁员”解除劳动合同，但若存在劳动者有过失即时解除的情形，用人单位则不受上述禁止性条件的约束。

（二）劳动合同的终止

劳动合同的终止是指劳动合同的法律效力因劳动合同期限届满或者当事人主体资格消失，劳动合同对当事人失去效力。但劳动合同终止之前因劳动合同履行产生的权利义务仍受到保护。

1. 劳动合同的终止的法定情形

依据《劳动合同法》第四十四条规定，劳动合同终止的法定情形主要有以下几种：

（1）劳动合同期满。劳动合同的权利义务已经履行完毕，劳动关系即告终止。

（2）劳动者开始依法享受基本养老保险待遇的。实践中，劳动者虽达到了法定退休年龄，但会因缴费年限不足或者其他原因无法享受待遇。依据《劳动合同法实施条例》第二十一条规定，只要劳动者达到法定退休年龄，劳动合同终止。

（3）劳动者死亡，或者被法院宣告死亡或者宣告失踪的。此时，劳动者客观上已不存在，履行劳动合同已经不可能，劳动关系已无存在的必要。

（4）用人单位被宣告破产的。主体资格已不存在，已经不具备履行劳动合同能力，即使合同没到期，合同也终止。

（5）用人单位被吊销营业执照、责令关闭、撤销或者用人单位决定提前解散的。此种情况下，用人单位不能作为劳动合同主体一方继续存在，劳动合同自然需要终止。

（6）法律、行政法规规定的其他情形。

2. 劳动合同终止的限制性规定

虽然法律规定劳动合同期满，劳动合同即刻终止，但对于一些特定的劳动者，为保护其权益，法律又对劳动合同终止做了限制性的规定。劳动合同期限虽届满但因法定事由的出现，劳动合同需延续至相应情形消失才能终止。《劳动合同法》第四十五条规定："劳动合同期满，有本法第四十二条规定情形之一的，劳动合同应当续延至相应的情形消失时终止。但是，本法第四十二条第二款规定丧失或者部分丧失劳动能力劳动者的劳动合同的终止，按照国家有关工伤保险的规定执行。"依据法律规定劳动合同的逾期终止情形包括：①从事接触职业病危害作业的劳动者未进行离岗前职业健康检查，或者疑似职业病病人在诊断或者医学观察期间的；②在本单位患职业病或者因工负伤并被确认丧失或者部分丧失劳动能力的；③劳动者患病或者非因工负伤，在规定的医疗期内的；女职工在孕期、产期、哺乳期的；④劳动者在本单位连续工作满 15 年，且距法定退休年龄不足 5 年的。劳动者属于上述情形，即使劳动合同期满，也不能立刻终止劳动合同，而应当续延至相应的情形消失时终止。对因患职业病或者因工负伤并被确认丧失或者部分丧失劳动能力的劳动者，除劳动者死亡，或者已办理退休手续或者因劳动者存在过失而被解除合同情形之外，用人单位应当与劳动者保留劳动关系。

四、经济补偿和经济赔偿

（一）经济补偿

经济补偿是指在劳动合同解除或终止后，用人单位依法一次性向劳动者支付相应经济上的补助的制度。我国经济补偿制度的特点：一是由用人单位单方面向劳动者支付；二是经济补偿的标准和支付情形由法律统一规定。

需要用人单位支付经济补偿的情形包括：①因用人单位违法致使劳动者解除合同，用人单位应当支付经济补偿；②用人单位提出解除劳动合同，并与劳动者协商一致解除劳动合同；③劳动者无过失原因解除劳动合同，用人单位应当支付经济补偿；④经济性裁员解除劳动合同，用人单位应当支付经济补偿；⑤劳动合同期满，用人单位不续签合同或降低条件签订合同，应当支付经济补偿；⑥用人单位主体资格消失应当支付经济补偿；⑦以完成一定工作任务为期限的劳动合同因任务完成而终止，须支付经济补偿；⑧劳务派遣劳动合同解除或者终止，应当依法支付经济补偿；⑨法律、行政法规规定的其他情形。

经济补偿标准按劳动者在本单位的工作年限和月工资为基数，工作每满 1 年，按 1 个月工资的标准向劳动者支付经济补偿；工作 6 个月以上不满 1 年的，按 1 年计算；不满 6 个月的，向劳动者支付半个月工资的经济补偿。劳动者月工资高于用人单位所在直辖市、设区的市级人民政府公布的本地区上年度职工月平均工资 3 倍的，向其支付经济补偿的标准按职工月平均工资 3 倍的数额支付，向其支付经济补偿的年限最高不超过 12 年，超过 12 年的，也按 12 年计算。月工资按劳动者应得工资计算，包括计时工资或者计件工资以及奖金津贴和补贴等货币性收入。劳动者在劳动合同解除或者终止前 12 个月的平均工资低于当地最低工资标准的，按当地最低工资标准计算。劳动者工作不满 12 个月的，按实际工作的月数计算平均工资。

（二）经济赔偿

经济赔偿指用人单位违反法律规定解除或者终止劳动合同，劳动者不要求继续履行劳动合同或者劳动合同已经不能继续履行时，用人单位支付给劳动者的赔偿金。赔偿金是对用人单位违法行为的惩罚。根据《劳动合同法》的规定，用人单位应当按照经济补偿标准的两倍向劳动者支付赔偿金。但是需要注意的是，经济补偿金与赔偿金不可兼得。按照《劳动合同法实施条例》的规定，用人单位在支付了经济赔偿金后就不必支付经济补偿。

经济补偿和经济赔偿是不同的概念。经济补偿是指用人单位合法解除终止劳动合同时，依照法律规定应当向劳动者支付的经济补偿；经济赔偿则针对的是用人单位非法解除劳动合同的情况，给劳动者的经济赔偿，带有惩罚的性质。

五、特殊用工形式

（一）劳务派遣

劳务派遣又称人才派遣、劳动派遣或人才租赁，是指依法设立的劳务派遣单位与劳动者订立劳动合同后，依据派遣单位与接受劳务派遣单位订立的劳务派遣协议，将劳动者派遣到接受劳务派遣单位（用工单位）从事约定的生产工作的一种新型用工形式。劳务派遣用工是补充形式，只能在临时性、辅助性或者替代性的工作岗位上实施。这种用工形式涉及 3 个方面的法律关系：劳动者与劳务派遣单位之间的劳动关系、劳动者与用工单位之间的劳务关系、派遣单位与用工单位之间民事法律关系。因此，劳务派遣比劳动合同所产生的劳动关系要复杂。

劳务派遣单位角色是用人单位，它同被派遣劳动者之间应该签订劳动合同，履行用人单位的义务，向被派遣劳动者支付工资、福利及社会保险费用，办理答案转移手续等义务，并将劳务派遣协议的内容告知被派遣劳动者。根据《劳动合同法实施条例》的规定，劳务派遣单位违法解除或终止劳动合同，劳动者要求继续履行合同的，派遣单位应当继续履行；如果劳动者不要求继续履行合同或者劳动合同已经无法继续履行的，用人单位应该按照经济补偿标准的两倍向劳动者支付赔偿金；劳务派遣单位依法解除或终止劳动合同，用人单位应该给劳动者以经济补偿。被派遣劳动者在劳务派遣中享有同工同酬的权利，享有依法参加或者组织工会的权利，享有依法解除合同的权利。

接受劳务派遣单位即是劳务派遣中的用工单位，它应当履行下列义务：①执行国家劳动标准，提供相应的劳动条件和劳动保护；②告知被派遣劳动者的工作要求和劳动报酬；③支付加班费、绩效奖金，提供与工作岗位相关的福利待遇；④对在岗被派遣劳动者进行工作岗位所必需的培训；⑤连续用工的，实行正常的工资调整机制。用工单位不得将被派遣劳动者再派遣到其他用人单位。

对于被派遣劳动者合法权益受到侵害时，劳务派遣单位和用工单位需要对劳动者承担连带法律责任。

（二）非全日制用工

非全日制用工是指以小时计酬为主，劳动者在同一用人单位一般平均每日工作时间不超过 4 小时，每周工作时间累计不超过 24 小时的用工形式。非全日制用工只限于用人单位用工形式，不包括个人用工形式。

从事非全日制用工的劳动者可以与 1 个或 1 个以上用人单位订立劳动合同，非全日制用工双方当事人可以订立口头协议。但是，后订立的劳动合同不得影响先订立的劳动合同的履行。非全日制用工双方当事人不得约定试用期，任何一方都可以随时通知对方终止用工。这里的终止用工，既包括因劳动合同履行完毕届满而导致的终止，也包括劳动合同没有履行完毕而解除劳动合同的情形。终止合同应当通知另一方。通知可以采用书面形式，也可以采用口头形式。任何一方提出终止用工，用人单位都无须向对方支付经济补偿。

非全日制用工小时计酬标准可以双方约定，但不得低于用人单位所在地人民政府规定的最低小时工资标准。由于非全日制用工灵活便捷，法律规定劳动报酬结算支付周期最长不得超过 15 日。

第三节 劳动争议处理法律制度

我国非常重视劳动争议的处理，制定了一系列法律法规和司法解释。有关劳动争议处理的主要法律法规主要有《劳动法》《劳动合同法》《劳动争议调解仲裁法》《最高人民法院关于审理劳动争议案件适用法律若干问题的解释（三）》《最高人民法院关于审理劳动争议案件适用法律问题的解释（一）》以及《民事诉讼法》相关规定。其中，《劳动争议调解仲裁法》是专门处理劳动争议的程序法。

一、劳动争议

劳动争议又称劳动纠纷，是指劳动关系当事人之间因履行劳动合同、执行劳动法规以及其他劳动问题相互主张不一致而发生的劳动权利和义务方面的争议。在我国，劳动争议是指在劳动法律法规调整范围内，劳动者与用人单位具体因适用国家法律法规和合同订立、变更、终止、解除、履行以及与其他与劳动关系直接联系的问题而引起的争议。

《劳动争议调解仲裁法》明确规定了劳动争议的范围，包括：①因确认劳动关系发生的争议；②因订立、履行、变更、解除和终止劳动合同发生的争议；③因除名、辞退和辞职、离职发生的争议；④因工作时间、休息休假、社会保险、福利、培训以及劳动保护发生的争议；⑤因劳动报酬、工伤医疗费、经济补偿或者赔偿金等发生的争议；⑥法律法规规定的其他劳动争议。

2020 年，最高人民法院根据相关法律规定，结合审判实践又颁布了《关于审理劳动争议案件适用法律问题的解释（一）》，进一步界定了劳动争议的范围及不属于劳动争议的纠纷。根据该司法解释，劳动者与用人单位之间发生的下列纠纷都属于劳动争议：

（1）劳动者与用人单位在履行劳动合同过程中发生的纠纷。

（2）劳动者与用人单位之间没有订立书面劳动合同，但已形成劳动关系后发生的纠纷。

（3）劳动者与用人单位因劳动关系是否已经解除或者终止，以及应否支付解除或者终止劳动关系经济补偿金发生的纠纷。

（4）劳动者与用人单位解除或者终止劳动关系后，请求用人单位返还其收取的劳动合同定金、保证金、抵押金、抵押物发生的纠纷，或者办理劳动者的人事档案、社会保险关系等移转手续发生的纠纷。

（5）劳动者以用人单位未为其办理社会保险手续，且社会保险经办机构不能补办导致其无法享受社会保险待遇为由，要求用人单位赔偿损失发生的纠纷。

（6）劳动者退休后，与尚未参加社会保险统筹的原用人单位因追索养老金、医疗费、工伤保险待遇和其他社会保险待遇而发生的纠纷。

（7）劳动者因为工伤、职业病，请求用人单位依法给予工伤保险待遇发生的纠纷。

（8）劳动者依据劳动合同法第八十五条规定，要求用人单位支付加付赔偿金发生的纠纷。

（9）因企业自主进行改制发生的纠纷。

下列纠纷则不属于劳动争议，主要有：①劳动者请求社会保险经办机构发放社会保险金的纠纷；②劳动者与用人单位因住房制度改革产生的公有住房转让纠纷；③劳动者对劳动能力鉴定委员会的伤残等级鉴定结论或者对职业病诊断鉴定委员会的职业病诊断鉴定结论的异议纠纷；④家庭或者个人与家政服务人员之间的纠纷；⑤个体工匠与帮工、学徒之间的纠纷；⑥农村承包经营户与受雇人之间的纠纷。

二、劳动争议的处理方法

劳动争议的处理方法一般有协商、调解、仲裁、诉讼 4 种。

（一）协商

协商是基于当事人的自主选择，而不是法律的强制。它不是处理劳动争议的必要程序，而是当事双方采取自治方法解决纠纷。可以是双方自主协商，也可以请工会或者第三方共同与用人单位协商。劳动争议发生后，当事人首先应当协商解决。协商一致的，当事人可以形成书面和解协议，但和解协议不具有强制执行力，需要当事人双方自觉履行。当事人不愿协商、协商不成或者达成和解协议后不履行的，可以依法申请调解和仲裁。

通过协商方式解决争议，可以减轻调解机构、仲裁机构和人民法院的压力，降低解决争议的成本。

（二）调解

调解是第三者或者中间人介入争议的处理过程并提出建议，促使双方达成协议、解决劳动争议的一种方式。劳动争议调解必须遵循双方当事人自愿的原则。调解也不是劳动争议处理的必经程序。

劳动争议调解委员会是依法成立的调解劳动争议的群众性组织。根据《劳动争议调解仲裁法》的规定，发生劳动争议，当事人可以到下列调解组织申请调解：

①企业劳动争议调解委员会；②依法设立的基层人民调解组织；③在乡镇、街道设立的具有劳动争议调解职能的组织。

企业劳动争议调解委员会设立在企业内部，是负责调解本单位劳动争议的组织，由职工代表和企业代表组成。职工代表由工会成员担任或者由全体职工推举产生，企业代表由企业负责人指定。基层人民调解组织是村民委员会和居民委员会下设的调解民间纠纷的群众性组织，在基层人民政府和基层人民法院指导下进行工作。乡镇、街道设立的具有劳动争议调解职能的组织是一些经济发达地区为了解决劳动争议而设立的区域性、行业性调解组织。

调解首先需要当事人提出申请，可以是书面形式，也可以是口头形式。调解委员会决定受理后，对争议事项所涉及的有关人员、部门等相关情况进行调查了解，在弄清事实、分清是非的基础上开展调解工作。在调解劳动争议的过程中，既要听取劳动者一方对事实和理由的陈述，也要听取用人单位一方对事实和理由的陈述，耐心疏导，以事实为根据，帮助双方解决分歧，促使当事双方达成解决争议协议。

经调解达成协议的，应当制作调解协议书。调解协议书应当记录载明双方当事人的基本情况、争议事项、纠纷简要事实、双方责任及双方当事人的权利和义务、履行协议的期限等。调解协议书由双方当事人签名或者盖章，经调解员签名并加盖调解组织印章后生效。调解协议书一式 3 份，双方当事人和调解委员会各执 1 份。调解协议书相当于合同，对双方当事人具有约束力，当事人应当履行。

如果自劳动争议调解组织收到调解申请之日起 15 日内，争议双方未达成调解协议的，当事人可以依法申请仲裁。相关法律还规定因支付拖欠劳动报酬、工伤医疗费、经济补偿或者赔偿金事项达成调解协议，用人单位在协议约定期限内不履行的，劳动者可以持调解协议书依法向人民法院申请支付令。人民法院应当依法发出支付令。

（三）仲裁

仲裁是仲裁机构对争议事项做出的裁决决定。劳动争议仲裁，是指劳动争议仲裁机构（劳动争议仲裁委员会）对用人单位与劳动者之间发生的劳动争议，在查明事实明确是非、分清责任的基础上，依法做出裁决的活动。

劳动争议仲裁委员会不按行政区划层层设立，而是由省、自治区、直辖市人民政府决定在市、县及市辖区设立。劳动争议仲裁委员会负责管辖本区域内发生的劳动争议。劳动争议由劳动合同履行地或者用人单位所在地的劳动争议仲裁委员会管辖。双方当事人分别向劳动合同履行地和用人单位所在地的劳动争议仲裁委员会申请仲裁的，由劳动合同履行地的劳动争议仲裁委员会管辖。有多个劳动合同履行地的，由最先受理的仲裁委员会管辖。劳动合同履行地不明确的，由用人单位所在地的仲裁委员会管辖。

劳动争议仲裁委员会由劳动行政部门代表、工会代表和企业方面代表组成。劳动争议仲裁委员会的组成人员应当是单数。仲裁委员会处理劳动争议，实行仲裁庭、仲裁员办案制度。

仲裁程序主要包括 3 个步骤：申请与受理、审理与裁决、执行。

1. 申请与受理

申请人申请仲裁应当提交书面仲裁申请，并按照被申请人人数提交副本。书写仲裁申请确有困难的，可以口头申请，由仲裁委员会记入笔录，经申请人签名、盖章或者捺印确认。对于仲裁申请书不规范或者材料不齐备的，仲裁委员会应当当场或者在 5 日内一次性告知申请人需要补正的全部材料。

仲裁委员会受理后，对当事人申请材料及劳动争议申请仲裁的时效进行审查，并在收到仲裁申请之日起 5 日内做出受理或不受理的决定。认为符合受理条件的，应当受理，并通知申请人；认为不符合受理条件的，应当书面通知申请人不予受理，并说明理由。对仲裁委员会逾期未做出决定或者决定不予受理的，申请人可以就该争议事项向人民法院提起诉讼。

仲裁委员会受理仲裁申请后，应当在 5 日内将仲裁申请书副本送达被申请人。被申请人收到仲裁申请书副本后，应当在 10 日内向仲裁委员会提交答辩书。仲裁委员会收到答辩书后，应当在 5 日内将答辩书副本送达申请人。被申请人逾期未提交答辩书的，不影响仲裁程序的进行。

2. 审理与裁决

仲裁庭应当在开庭 5 日前，将开庭日期地点书面通知双方当事人。当事人有正当理由的，可以在开庭 3 日前请求延期开庭。是否延期，由劳动争议仲裁委员会决定。申请人收到书面通知，无正当理由拒不到庭或者未经仲裁庭同意中途退庭的，可以视为撤回仲裁申请。被申请人收到书面通知，无正当理由拒不到庭或者未经仲裁庭同意中途退庭的，可以缺席裁决。当事人申请劳动争议仲裁后可以自行和解。达成和解协议的，可以撤回仲裁申请。

仲裁庭在做出裁决前，应当先行调解。调解达成协议的，仲裁庭应当制作调解书。调解书应当写明仲裁请求和当事人达成和解协议的结果。调解书由仲裁员签名，加盖劳动争议仲裁委员会印章，送达双方当事人。调解书经双方当事人签收后发生法律效力。调解不成或者调解书送达前一方当事人反悔的，仲裁庭应当及时做出裁决。仲裁庭做出裁决后，应当制作裁决书，送达双方当事人。

仲裁庭裁决劳动争议案件，应当自劳动争议仲裁委员会受理仲裁申请之日起 45 日内结束。案情复杂需要延期的，经劳动争议仲裁委员会主任批准，可以延期并书面通知当事人，但是延长期限不得超过 15 日。逾期未做出仲裁裁决的，当事人可以就该劳动争议事项向人民法院提起诉讼。现行法律大大缩短了仲裁审理期限，明确了仲裁委员会消极不作为时的司法救济。无论是对劳动者还是用人单位而言，及时快捷解决劳动争议，防止劳动争议久拖不决都具有重要意义。

部分争议实行一裁终局制度。因追索劳动报酬、工伤医疗费、经济补偿或者赔偿金，不超过当地月最低工资标准 12 个月金额的劳动争议，以及因执行国家劳动标准在工作时间、休息休假、社会保险等方面发生争议的仲裁裁决为终局裁决，裁决书自做出之日起发生法律效力。当事人不得就同一纠纷再向劳动争议仲裁委员会申请仲裁或向人民法院提起诉讼。

劳动者对一裁终局裁决不服的，可以自收到仲裁裁决书之日起 15 日内向法院提起诉讼，也可以选择不诉讼。期满劳动者不起诉的，视为放弃诉权，裁决书对劳动者发生法律效力。用人单位对一裁终局案件的裁决享有申请撤销权，用人单位有证据证明一裁终局案件的仲裁裁决有下列情形之一，可以自收到仲裁裁决书之日起 30 日内向劳动争议仲裁委员会所在地的中级人民法院申请撤销裁决：①适用法律、法规确有错误的；②劳动争议仲裁委员会无管辖权的；③违反法定程序的；④裁决所根据的证据是伪造的；⑤对方当事人隐瞒了足以影响公正裁决的证据的；⑥仲裁员在仲裁该案时有索贿受贿、徇私舞弊、枉法裁决行为的。

另外，法律还设计了先行裁决制度。《劳动争议调解仲裁法》第四十三条规定："仲裁庭裁决劳动争议案件时，其中一部分事实已经清楚，可以就该部分先行裁决。"先行裁决，是指劳动争议仲裁庭在仲裁过程中可以对部分事实已经清楚的案件先行做出仲裁裁决，其他未裁决部分待相关事实进一步查明后，通过后续裁决来解决。对涉及劳动者基本生活、部分事实清楚的仲裁请求先行做出裁决，可以缓解劳动者燃眉之急，有利于及时保护劳动者的合法权益。先行裁决与终局裁决具有一样法律约束力。仲裁庭在以后的终局裁决中，不得对先行裁决的结果进行变更，也不得对部分先行裁决的事项再进行裁决。

3. 执行

劳动争议当事人在收到仲裁裁决书之日起 15 日内不向法院提起诉讼，裁决书发生效力；仲裁调解书一经送达当事人，即产生法律效力。生效的仲裁裁决书与调解书同人民法院的裁判具有同等法律效力。当事人不履行或者不完全履行仲裁裁决书或调解书，另一方当事人可以向人民法院申请强制执行。

《劳动争议调解仲裁法》第四十四条规定："仲裁庭对追索劳动报酬、工伤医疗费、经济补偿或者赔偿金的案件，根据当事人的申请，可以裁决先予执行，移送人民法院执行。"仲裁庭裁决先予执行的，应当符合下列条件：①当事人之间权利义务关系明确；②不先予执行将严重影响申请人的生活。劳动者申请先予执行的，可以不提供担保。规定部分劳动争议案件可以裁决先予执行，目的是解决生活困难的劳动者的生产和生活之需，及时保障劳动者的合法权益。先予执行只限于特定劳动争议案件，需要当事人提出申请，仲裁庭才能做出先予执行的裁决，且最终要移送人民法院执行。

劳动争议仲裁制度是处理劳动争议的核心制度，是劳动争议处理的中间环节。在我国处理劳动争议体制中，仲裁是劳动争议诉讼的法定前置程序。也就是说，劳动争议诉讼前必须经过仲裁程序，而且仲裁是不收费的。

（四）劳动争议诉讼

劳动争议诉讼是指当事人不服劳动争议仲裁委员会的裁决，在规定的期限内向人民法院起诉，人民法院依照民事诉讼程序，依法对劳动争议案件进行审理的活动。此外，劳动争议的诉讼还包括当事人一方不履行仲裁委员会已发生法律效力的裁决书或调解书，另一方当事人申请人民法院强制执行的活动。劳动争议诉讼是处理劳动争议的最终程序。

劳动争议当事人对仲裁裁决不服的，可以自收到仲裁裁决书之日起 15 日内向人民法院提起诉讼。期满不起诉的，裁决书发生法律效力，一方当事人可以依照民事诉讼法的有关规定向人民法院申请执行。

人民法院受理的劳动争议案件范围符合《劳动争议调解仲裁法》及《最高人民法院关于审理劳动争议案件适用法律若干问题的解释》关于劳动争议的界定。

劳动争议案件一般由处理该案的劳动争议仲裁委员会所在地的人民法院管辖。劳动争议当事人不服仲裁裁决的，只能向仲裁委员会所在地的人民法院提起诉讼，其他法院无权管辖。但如果有涉外因素或是难度大、影响范围广的案件，也可由中级人民法院或高级人民法院作为第一审法院进行审理，而不是由做出仲裁裁决的仲裁委员会同级的基层人民法院管辖。当事人双方就同一仲裁裁决分别向有管辖权的人民法院起诉的，后受理的人民法院应当将案件移送给先受理的人民法院。

案例分析

工作经历造假劳动合同无效

某健康公司招聘招标采购合约部经理的职位，要求为“应聘者在中型房地产企业主导过招标、投标工作 5 年以上”。彭某应聘该职位填写的《职位申请表》工作经历一栏记载，其在某地产公司有上述工作经历，并签名承诺该表所填资料均属实，如有虚假或隐瞒，愿接受立即开除处分。

2019 年 3 月，彭某入职某健康公司担任招标采购合约部经理。2020 年 7 月，某健康公司以彭某工作能力、态度不好，工作出错、经多次教育未改进为由解除劳动合同。彭某遂要求支付违法约定试用期赔偿金、未休年休假工资以及违法解除劳动合同赔偿金。

经法院查明，彭某在其《职位申请表》中填写的某地产公司及下属公司无任职记录。

法院生效判决认为，彭某在应聘某健康公司时存在工作经历造假行为，构成欺诈，某健康公司与彭某签订的劳动合同无效。

根据法律规定，劳动合同被确认无效，劳动者已付出劳动的，用人单位应当向劳动者支付劳动报酬。

因劳动合同无效属于自始无效，即从劳动合同签订之时起就没有法律效力，故彭某基于劳动关系而诉求的超过法定试用期的赔偿金、未休年休假工资、违法解除劳动合同赔偿金均丧失合同基础，且上述项目均不属于劳动报酬，故判决驳回彭某全部诉讼请求。

（资料来源：http://www.zhcourt.gov.cn/article/detail/2022/08/id/6890949.shtml）

【案例分析】劳动者与用人单位订立劳动合同，应当遵循诚实信用原则。这不仅是劳动合同法的明确规定，也是社会主义核心价值观的要求。劳动者的工作经历对用人单位决定是否录用劳动者起到重要参考作用，劳动者应当如实告知。如果劳动者未如实告知用人单位真实履历，对用人单位造成误导，应当认定构成欺诈，劳动合同也应被认定为无效，并且基于合法劳动关系而产生的相应利益，劳动者也无法享有。

劳务派遣公司与用工单位拖欠劳动报酬，劳动者申请仲裁终获支持

2020 年 12 月 17 日，某集团公司（用人单位）与周某签订书面劳动合同及劳务派遣书，约定将周某派遣至某房地产公司（用工单位）从事策划专员岗位。后来，周某与该用人单位、用工单位发生争议，并于 2021 年 10 月离职。周某于 2021 年 9 月 15 日以用人单位违法解除劳动关系、拖欠劳动报酬为由向瑞安市劳动人事争议仲裁委员会提出劳动仲裁申请。在审理过程中，用工单位某房地产公司被追加为共同当事人，劳动者周某明确请求裁决用人单位与用工单位共同支付项目提成 7 555.89 元。瑞安市劳动人事争议仲裁委员会经开庭审理，查明案件事实，做出仲裁裁决，支持了劳动者周某关于用人单位、用工单位支付劳动报酬的部分仲裁请求。后用工单位某房地产公司不服，向温州市中级人民法院申请撤销，温州市中级人民法院裁定驳回用工单位的撤销申请。最终周某已依据本案生效裁决申请强制执行并最终拿到了应得的劳动报酬。

（资料来源：http://rlsbt.zj.gov.cn/art/2022/7/4/art_1450623_58930003.html）

【案例分析】相较于以通常形式用工的劳动者，劳务派遣劳动者在劳动合同签订、实际用工地点和岗位等具体外在形式方面是有所不同的。因此，在劳务派遣用工实践中，被派遣劳动者有时会遇到用人单位与用工单位互相推诿、扯皮，合法权益受到侵害的情形，容易遇到维权难度加大的问题。另外，如存在用工单位给被派遣劳动者造成损害的，用人单位与用工单位依法应承担连带赔偿责任。被派遣劳动者应注意与用人单位签订书面劳动合同，明确双方权利义务关系以及薪资待遇、派遣注意事项等。同时，被派遣劳动者也要注意以书面的形式明确用工单位给予相应福利待遇的承诺，保障自身合法权益。劳务派遣单位与用工单位应当加强劳务派遣用工规范，这样既能保障企业的自主经营权等合法权益，也有利于促进劳动关系的和谐稳定。

声音 · 言论

没有无义务的权利，也没有无权利的义务。

——（德国）马克思

“天下之事，不难于立法，而难于法之必行。”如果有了法律而不实施、束之高阁，或者实施不力、做表面文章，那制定再多法律也无济于事。

——习近平

健全劳动法律法规，完善劳动关系协商协调机制，完善劳动者权益保障制度，加强灵活就业和新就业形态劳动者权益保障。

——习近平

思考题

1. 劳动基准法包括哪些内容？
2. 用人单位解除劳动合同的法定条件是什么？
3. 处理劳动争议的方法有哪些？

知识链接

聂美兰诉北京林氏兄弟文化有限公司确认劳动关系案

裁判要点

（1）劳动关系适格主体以“合作经营”等为名订立协议，但协议约定的双方权利义务内容、实际履行情况等符合劳动关系认定标准，劳动者主张与用人单位存在劳动关系的，人民法院应予支持。

（2）用人单位与劳动者签订的书面协议中包含工作内容、劳动报酬、劳动合同期限等符合劳动合同法第十七条规定的劳动合同条款，劳动者以用人单位未订立书面劳动合同为由要求支付第二倍工资的，人民法院不予支持。

相关法条

《劳动合同法》第十条、第十七条、第八十二条。

基本案情

2016 年 4 月 8 日，聂美兰与北京林氏兄弟文化有限公司（以下简称“林氏兄弟公司”）签订了《合作设立茶叶经营项目的协议》，内容如下：

第一条：双方约定，甲方出资进行茶叶项目投资，聘任乙方为茶叶经营项目经理，乙方负责公司的管理与经营。

第二条：待项目启动后，双方将共同设立公司，乙方可享有管理股份。

第三条：利益分配：在公司设立之前，乙方按基本工资 + 业绩的方式取酬。公司设立之后，按双方的持股比例进行分配。乙方负责管理和经营，取酬方式：基本工资 + 业绩、奖励 + 股份分红。

第四条：双方在运营过程中，未尽事宜由双方友好协商解决。

第五条：本合同正本一式 2 份，公司股东各执 1 份。

协议签订后，聂美兰参与了该项目的工作，工作内容为“中国书画”艺术茶社的经营管理，主要负责接待、茶叶销售等工作。林氏兄弟公司的法定代表人林德汤按照每月基本工资 10 000 元的标准，每月 15 日通过银行转账向聂美兰发放上一自然月工资。聂美兰请假需经林德汤批准，且实际出勤天数影响工资的实发数额。2017 年 5 月 6 日，林氏兄弟公司通知聂美兰终止合作协议。聂美兰实际工作至 2017 年 5 月 8 日。

聂美兰申请劳动仲裁，认为双方系劳动关系并要求林氏兄弟公司支付未签订书面劳动合同两倍工资差额，林氏兄弟公司则主张双方系合作关系。北京市海淀区劳动人事争议仲裁委员会做出裁决：驳回聂美兰的全部仲裁请求。聂美兰不服仲裁裁决，于法定期限内向北京市海淀区人民法院提起诉讼。

裁判结果

北京市海淀区人民法院于 2018 年 4 月 17 日做出民事判决：①确认林氏兄弟公司与聂美兰于 2016 年 4 月 8 日至 2017 年 5 月 8 日期间存在劳动关系；②林氏兄弟公司于判决生效后 7 日内支付聂美兰 2017 年 3 月 1 日至 2017 年 5 月 8 日期间工资 22 758.62 元；③林氏兄弟公司于判决生效后 7 日内支付聂美兰 2016 年 5 月 8 日至 2017 年 4 月 7 日期间未签订劳动合同两倍工资差额 103 144.9 元；④林氏兄弟公司于判决生效后 7 日内支付聂美兰违法解除劳动关系赔偿金 27 711.51 元；⑤驳回聂美兰的其他诉讼请求。

林氏兄弟公司不服一审判决，提出上诉。北京市第一中级人民法院于 2018 年 9 月 26 日做出民事判决：①维持北京市海淀区人民法院民事判决的第一项、第二项、第四项；②撤销北京市海淀区人民法院民事判决的第三项、第五项；③驳回聂美兰的其他诉讼请求。林氏兄弟公司不服二审判决，向北京市高级人民法院申请再审。北京市高级人民法院于 2019 年 4 月 30 日做出民事裁定：驳回林氏兄弟公司的再审申请。

裁判理由

法院生效裁判认为：申请人林氏兄弟公司与被申请人聂美兰签订的《合作设立茶叶经营项目的协议》系自愿签订的，不违反强制性法律法规规定，属有效合同。对于合同性质的认定，应当根据合同内容所涉及的法律关系，即合同双方所设立的权利义务来进行认定。双方签订的协议第一条明确约定聘任聂美兰为茶叶经营项目经理，“聘任”一词一般表明当事人有雇佣劳动者为其提供劳动之意；协议第三条约定了聂美兰的取酬方式，无论在双方设定的目标公司成立之前还是之后，聂美兰均可获得“基本工资”“业绩”等报酬，与合作经营中的收益分配明显不符。合作经营合同的典型特征是共同出资，共担风险，本案合同中既未约定聂美兰出资比例，也未约定共担风险，与合作经营合同不符。从本案相关证据上看，聂美兰接受林氏兄弟公司的管理，按月汇报员工的考勤、款项分配、开支、销售、工作计划、备用金的申请等情况，且所发工资与出勤天数密切相关。双方在履行合同过程中形成的关系，符合劳动合同中人格从属性和经济从属性的双重特征。故原判认定申请人与被申请人之间存在劳动关系并无不当。双方签订的合作协议还可视为书面劳动合同，虽缺少一些必备条款，但并不影响已约定的条款及效力，仍可起到固定双方劳动关系、权利义务的作用，二审法院据此依法改判是正确的。林氏兄弟公司于 2017 年 5 月 6 日向聂美兰出具了《终止合作协议通知》，告知聂美兰终止双方的合作，具有解除双方之间劳动关系的意思表示。根据《最高人民法院关于民事诉讼证据的若干规定》第六条规定，在劳动争议纠纷案件中，因用人单位做出的开除、除名、辞退、解除劳动合同等决定而发生的劳动争议，由用人单位负举证责任，林氏兄弟公司未能提供解除劳动关系原因的相关证据，应当承担不利后果。二审法院根据本案具体情况和相关证据所做的判决，并无不当。

（资料来源：http://finance.sina.com.cn/jjxw/2022-07-06/doc-imizmscv0325403.shtml）

专题六
学知躬行　提高职业劳动能力

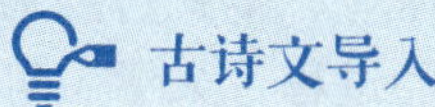

古诗文导入

诗经·豳风·七月

七月流火，九月授衣。一之日觱发，二之日栗烈。无衣无褐，何以卒岁？三之日于耜，四之日举趾。同我妇子，馌彼南亩，田畯至喜。

七月流火，九月授衣。春日载阳，有鸣仓庚。女执懿筐，遵彼微行，爰求柔桑。春日迟迟，采蘩祁祁。女心伤悲，殆及公子同归。

七月流火，八月萑苇。蚕月条桑，取彼斧斨，以伐远扬，猗彼女桑。七月鸣鵙，八月载绩。载玄载黄，我朱孔阳，为公子裳。

四月秀葽，五月鸣蜩。八月其获，十月陨萚。一之日于貉，取彼狐狸，为公子裘。二之日其同，载缵武功，言私其豵，献豜于公。

五月斯螽动股，六月莎鸡振羽，七月在野，八月在宇，九月在户，十月蟋蟀入我床下。穹窒熏鼠，塞向墐户。嗟我妇子，曰为改岁，入此室处。

六月食郁及薁，七月亨葵及菽，八月剥枣，十月获稻，为此春酒，以介眉寿。七月食瓜，八月断壶，九月叔苴，采荼薪樗，食我农夫。

九月筑场圃，十月纳禾稼。黍稷重穋，禾麻菽麦。嗟我农夫，我稼既同，上入执宫功。昼尔于茅，宵尔索綯。亟其乘屋，其始播百谷。

二之日凿冰冲冲，三之日纳于凌阴。四之日其蚤，献羔祭韭。九月肃霜，十月涤场。朋酒斯飨，曰杀羔羊。跻彼公堂，称彼兕觥，万寿无疆。

【解读】《豳风·七月》是《诗经·国风》中最长的一首诗。诗中使用的是周历，以夏历（今农历，也称阴历）的11月为正月，7月、8月、9月、10月以及4月、5月、6月，皆与夏历相同。“一之日”“二之日”“三之日”“四之日”，即夏历的11月、12月、1月、2月。该诗按照季节的先后和农事活动的顺序，从年初写到年终。全诗共八段，第一段从岁寒写到春耕开始；第二段写妇女蚕桑；第三段写布帛衣料的制作；第四段写猎取野兽；第五段写一年将尽，为自己收拾屋子过冬；第六段写为公家采藏果蔬和造酒，为自己采藏的则是瓜瓠、麻子、苦菜之类的食物；第七段写收成完毕后为公家做修葺房屋的工作，然后再修理自家茅屋；第八段写凿冰的劳动和一年一次的年终燕饮。全诗反映了一年四季多层次、有计划的劳动生活，涉及衣食住行全方面。该诗对每一种劳动都有充分认知，对一年四季的劳动安排条理分明、有序不紊。该诗对大学生系统深入地认识职业劳动，积极有序地开展职业生涯规划具有借鉴意义。

职业是在人类长期生产活动中，伴随生产力发展和社会劳动分工的出现而逐步产生发展起来的。职业的产生和发展是社会生产力进步的结果，反过来又促进了生产力的提高。一个国家的经济结构、产业结构、生产力总体水平的状况决定了社会职业的构成；职业构成的变化也客观反映着经济、产业、生产力的水平。大学生了解职业劳动的过程也是逐步了解社会、自我成长的过程。大学生可以从增强劳动意识、端正劳动态度、掌握劳动知识 3 个方面正确认知职业劳动；结合专业学习考取相应的职业资格证书，认真对待实训、实习，提高职业劳动能力；在客观评价自我的基础上，积极进行职业生涯规划，找准人生的发展方向。

第一节　职业劳动认知

劳动认知指的是对劳动的系统性认识和感知，是对劳动行为准则及其执行意义的认识。从时代发展来看，劳动认知在每个时代都会受到当下生产力的影响。从古到今，劳动认知经历了很大的变化，从把劳动的意义局限于谋生的工具到充分重视劳动对于人的发展的重要意义。随着新时代社会矛盾的变化，劳动者一方面要生产满足自身需要的物质和精神产品；另一方面要为社会服务，通过劳动推动社会发展。从个体层面来看，劳动认知具有非常明显的个体性差异。在对劳动认知的具体理解上，以马克思主义劳动观作为指导，以中华民族上下五千年优秀传统文化中的辛勤劳动作为借鉴，通过增强劳动意识、端正劳动态度、掌握劳动知识 3 个方面构建正确的职业劳动认知。

一、增强劳动意识

（一）劳动意识的内涵

辩证唯物主义认为，意识既是物质世界发展的产物，也是人脑对客观世界的反映。作为意识的特殊形态，劳动意识是反映客观物质世界中“人类劳动活动”的过程。它是劳动观点、观念以及心理的合称，指的是劳动者在和劳动对象相互作用的过程中产生的主观意识。《中国学生发展核心素养》指出，劳动意识的基本要点是“尊重劳动，具有积极的劳动态度和良好的劳动习惯；具有动手操作能力，掌握一定的劳动技能；在主动参加的家务劳动、生产劳动、公益活动和社会实践中，具有改进和创新劳动方式，提高劳动效率的意识；具有通过诚实合法劳动创造生活、成就人生的意识和行动等”。[①]从本质上看，劳动意识是外部对象之间进行物质、能量、信息的变换，以满足人们的自身需要和社会需要的过程。

劳动意识包括劳动观念、劳动心态、劳动目的 3 个方面的内容。

1. 劳动观念

劳动观念是指在劳动实践中逐步形成对劳动、劳动者、劳动成果等的正确认知，从而形成积极的劳动态度和情感。一方面要丰富实践体验，突出知行合一；另一方面要深化劳动情感，树牢劳动观念，才能逐步培养大学生形成热爱劳动者，珍惜分享劳动成果的认识、态度和情感。

2. 劳动心态

劳动者不是机械的简单生产和再制造，劳动心态包括在劳动的实践过程中形成的心理活动。大学生通过亲身参与、体验，动手实践、出力流汗，真切体验劳动的艰辛和快乐，体验劳动的情趣，享受劳动的幸福，让劳动教育内化于心、外化于行。

3. 劳动目的

人和其他动物的劳动所存在的最大区别就是，人的劳动是有意识、有目的的活动，在开展劳动之前，其劳动的目的就已经存在了，而动物仅凭本能活动。

（二）树立正确劳动意识的意义

“青年兴则国家兴，青年强则国家强。”大学时期，是大学生世界观、人生观、价值观形成确立的关键时刻。树立正确的劳动意识有利于广大青年学生更加深刻地理解劳动的本质、价值和方式，认清劳动与社会发展的关系，以科学理性的态度对待劳动、劳动者、劳动方式，从而更好地立足实践，认识世界，探索真理，不断完善自己。

1. 有利于学生更加深刻理解劳动的价值

在中国特色社会主义制度下，大学生树立正确的劳动价值意识，不仅可以通过劳动实现个人的自由与发展，也有利于更好地促进整个社会的物质文明和精神文明的进步，进而实现中华民族的伟大复兴。

2. 有利于学生更好认清劳动与社会发展的关系

随着科技革命带来的新发展，劳动的方式也在发生新的变化，但是社会主义的内核不能丢，中国共产党的优良传统不能变。培养大学生身体力行、踏实奋进的劳动品质，以崭新的劳动精神面貌、劳动价值取向和劳动技能水平向新时代献礼。

---

① 林崇德. 构建中国化的学生发展核心素养[J]. 北京师范大学学报（社会科学版），2017（01）：66-73.

（三）增强劳动意识的方法

劳动意识在学生劳动素养中具有十分重要的作用。它是正确劳动观念、基本劳动技能、良好劳动习惯和品质得以形成的基本前提。可以说，没有劳动意识的存在，个体劳动素养的培养将会陷入“无源之水、无本之木”的境地。因此，学生劳动素养的形成，重在劳动意识的培育。马克思说：“不是人们的意识决定人们的存在，相反，是人们的社会存在决定人们的意识。”如果仅仅讲劳动意识简单归结为个体的个体品性的做法，显然是对这一问题的简单化、表面化处理。因此，要想培养和增强学生的劳动意识，必须从客观条件和主观条件两方面进行理解。

从客观条件上看，马克思强调，人的本质“在其现实性上”是一切关系的总和，人生活在世界上和各式各样的人打交道，中间离不开劳动的支撑。在家里面，家人往往“以爱之名”剥夺学生接触外界劳动的可能，试图通过说教树立学生的劳动意识；在学校，很多教师重视理论教育而忽视了学生的劳动实践，造成劳动意识教育与现实之间出现藩篱。因此，要想增强大学生的劳动意识，必须着眼于新时代发展的特点，结合大学生思想观念的实际情况，依托大学的教育资源，与社会密切合作，引领大学生努力劳动、艰苦奋斗，深刻理解“空谈误国、实干兴邦”的道理，树立通过劳动中的知行合一实现真正幸福的人生观。这不仅决定了大学生以后的成长道路和成才方向，也决定着大学生将来对社会的奉献程度。只有通过劳动教育和劳动实践培养正确的劳动幸福观与劳动择业观，大学生才能形成优秀的人格、品质、意志，形成坚定的符合社会主义核心价值观的思想和精神面貌。

从主观条件上看，为大学生提供劳动实践的场所，将真实的劳动实践展现在学生面前，不意味着学生一定能够形成自己的劳动意识。如果个体不愿意主动接受，客观的环境就如同虚设，因此，要刺激学生对劳动的内在需求，让学生认识到劳动与自身成长发展之间的重要关系，帮助学生感悟劳动的价值和劳动的乐趣。正如马克思所说：“我的劳动是自由的生命表现，因此是生活的乐趣。”要想主观上刺激学生内在需求，仅仅宣扬劳动光荣意义是不够的，要让学生在劳动中有获得感和幸福感，从而增强学生的劳动意识。

二、端正劳动态度

中华民族是一个善于劳动、热爱劳动的民族。中华上下五千年，正是劳动创造了如今的辉煌，正是劳动才有了今天的成就。劳动作为人的本质活动，能够磨炼人的精神和意志。劳动辛苦是难免的，甚至对很多人来说劳动是艰难的，但是我们付出劳动后不仅增强了获得感，也升华了灵魂。

劳动态度是伴随着劳动的整个过程的。如果自己的劳动得到了他人的认可，就很有可能爱上劳动，体会到劳动本身以及劳动之外的成功与喜悦；反之，可能会影响劳动的积极性。因此，劳动态度分为积极和消极两种类型。积极的劳动态度指能正确对待自己的劳动权利和义务，对劳动持有稳定积极的心理倾向；消极的劳动态度则刚好相反。热爱劳动不仅仅是需要付出汗水、体力和智力，去实现人的“幸福”目标，更重要的是通过劳动将真善美、知与行统一起来，实现高尚的道德品质。大学生要树立正确的劳动态度，要尊重每一位劳动者。劳动是可敬的，要以劳动为荣，与一切轻视劳动、歧视劳动者的观念和行为决裂，更要坚决反对好逸恶劳、不劳而获的思想行为。

三、掌握劳动知识和技能

劳动知识是对前人在劳动实践中认识客观世界、推动社会生产、发展自身经验的理论性总结与传承，它是随着劳动的深入逐步形成的。这种知识既包括实践性知识，也包括概念性的知识。就拿做饭来比喻，当我们反复尝试把握做饭过程中的火候、咸淡，最终做出一份美味佳肴时，代表我们已经掌握实践性知识了，而掌握实践知识后如何将实践性知识进行总结概括，形成概念性和理论性的知识，就需要通过大量的尝试开展研究，搜集精确的证据。做其他的事情也亦然，因此，劳动首先要形成系统的劳动技能，在此基础上，再琢磨劳动的原理和其中涉及的概念，并形成劳动知识。

（一）掌握职业相关的专业理论知识

大学生进入职场，要想胜任工作岗位的要求，没有职业相关的专业理论知识支撑是很困难的。每一个职业都有相关的专业理论知识，专业理论知识就是考察应聘者对于所要报考岗位的专业技能知识的掌握程度。例如，要成为一名优秀的钳工，就需要精通大量基础知识，包括钻孔、扩孔、铰孔、攻丝、锯割、挫削等；要从事教育类，就需要掌握教育理论知识以及相应的学科专业知识；要进入医疗卫生类的事业单位，就需要学习相应的医学方面的知识。只有经过反复的练习、不断的复习，掌握扎实的专业理论知识，才能为未来的职业做好储备。

（二）积极参加职业技能培训

随着时代的发展，社会劳动分工越来越精细，社会对劳动者的要求也在不断提高。加上大量人才涌入就业市场，在掌握基础知识的条件下，要想让自身更有职业竞争力，就离不开职业技能的培训。职业技能培训是出于提高大学生劳动素质的需要。无论是新生劳动力初次就业，还是下岗失业人员再次就业，都可以通过获得工作技能，提高就业能力，尽快找到工作，缩短失业期。对于大学生来说，认真学习职业劳动技能不仅可以提高适应岗位变化的能力，激发创新能力，增强就业的稳定性，还可以提高创业能力，提高自主创业的成功率，形成以培训促进创业、以创业带动就业的良性机制。

（三）获取各种职业资格证书

获取相关职业资格证书是最能直观证明劳动者职业能力水平的凭证之一。它不仅有利于劳动者提高薪酬，还能够提高劳动者在相关行业的劳动地位。在单位招聘过程中，职业资格证书为招聘单位录用人才提供了有力的依据。对大学生来说，职业资格证书是职业生涯的入场券。常见的职业资格证书如表 6-1 所示。

表 6-1　常见的职业资格证书

证书类别	证书名称
财务类证书	注册会计师（CPA）证书
	特许金融分析师（CFA）证书
	特许公认会计师（ACCA）证书
建筑类证书	一级、二级建造师执业资格证书
	造价工程师执业资格证书
	监理工程师执业资格证书
	注册土木工程师执业资格证书
	注册电气工程师执业资格证书
	一级、二级注册建筑师执业资格证书
其他专业性职业资格证书	教师资格证书
	人力资源管理师证书
	法律职业资格证书
	心理咨询师职业资格证书
	银行业专业人员职业资格证书
	执业药师资格证书
	执业医师资格证书

第二节　职业劳动能力提升

近年来，“00 后”新生代劳动力渐渐成长为劳动力市场的主力军。随着高校的逐年扩招，高校毕业生数量逐年增多，就业压力越来越大。加之目前教化体系中对人才岗位胜任实力、基本职业实力、职业素养的培育，与市场对人才基本技能和实力的需求的脱节，高校毕业生的职业技能和职业素养与用人单位的岗位标准存在较大差距，高校就业压力渐渐加剧，高校生的就业问题渐渐突出。如何采取有效措施推动劳动者职业技能的进一步提升，是当下我们需要深入思考的一个课题。

一、培养基本职业劳动能力

（一）学会自我管理

古希腊哲学家泰勒斯曾说：“做什么事情最容易，向别人提意见最容易；做什么事情最难，管理好自己最难。”我们会发现，有伟大成就的人向来善于自我管理。今天，即使是资质平庸的人，只有学会自我管理，才能不断提升自我。学会自我管理是通向成功的一把钥匙，即知道自己应该做什么、怎么做，知道如何采取高效的行动。

自我管理能力是指人们能够控制自己的思想、感觉和行动的技能。大学生在进入大学后，面临的环境发生了变化，除了学习专业课知识以外，其他可自由支配的时间逐渐增多，要想利用好空闲时间提高自我的职业劳动能力，就需要大学生进行自我管理。有效的自我管理有利于大学生对自己有清晰的认知和合理的定位，实现个体的个性化发展。自我意识形成以后，就能进一步发挥主观能动性，明确未来的发展方向和发展目标，积极主动投入到学习和相关活动之中，锻炼自我，提高自身综合素质，实现全面发展。

（二）学会情绪管理

美国潜能开发大师安东尼·罗宾斯曾说，成功的秘诀在于懂得如何控制痛苦与快乐这股力量，而不是被这股力量控制。学会控制自己的情绪是一个人心理成熟的标志之一，也会直接影响人生发展时对机遇的把控和人际关系的和谐。大学生能否妥善处理自己的情绪，关系到其是否拥有高尚的人格、良好的人际关系和乐观的人生态度，甚至影响到他们能否优质顺利地完成学业。

心理承受力也像肌肉一样需要锻炼，大学生在学习和生活中会遇到一些力不能及的事，这很正常，心理波动大也很正常，但不能遭受打击后就逃避。一方面，大学生要学会体察自己的情绪，这是管理情绪的基础，若不能正确觉察自己的情绪状态，情绪管理便无从谈起；另一方面，则要学会调整自己的情绪，这是情绪管理的最终目标。要鼓励自己、安慰自己，情绪平静之后，通过分解问题找到提高能力的方法，从而提升自己的心理耐受度。

（三）学会时间管理

彼得·德鲁克曾说：“时间是最稀有的资源，除非能有效地管理它，否则其他的资源就更无法管理。”脱离时间管理，一切则都是空谈。高校大学生仅仅依靠课堂获取的知识远远满足不了自身的发展，学会管理课余时间是大学生实现自身全面发展的关键。大学生只有加强自我时间管理，结合职业发展制订科学计划，才能真正实现德智体美劳全面发展。

进行科学的时间管理，从内因上来看，需要学生自身树立时间意识，做好时间目标管理、效率管理，提高自身的执行力，时常内省“是否对科学管理课余时间的认识不够”“是否没有根据自身情况制订科学管理课余时间的策略”；从外因上看，需要学校以及各个职能部门协调起来，一方面避免不合理的安排过度消耗学生的空闲时间，另一方面避免过度放任导致学生过于散漫，以学生成长需求为本，积极开展学生与学生、学生与老师间的各种交流，积极组织集体活动，积极将个人发展与课余活动相结合，努力使课余活动更具质量，缔造健康积极的学生个体关系。

（四）学会语言表达

随着时代的发展，语言不断被赋予新的内涵。个体作为社会中的人，对社会的依赖越来越深，在参与社会活动的过程中，语言不仅仅是一种资源，更是最方便、最快捷地表达思想的工具。良好的语言表达能力不仅有利于学生更好地进行人际交往，也是学生内在素养的一种体现，有利于学生更好地实现自我价值和社会价值，为大学生未来的创业创造良好的条件。

面对激烈的市场竞争环境，想要脱颖而出，不仅仅需要有新颖的想法，还要有较强的语言表达能力，用行为说服别人。从学生的角度来说，需要阅读大量文章，积累一定的知识，通过词汇的积累提高思维和语言表达能力；从学校和教师的角度来说，需要把培养学生的语言表达能力当作人才素质的规格要求与重要标准，整体、系统地设计培养人才方案，改革教学模式，创新课堂组织形式，优化、完善教学环节，激发学生语言表达的欲望。

（五）学会权益保护

随着高校毕业生的日益增多，学生就业形式的日益严峻，越来越多大学生在空闲时间工作或实习，以提升自身的竞争力。但是，由于大学生缺乏社会经验和相关法律知识，缺少维权意识，经常面临被随意辞退、克扣工资、强行延长工作时间等情况，如何维护自我权益便成为大学生职业劳动能力提升的基本条件之一。

基于此，保护大学生就业权益、加强大学生就业权益的法律保护至关重要。从外部制约上看，政府、高校、社会等各方主体可以构建有效联动的大学生就业权益保障机制。在相关法律法规的支持下，政府部门应联合高校一同建立一套科学的、有针对性的、与现阶段实际情况相符的规范性文件及相关服务管理机制，致力于营造更为和谐的就业环境。例如，设置面对大学生就业的咨询服务窗口等。

从内部提升上看，为学生提供维权武器的最佳途径是将与劳动风险相关的法律课程（如《劳动法》《劳动合同法》等）纳入课程设置，使大学生掌握基本的法律常识，清楚劳动合同的必备条款、试用期的约定条件、劳动争议的调解处理方式等内容，从而提高大学生的法律意识和自我保护意识。例如，在就业初期，大学生应注重与企业签订相关的就业协议、劳动合同等，提高自身的保护意识。

二、拓展职业劳动能力

（一）提升职业沟通能力

沟通是指为了一个设定的目标，把信息、思想和情感在个人或群体间传递，并且达成共同协议的过程。沟通在我们生活中无处不在。管理上有个著名的 50%理论，即管理者 50%以上的时间用在沟通上，如开会、谈判、指示、评估等。而工作中 50%以上的障碍都是在沟通中产生的。是否能有效沟通，影响着大学生生活质量的高低和工作成效的好坏。懂得有效沟通的人可以准确清晰表达观点，乐于被对方接受，往往容易出色完成工作；反之，不懂得有效沟通的人表达意图时要么欠准确，要么不动听，使对方不易听懂，甚至者产生不悦和抵触情绪，最终不能圆满完成工作。

人际沟通能力是指个人与他人有效进行信息沟通和交流的能力，是个人综合素质的重要体现之一。它直接反映了一个人的知识、能力和品德。大学生应当具有良好的职业技能和职业沟通能力，因为这是实现高素质技能型人才培养目标的具体表现之一。对于毕业后要从事专业性工作的大学生来说，在工作中需要与不同行业、不同阶层的人打交道，这就要求他们具备良好的沟通能力，以理性解决工作中遇到的各项难题。

（二）提升团队合作能力

大学生想要在职场上取得成功，离不开团队合作，团队合作是大学生在职业生涯期间生存、发展和完成目标的基础。当今社会是一个协作的社会，任何工作的开展都离不开人与人、组织与组织、人与组织的团结合作。缺乏团队合作，人就不能在社会中生存，更不会在职业生涯中有所发展和建树。

对初入职场的大学生来说，并不是穿同样制服的人就能形成团体。团体应该是一群“言必行，行必果”，面对困难能打胜仗的人，而这就需要团体中每个成员在做事情时都保持很强的执行力。在团队里，各个业务模块的负责人需要在业务上有很强的执行力，同时在意愿上有很强的主动性，这样才能在工作发展过程的各个环节中跑好自己的一程，并且顺利地把上级的理念和要求传达给下面的基层员工，从而带动整个团队向一个又一个目标冲刺。

（三）提升问题分析和解决能力

硅谷著名投资人本·霍洛维茨在他那本著名的《创业维艰》里曾这么聊他的生活："在我的创业生涯当中，只有三天顺境。"他干了那么多年，公司都已经做到上市了，但回想起来，只有三天是顺的，其他时间里，全是问题，一个接一个的问题。对于创业者来说，企业能做到多大、走得多远，很多时候拼的就是解决问题的能力。对于大学生也是如此，如何在职场中更好地生存下来，离不开问题分析和解决能力。

解决问题的第一步就是遇到问题时，你怎么看问题。看问题越深刻、越接近本质，解决起来才能越高效、越抓得到重点，用最少的资源，有的放矢，对症下药。第二步，分析问题背后的原因。问题背后的问题，才是真正要解决的问题。要采用辩证思维和系统思维，全面分析产生问题的原因，一一对应，最终找到解决问题的办法。

（四）提升创新劳动能力

在新时代背景下，中国经济发展目标由高速发展逐步转变为高质量发展，创新创业成为社会经济发展的主旋律。大学生作为高素质人才，只有具备创新劳动能力，才能在未来的发展中取得一定成就，从而实现其在社会经济发展中的价值。

创新劳动能力是高校工匠精神培育的核心动力。创新思维能力是一种人无我有、人有我精、人精我特的创造性劳动，其价值在于劳动者通过技术技能的创新实现社会财富创造，推动社会的发展与进步。大学生的创新思维和创新能力是高校创新教育的重要内容。新时代的大学生正处于思维最活跃、精力最充沛、最具有创造力的人生阶段，理应成为创新劳动的主力军。高校应该通过创新教育引导学生发现新问题、解决新情况，在实践过程中养成苦干、实干、敢于创造、勇于革新的创新热情；保护大学生的创新意识、批判精神，引导大学生敢于打破常规、敢于挑战权威，从理论上突破在实践中摸索，让大学生在实现各自青春梦想的过程中锻造工匠精神。

（五）提升自主学习能力

所谓自主学习，就是知道怎样快速和准确地找到他所需要的东西。自主学习能力是综合素质中最根本也是最重要的。不自主学习，就不能汲取足够多的知识，就不会有深厚的知识积淀。对大多数大学生来说，培养自主学习能力是非常重要的。

首先，必须要有自主学习的观念，要学会自主学习。大学生要转变长期以来形成的"等着喂""抱着走"的学习习惯和被动状态，明确自主学习不仅是在校大学生学习的主要方式，还是今后求职和获得事业成功的根本保证。其次，在阅读的基础上学会对信息进行记忆、储存、加工处理，把知识分解综合，从面到点，从点到面，用系统的方法层层构建，完成对知识点的整合。最后，要制订一个周密的计划，精确到每个小时，再通过不断地复习在大脑中形成牢固的记忆。

三、参与职业劳动实践

（一）认识职业劳动

随着生产劳动本身的复杂性加强，教育与社会的联系越来越广泛而深入。人们以往对生产劳动的界定和理解已不能全面而准确地反映时代的变化与要求。虽然社会生产依旧是人类社会实践的主要形式，但在日益发展的社会环境下，职业劳动的内涵更贴近时代和现实的需求，也更为丰富。广义的职业劳动是在社会分工的前提下，实现就业匹配的过程。狭义的职业劳动是通过学校教育中学生的实习、实践活动，将理论与实践相结合，在专业学习与社会职业的结合下，实现个体价值与国家利益的统一。

根据《中华人民共和国职业分类大典（2022 年版）》，我国社会职业包括大类 8 个、中类 79 个、小类 449 个、细类（职业）1 636 个。8 个大类如表 6-2 所示。

表 6-2　我国职业分类表（2022 年版）

大类	大类名称
第一大类	党的机关、国家机关、群众团体和社会组织、企事业单位负责人
第二大类	专业技术人员
第三大类	办事人员和有关人员
第四大类	社会生产服务和生活服务人员
第五大类	农、林、牧、渔业生产及辅助人员
第六大类	生产制造及有关人员
第七大类	军队人员
第八大类	不便分类的其他从业人员

《中华人民共和国职业分类大典（2022 年版）》的颁布，更好地适应了当前职业领域的新变化，更好地满足了优化人力资源开发管理、促进就业创业、推动国民经济结构调整和产业转型升级等需要。同时，它对开展职业教育和职业培训，完善企业劳动组织管理也具有十分重要的作用。

（二）开展职业劳动实习、实践

实践是认识的来源和认识发展的动力，也是劳动情感培育、劳动行为塑造的主要途径。教育的目的是培养能够适应社会发展的各级各类人才。大学生的劳动教育不应该仅仅局限于理论知识的传授，还要鼓励学生积极参与到实际活动之中。

通过理论的讲解以及实践活动的开展等，学生能够形成初步的职业理想，在直接体验中感受到劳动的真谛，从而形成对劳动与职业的初步认知，为今后的职业生涯奠定基础。

除了在学校课堂上、课本中汲取知识，课外实践也可以丰富学生的生活、开阔学生的视野、提升学生的认知。学生不仅可以充分利用寒、暑假时间进行调研，还可以走出国门参加访学项目，或者走向红色基地认真学习，或者走向基层积极宣讲，甚至可以利用学习之余去专业相关单位实习（如去对口公司实习、赴山区支教、临床实习等），以便将理论知识融于实践，不断探索，不断创新。

（三）参加职业劳动创新实践系列大赛

鼓励创新创造、自主创业，培养创新精神。发挥教师的引领作用，实施“导师制”“学徒制”“项目制”等教育形式，鼓励学生参与科学研究、专利研发、创新创业大赛、学科技能竞赛等，形成“产教学研”一体融合的高层次育人模式，培养有能力、有智慧、能发明、会创新的新时代劳动者。例如，参加各类科技创新大赛活动，以赛促学，以赛促练，在大赛中检验学习本领，加强团队协作能力。在此，我们将常见的创新实践系列大赛分为国家级赛事和省级赛事两种，如表 6-3、表 6-4 所示。

表 6-3 国家级学生竞赛赛事

类型	竞赛项目名称	主办单位
技能	全国职业院校技能大赛	教育部
	中国职业技能大赛	人力资源和社会保障部
	全国行业职业技能竞赛一类职业技能大赛	人力资源和社会保障部
	世界技能大赛全国选拔赛	人力资源和社会保障部
	全国大学生电子设计竞赛	教育部、工业和信息化部人教司
	全国大学生工程训练综合能力竞赛	教育部高等教育司
	全国大学生机械创新设计大赛	全国大学生机械创新设计大赛组委会
	全国大学生智能汽车竞赛	中国自动化学会
学科	全国大学生节能减排社会实践与科技竞赛	教育部高等教育司
	中华经典诵写讲大赛	教育部、国家语委
	全国大学生数学建模竞赛	中国工业与应用数学学会
	全国周培源大学生力学竞赛	中国力学学会
	外研社全国大学生(高职高专)英语系列赛——英语演讲、英语辩论、英语写作、英语阅读	外语教学与研究出版社、教育部高等学校大学外语教学指导委员会
	全国大学生物理实验竞赛	高等学校国家级实验教学示范中心联席会、全国高等学校实验物理教学研究会

（续表）

类型	竞赛项目名称	主办单位
学科	美国大学生数学建模竞赛（MCM/ICM）	美国数学及其应用联合会
	中国大学生运动会/锦标赛	教育部、国家体育总局、共青团中央/中国大学生体育协会
创新创业	中国“互联网＋”大学生创新创业大赛	教育部、共青团中央等
	“挑战杯”系列竞赛	共青团中央、中国科协、教育部
	全国大学生艺术展演活动	教育部
	全国大学生机器人大赛——RoboMaster、RoboCon、RoboTac 和机器人创业赛	共青团中央
	中国大学生服务外包创新创业大赛	教育部、商务部
	全国大学生创新创业训练计划年会展示	教育部高等教育司
	中美青年创客大赛	教育部

表 6-4　省级学生竞赛赛事

类型	竞赛项目名称	主办单位
技能	全国行业职业技能竞赛二类职业技能大赛	人力资源和社会保障部
	江苏省百万技能人才技能竞赛岗位练兵活动一类竞赛（主办单位为江苏省厅级政府部门）	江苏省人力资源与社会保障厅
	全国大学生金融精英挑战赛	共青团中央青年发展部
	江苏省工业和信息化技术技能大赛	江苏省教育厅
	江苏省机电与信息技术应用职业技能大赛	江苏省人力资源与社会保障厅
	全国大学生数字技术大赛	全国高等院校计算机基础教育研究会
	上海合作组织国家技能大赛	上海合作组织国家技能大赛组织委员会
	全国大学生自动化系统应用大赛	全国大学生自动化系统应用大赛组织委员会
	一带一路暨金砖国家技能发展与技术创新大赛	金砖国家技能发展与技术创新大赛组委会
学科	全国大学生红色旅游创意策划大赛	全国大学生红色旅游创意策划大赛组委会
	江苏省高校大学生物理与实验科技作品创新竞赛	江苏省物理学会
	江苏省科普公益作品大赛	江苏省教育厅、江苏省科学技术协会、中共江苏省委宣传部
	紫金奖中国大学生设计展	江苏省教育厅
	“领航杯”江苏省信息技术应用能力大赛	江苏省教育厅办公室
	融通并茂——江苏省高校设计作品展	江苏省教育厅
	江苏省科普公益作品大赛	中共江苏省委宣传部

（续表）

类型	竞赛项目名称	主办单位
学科	江苏省运动会	江苏省教育厅、江苏省体育局
创新创业	江苏省大学生职业规划大赛	江苏省大学生职业规划大赛组委会
	江苏省大学生网络文化节	江苏省委教育工委、江苏省教育厅
	“科创江苏”创新创业大赛	江苏省科学技术协会
	全国高等职业院校发明杯大学生创新创业大赛	山东省科技厅、山东省教育厅、山东省人社厅、中国发明协会

第三节　大学生职业生涯规划

一、大学生职业生涯规划的含义、内容

（一）含义

职业生涯规划指个人在职业发展过程中根据自身兴趣、能力、自我认知与评价、价值观、职业环境等因素，对职业生涯乃至人生进行持续的、系统化的计划过程。职业生涯规划是一个动态发展的过程，社会环境变动和自身情况变化决定了职业生涯规划是一个充满变动的、不断发展的过程。个人和社会的变动，需要我们及时进行自我评估和反馈，调整规划方向和行动方向。大学生职业生涯规划指大学生在了解社会环境、认识并准确评价自我的基础上，结合自身兴趣爱好、学科特点与知识结构，为将来就业进入职场的发展制订指向性规划。

（二）内容

大学生职业生涯规划大致包括以下内容：自我定价与评价、职业环境调整、职业方向确立、职业技能提升、信息反馈与调整。

1. 自我定位与评价

自我定位与评价就是明确自己的性格特点、具备的优缺点、兴趣爱好、特长、品行能力等，并在此基础上对自己进行客观全面的评估。正确评估自己有助于学生准确把握自己的职业倾向。学生可以通过心理咨询、个性测试等方式自我评估，也可以借助一些好的分析工具进行自我分析、评价，如应用较广的“5W 分析法”等。可以说，自我评价是合理制订职业生涯规划的起点，是开展职业生涯规划的重要前提。

5W 分析法是通过 5 个英文首字母为“W”的问题提问，引导提问者思考并制

订职业生涯规划方案。具体来说，就是通过解决职业生涯规划的 5 个具体问题，给出答案，制订适合自己的职业生涯规划。

（1）Who are you?——你是谁？

对自己进行深刻反思和全方位认识，充分了解自己的性格特点、优缺点、所学的专业等，对自己做全面、客观的认识和评价。如果无法完成自我认识和评价，可以向父母、师长、同学求助，请长辈、朋辈帮助自己完成个人画像。在此基础上进行综合自评，一般能够做出较为全面、客观的自我评估。

（2）What do you want?——你想做什么？

这是对自己想要从事职业的一种心理趋向检查，表明了职业生涯发展的方向。通过对这个问题的回答，我们可以清楚自己的职业意向、意愿，分析检查自己职业发展的心理倾向。每个人在不同阶段的兴趣、目标并不完全一致，甚至有时是对立的，但随着年龄和阅历的增加会逐步固定，直到锁定自己的最终理想。

（3）What can you do?——你能做什么？

这是对自己职业能力和潜力的检查，有助于了解自己的知识水平、掌握技能情况、发展潜力等。个人职业的定位不能凭空想象，要以自身实力、能力作为根基，而未来职业发展的空间很大程度上取决于自身的潜力。

（4）What can support you?——环境允许或支持你干什么？

该问题主要是指周围环境资源的支持。这种支持有客观的也有主观的，客观因素包括经济发展、人才政策、企业环境、职业发展空间等；主观因素包括社会人脉、人际关系等。我们可以通过主客观因素的调查研究做可行性分析，助力自我发展。

（5）What you can be in the end?——最终的职业目标是什么？

对这个问题的回答建立在有效解决前 4 个问题的基础上。通过对前一个问题的追问，找出实现职业目标的有利和不利因素，找到不利因素最少、自己想做且能做的职业，确立自己的最终职业目标。

2. 职业环境调查

大学生在做职业生涯规划时要充分考虑将来所从事职业的具体环境，包括社会大环境和区域小环境两大类。

社会大环境，指我们所处的社会的政治环境、经济环境、法制环境、科技环境、文化环境等宏观因素的综合。个人的发展和国家的发展密切相关，在充分了解社会大环境的基础上制订个人发展规划，在促进国家发展中实现个人目标，实现自身价值的同时也为社会创造价值。社会环境对我们的职业生涯乃至人生发展都有重大影响。

区域小环境是指将来从事职业活动的具体区域，包括区域的发展特点、经济发展状况、人才需求情况、地方特殊政策、职业所属行业的发展状态等。熟悉区域环境有助于更好地了解就业前景和职业竞争力。大学生可以通过查阅招聘信息、参加招聘会等方式，了解所在区域职业市场的发展动态和趋势。进入具体工作单位后，为了工作的顺利开展，大学生还需要了解公司的发展状况、平均工资水平、规则制度等微环境。

3. 职业方向确立

职业方向确立就是在了解自己的兴趣爱好、个性特点和专业能力的基础上，明确自己的职业方向、制订自己的职业目标。制订的职业目标应是具体、明确、可实现的，最好是长期目标加短期目标的组合。长期目标关注人生整体价值的实现，是根据禀赋和志趣确定的努力方向与战略规划，为大学生未来的职业发展持续导航，可能成为其奋斗一生的理想事业，如工作 3～5 年内成为单位的骨干、10 年内成为某个领域的专家。短期目标则是根据大学生当前的实际情况制订要做完成的具体任务，可以是 1 周、1 个月、1 个学期、1 年要达成的目标，如 1 周背多少英文单词、1 个月做几份模拟试卷、1 个学期通过英语等级考试等，或者 1 年完成某个专业培训课程的学习、完成 1 项技能认证。短期目标和长期目标密切关联，长期目标指明职业长远发展的方向，短期目标的构建应聚焦于长期目标的达成；短期目标是实现长期目标的支撑和基础，每一个短期目标的实现都会提升我们的自信，增强我们努力前行的动力，推动长期目标的达成。

4. 职业技能提升

大学生明确职业方向、确立职业目标后，必须提升相应的职业技能才能实现目标和职业理想。大学生要充分利用学校和社会资源，从以下几个方面提升职业技能：

（1）认真听讲，学好专业知识，提高专业素养，获得相关专业必需的资格证书。

（2）珍惜校内实训、校外实习的机会。通过具体的实践操作积累经验，查漏补缺，并在实训、实习过程中学会与人协作。

（3）培养自主学习和创新思维能力。大学生除了掌握必备的书本上知识，还要注重培养自主学习能力和创新思维能力，学会拓宽获取信息和知识的渠道，学会分析和解决问题，学会开拓创新，适应职业环境的变化。

（4）积极参加社会实践和志愿服务。大学生通过积极参与各种形式的社会实践和志愿服务活动，如社团活动、公益活动、兼职等，锻炼沟通、协作、组织、领导等能力，增加社会经验和资源，弥补缺乏社会经验的不足，为未来职业发展打下良好基础。

（5）树立正确的职业观。职业观是指一个人对于职业选择、职业发展、职业满意度等方面持有的观点和态度，是影响职业能力的重要因素。大学生应树立正确的职业观，具备兢业敬业的职业态度和精神、高尚的职业道德和强烈的责任感，自觉遵守职业规范和相关法律法规，积极为社会做贡献。

5. 信息反馈与调整

大学生对职业生涯目标的制订，最初可能是模糊的、抽象的，甚至有时候是片面的，达到职业生涯目标的过程中需要我们不断总结经验教训，及时调整自我认知和职业生涯目标。即使当初制订的目标是清晰的、合理的，但实际生活中，总会有一些不确定因素出现，导致最初制定的目标出现偏离现象。例如，当初设定职业生涯规划目标的外在环境（经济、政策、法规、组织发展环境等）发生了变化，在这种变化的环境中，自我的优劣势对比也随之改变，这就需要我们重新衡量当初设定的目标是否合理，是否需要对原来制定的职业生涯规划修改、调整，使之适应变化了的职业环境。从某种程度上看，信息反馈与调整是再认识、再发现的过程。还有一种情况是，随着学习广度和深度的推进，我们的兴趣点和价值观发生了改变，原来制订的职业生涯规划目标不能满足自我需求。例如，从一个从比较封闭的乡村进入大学的大一新生，因为成长环境和自身认知的限制，向往稳定的工作，可能会把教师、乡镇公务人员当成职业首选，经过大学的学习锤炼和学校老师、校外实训指导老师的影响，可能会转向成为高级技能人才、大国工匠等目标。对职业生涯的反馈评估与调整是非常重要的过程。现代社会发展日新月异，每个人都需要依据自己的个人情况和环境需求不断地调整、优化职业生涯规划。

二、大学生职业生涯规划的特点

（一）大学生职业生涯规划具有连续性特点

从广义上说，职业生涯纵贯人的整个生命过程，个体踏上工作岗位之前的时间都可以视为职业生涯的准备期。职业生涯发展阶段理论就是把个体的职业选择、发展看作动态的过程贯穿人的一。美国著名职业指导家金斯伯格提出的职业生涯三阶段理论，即职业生涯分为幻想期（11 岁之前）、尝试期（11—17 岁）、现实期（17 岁之后）；美国心理学博士格林豪斯依据不同年龄阶段职业生涯面临的主要任务，把职业生涯划分为五阶段，即职业准备阶段（0—18 岁）、进入组织阶段（18—25 岁）、职业生涯初期（25—40 岁）、职业生涯中期（40—55 岁）、职业生涯后期（55 岁—退休）；美国著名职业管理专家萨帕从人的终生发展角度，提出五阶段法，分别为成长阶段（0—14 岁）、探索阶段（15—24 岁）、建立阶段（25—44 岁）、维持阶段（45—64 岁）、衰退阶段（65 岁以上）。尽管他们的划分标准和侧重点不同，但毫无疑问都把人的职业生涯规划看作连续的、动态的过程贯穿人的整个生命历程。职业生涯规划绝不仅仅是毕业阶段的任务，大学生在进入大学之前就应当对未来的职业目标进行想象与探索，然后在整个大学期间分阶段、分任务地逐步完善职业生涯规划，培养职业兴趣和能力，对职业做评估与选择，并尽可能利用学校实训、实习的机会进行职业教育与培训。大学期间做好了准备，毕业后才有可能找到合适的、满意的工作，获得职业生涯的成功。

（二）大学生职业生涯规划具有前瞻性特点

职业生涯规划体现了个人对未来职业发展的心理预期，着眼于未来，具有前瞻性的特点。大学生在学校和教师的引导下自我定位、学好知识、提升能力，在大学阶段充分发展，然后在此基础上考虑未来可能出现的变化，做好职业生涯规划。例如，你在大学阶段学习到的专业知识、掌握的专业技能，几年后是否有用？选定的工作岗位几年后发展趋势如何？能否符合你的职业愿景？这就要求大学生设定职业目标时不能仅仅关注现在，还要尽可能考虑到未来的发展前景。如果前景不容乐观，就要及早采取措施做出调整，尽可能地学习新知识、掌握新技能，以便更好地适应新的职业要求，在广阔的职场中大展宏图。

（三）大学生职业生涯规划具有个性化特点

大学生职业生涯规划的目的是找到适合自己的职业，实现个体与职业的最大匹配度，充分体现个体价值。每个学生的成长环境和成长经历不同，在性格、能力、思维特征、价值观、行为方式等具有独特性，因此，大学生进行职业生涯规划时，要根据自身兴趣和特质，制订体现个体差异性和独特性的职业生涯方案，做到职业定位精准、设计方案合理。例如，性格开朗的学生期望未来的职场生涯更加丰富，可能喜欢挑战性强的工作岗位；性格沉稳内向的学生希望职业环境稳定，可能喜欢安静平稳的工作。大学生要对自己的兴趣爱好、能力水平、薪资期望值、心理承受能力等进行客观全面的评估，准确定位，然后根据主客观条件设计合理可行的职业生涯规划方案，不要低估自己，对自己定位太低，丧失职业发展的信心，也不要高估自己，以免期望值过高不能实现导致灰心丧气。

（四）大学生职业生涯规划具有系统性的特点

职业生涯规划目标的实现，需要学生、家长、学校、社会的共同努力，多管齐下，利用社会多方资源整合力量，帮助大学生制订合理的职业生涯目标、设计可行的路线方案。这不是单纯依靠一方力量可以完成的，而是一个系统的工程。例如，自我认识与评价是做好职业生涯规划的前提，然而建立符合实际的自我观念非常困难，它不仅需要大学生有敏锐的自我体察能力，还需要他人客观公正的评价、科学的心理测评等。这些工作的实现需要学生个体、家长师友、学校等多方力量共同达成，呈现出系统性的特点。

三、大学生职业生涯规划的意义

（一）有利于提升学生的综合素养

高校教育不同于此前的基础教育，需要对学生进行综合能力的培养，为学生顺利进入社会做准备。因此，高校对学生进行职业生涯规划教育尤其重要。通过生涯规划教育，大学生能够明确在现实的工作世界想获得理想的岗位需要具备哪些专业理论知识、专业技能、综合素养。此外，有些职业还要求大学生具备资格证书和符合岗位要求的经历。职业生涯规划教育让大学生认识到，职场中不仅要掌握基本的专业知识和技能，还要具备自我管理的能力和可迁移能力，提升就业竞争力和职业发展能力，强化综合素养，这样才能更好地适应岗位提出的工作需求。职业生涯规划教育还能够培养大学生的自我管理能力和规划能力，让他们在完成自身评估和定位的基础上，规划未来职业目标和方向，设计实现职业目标的可行方案和路线，在激烈的社会竞争中把握住每一个机会，以创造未来职业发展的新成就。

（二）有利于激发学生学习的积极性和主动性

高校通过职业生涯规划教育，能够帮助大学生突破障碍、开发潜能，达到自我实现、自我发展的目的。大学生一旦对自我有客观正确的认知与评估，对未来有清晰的发展目标和方向，就会看到现实的我与未来的“理想之我”之间存在的差距，进而制订切实可行的规划路线与方案。“理想之我”无疑对大学生具有巨大的吸引力，成为大学生前行的强大动力，能够全面激发他们的自我潜能，使他们克服现实的种种困难，奋斗拼搏。而每一个目标的实现都让大学生们对未来的“理想之我”的达成充满了希望和力量，变得自信、勇敢、坚强，焕发特有的创造力和激情，从而使自我效能感达到较为理想的状态。大学生拥有了职业目标和方向，就会积极勇敢地面对现实，在具体的学习和工作中主动获取实现自身理想和目标需要的相关知识与专业能力资源，提高学习的主动性和积极性，进而提高在未来职场的竞争力。

（三）有利于提高学生的就业率

不了解自己和企业的需求、专业技能和实践经验不足、择业观不正确等因素是造成当前大学生就业不理想的重要原因。职业生涯规划的核心就是帮助学生在认清自我和现实差距的基础上，制订可行性方案，推动学生实现自我升值。可以说，职业生涯规划正是通过指导学生有方向性、计划性、目的性地进行自我提升、自我升值，提高学生和岗位的匹配度，从而提高学生的整体就业率。“凡事预则立”，学校应以学生本，做好职业生涯规划工作，引导学生确立科学的择业观和就业观，确立多角度、全方位的就业思想；引导学生了解社会就业形势变化，及时调整、完善自我，成长为符合社会需求和职业需求的复合型优质技能人才，实现人岗匹配、理性就业、科学发展。

四、大学生职业生涯规划存在的问题、对策

（一）大学生职业生涯规划存在的问题

1. 学生自我认知和自我定位不准

自我评估是职业生涯规划过程中的起始环节，也是科学进行职业生涯规划的重要前提。它对后续分析职业环境、确立职业目标、制订职业生涯方案、反馈评估职业生涯等环节的顺利进行有非常重要的意义。很多大学生对自我评价缺乏客观性，有些是对自己评估太低而丧失信心，有些是对自己评估太高而骄傲自满，还有些是对自我认识不全面、不能正确把握自身和外在环境的优劣势。这些情况可能有心理因素的影响，也可能有评估方法使用不当的原因。在自我评估环节中，学生必须搞清楚以下几个问题：我真正了解自己吗？我喜欢什么类型的工作？我具备哪些技能专长？我的优缺点有哪些？我所处的环境有哪些有利条件、哪些不利条件？大学生要客观、充分地认识自身条件和相关环境，避免因自我认知不准而做出错误的选择。通过客观正确的自我评估，做到知己之长短、知己之所能与不能，是正确进行职业生涯规划的前提。

2. 学生的学与用脱节、能力与期望不符

我们在进行学情分析的过程中发现，很多大一新生对所学的专业并不感兴趣。大多数大一新生是按照老师的推荐、家长的期许填报高考志愿，忽略了自己的兴趣，有的甚至不知道自己对什么感兴趣，完全听从家长、老师的安排。因此，相当多的大学生对自己学习的专业不感兴趣，进入大学后缺乏明确的发展目标，仅仅满足于应付考试、顺利毕业。而仅仅掌握书本上的理论知识，不加以实践和延伸学习，并不能满足社会需求，这便导致了学生的学与用脱节。另外，大学阶段学习的专业知识和技能、考取的证书，在工作中可能并不能得以应用，因为现实的发展日新月异，在学校所学的理论知识和技能很可能会滞后于社会的发展。大学生在选择工作的时候，很可能面临求职岗位和自己所学专业不相关的问题，而这种错位会让学生无所适从，干脆得过且过、随波逐流，没有切实的规划。有些大学生眼高手低，求职时期望过高，找工作奔着“高薪名企大城市”，寻岗位希望“清闲舒适待遇优”，没有考虑个人能力水平与职位是否匹配，结果求职失败。有些大学生通过了面试，但面对基础琐碎的工作缺乏认真负责的态度，加上自身没有得到重用而心有不甘，所以很难通过试用期。这就导致学生频繁跳槽、不断重复“昨天的故事”，期望与能力不符，结果只能是职业生涯规划陷入循环糟糕的境地。

3. 学校缺乏专业的师资队伍和科学的职业辅导体系

大学生职业生涯规划得到了一些高校的重视，但并没有广泛普及。很多高校会开展一些有关职业生涯规划的讲座，或者给毕业班的学生上几次求职辅导课，但缺乏专业的、具体的指导，这导致大学生职业生涯规划的普及工作比较滞后。通常由企业骨干、从事学生工作的教师、院系辅导员为学生开展讲座的和辅导课，这些指导者往往缺乏相应的职业规划专业知识和技能。邀请企业骨干对大学生进行职业生涯规划辅导，是大学生了解、认识职业生涯规划的较好途径，但也可能存在一些弊端。

（1）辅导的针对性较弱。企业骨干的经验和研究对象来自企业员工，同样的道理套用到大学生身上不一定合适，容易导致职业辅导效果减弱，这样职业生涯规划辅导最终可能沦为一碗可有可无的心灵鸡汤。

（2）这种形式的职业生涯辅导可能仅涉及基础性知识的了解，没有与大学生自身的爱好、特长结合起来，比较空泛，难以达到良好的效果。

大学阶段是大学生确定职业取向的关键期，但很多高校缺乏专业的师资队伍和科学的职业辅导体系，对大学生的职业生涯规划无法起到良好的效果。因此，高校要重视大学生职业生涯规划的重要性，及时向大学生提供就业信息、改进信息建设，加强对师资队伍和职业辅导体系的建设，拓宽渠道加强学校与社会的紧密合作。

4. 政府保障和社会支持力度不足

政府相关部门一贯重视大学生就业问题，如对高校毕业生进行调查，摸底大学生就业情况等，但是并没有把职业生涯规划作为解决大学生就业困难的重要抓手。教育部曾颁布实施相关文件、政策，对高校学生职业生涯规划教育的地位、目标、任务、机构设置、人员配置、管理考核、相关部门的支持配合等都有具体明确的规定。但是，省级的教育主管部门没有制定强力的政策确保本省大学生职业生涯教育的有序运行，缺乏统一的就业指导机构将分布在省内各地的高校就业指导机构协调起来。此外，社会的支持力度也不够。一些企业不愿意接受学生实习，还有一些企业对学生实习持以放任态度，没有人指导、督促，导致学生的实习出现“走过场”的现象。学生在实习中学不到真东西，也可能对实习抱以敷衍的态度，浑水摸鱼。此外，家庭、学校、社会沟通不畅，各自为政，没有形成长期有效的合作模式也是影响大学生职业生涯规划的重要因素。

（二）大学生职业生涯规划的对策

1. 大学生增强职业生涯规划的主体意识和行动力

大学生要想在短短三四年时间里规划好未来的职业生涯，就需要增强职业生涯规划的主体意识和行动力，明确自己是职业生涯规划的主角，外在环境、学校和社会支持等是帮助自己实现职业生涯规划的重要因素，以自己为主，充分利用有利环境，规划并执行好大学阶段的每一步。

（1）大一新生面临大学的准备和适应阶段。大学生刚迈入大学校门，面临生活、学习、人际、心理等方面的自我管理与调适，环境认知和自我认知探索不够，职业生涯概念欠缺，理想与现实间的差距较大。因此，入学初始，大学生要增强自我管理能力和适应能力，积极融入大学生活，主动自觉地了解所学专业的历史与发展前景，探索适合自己的学习方法；认真聆听职业生涯规划讲座，利用网络平台学习职业生涯规划理论，了解职业生涯规划的步骤和方法，增强就业的紧迫感和危机意识。

（2）大二进入调整、提高阶段。经过一年的大学生活，大学生应具备客观准确的自我认识能力和初步的环境评估能力。他们有能力完成职业认知，初步制订职业生涯目标，能够有效推进职业生涯规划的进程；能够在学校和教师的指导下完成学业实训和社会实践活动，明确专业需求，提高自我管理能力、心理调适能力、工作和学习的平衡管理能力等。总体上看，在大二这个关键的发展阶段，大学生的各项素质会得到明显提升，能根据职业能力需求选择自己的职业发展方向，就业、创业、深造等规划目标已提上日程。因此，这一阶段的大学生要持续修正并完善自己的职业目标，积极参加学校组织的各项活动，提高自己的学习能力、组织管理能力、团队协作能力、执行能力等相关职业能力；积极参加就业辅导、模拟招聘会、简历制作大赛等，及时关注大学生就业现状和就业政策，做到有备而战；积极参加社会实践，除校内的暑期实践外，还可以参加不同类型的兼职，积累工作经验。

（3）大三大四（专科大三、本科的大三大四阶段）进入成熟与职业准备阶段。这一阶段的大学生开始考虑就业问题，可能会出现焦虑心理，如何顺利应聘、如何顺利就业、能否实现继续深造是他们关心的重点。这一阶段的大学生要多参加优质的就业、创业讲座，参加大学生创业大赛，提高创业、就业的能力；多渠道加强就业心理辅导、就业技巧训练，快速提高就业技巧和就业能力；积极进行团体心理辅导和专业咨询，缓解焦虑心态，排解不良情绪；积极参加模拟面试、校内招聘活动，充分利用学校提供的资源；了解就业指导中心所提供的用人单位情况和招聘信息，增强求职的针对性。大学生也可以在本学年对之前的准备做初步总结，检验自我评估是否精准、职业目标是否合理、职业准备是否充分。

2. 加强职业生涯规划教育教师队伍建设

做好大学生职业生涯规划，需要有专业教师队伍的耐心指导，因此，专业教师队伍建设是顺利开展大学生职业生涯规划的强力保证。一般来说，大学生职业生涯规划指导团队包括专任专职教师队伍、校内兼职教师队伍、校外聘请专家队伍 3 个部分。

（1）专任专职教师队伍，主要指专职就业工作人员、专职职业生涯规划人员，负责相关课程教学内容的设计和授课。专任专职教师的专业知识深厚、经验丰富，是帮助学生做好职业生涯规划的主体力量。

（2）校内兼职教师队伍，主要由普通教师和学生辅导员组成。普通教师，特别是思政教师，在日常教学过程中帮助学生疏导就业焦虑、提供可行性就业建议和指导；学生辅导员不仅要做好学生的日常思想教育工作，还要帮助学生做好职业生涯规划，使其顺利走上工作岗位。思政教师能够把握住学生的思想动态，学生辅导员和学生朝夕相处，对学生了解深入，他们是推动大学生职业生涯规划的有力保障。

（3）校外聘请专家队伍，通过开展讲座负责对学生进行集中辅导。校外聘请专家大多来自企业，熟悉企业用人要求、岗位需求情况，对大学生进行职业生涯规划辅导的针对性和实用性较强，是必不可少的补充。

职业生涯规划指导人员规范化、专业化、专家化，才能保证大学生职业生涯规划科学有序地进行。这就要求高校的指导教师既具备多学科的专业知识，又是就业指导领域的专家。高校应增加投入，为指导教师队伍提供专业的学习与培训，培养出专业化、高品质的职业生涯规划队伍，为学生提供优质的就业和生涯规划等方面的辅助、指导。在具体的辅助、指导过程中，专业的教师队伍也能及时发现和总结大学生存在的普遍问题，为学校决策机构提供有效的建议，促进大学生就业、职业生涯规划和教育管理等层面的改进。

大学生职业生涯规划是系统工程，不仅是辅导员、思政课教师、职业生涯规划指导教师的责任，更是学校的职责。高校应当加大职业生涯规划业务培训的投入，提高管理层、全体教师、负责学生事务的工作人员等相关人员的职业生涯规划意识，共同发力，推动大学生职业生涯规划工作的深入开展。

3. 政府引导、校企合作，开发学生实践、实习基地

广义上说，大学生就业和职业生涯发展是社会问题，高校责无旁贷，政府要加强管理和引导，家庭和社会要为学生提供机会。其中，政府是调控者和管理者。政府做好顶层设计，打通学校、家庭、社会的沟通渠道，运用好多方资源，对大学生职业生涯规划和就业至关重要。大学生终要进入社会，适应实际工作的训练，因此，多方合作为大学生提供各类实习、实践活动非常必要。在校大学生去企事业单位实习，通过具体实践了解不同企业的具体情形、不同岗位的具体要求，对自身的职业兴趣、职业能力有清楚地认知，及时修正、调整自我评估和生涯规划，检验自己欠缺的知识、能力，及时弥补、提高。政府引导，加强学校和企业的合作，为学生搭建广阔的实践平台。学校应尽可能广泛地与社会合作，尽量帮助各专业的学生对接到专业对口的单位实践。校企联合指导学生自己找出差距和提升

方法。政府调控管理，加强学校与学生实践单位的深度融合沟通，让学生的实习不流于形式，真正担负起实际工作，把学生的工作与实际效益挂钩，让学生体会到工作的压力和动力，融入工作环境，取得实际成效。另外，企业可以加强对实习学生的考核测评，吸纳表现优异者，这对学生、学校和接受学生实习的企业都是有利的。学校还应注意拓展学生实践活动的多种渠道，除进入企业实习训练外，还可以通过参观访谈、模拟应聘等方式培养学生的实践能力，帮助学生规划好职业发展的每一步。

案例分析

时代楷模张桂梅

“只要还有一口气，我就要站在讲台上，倾尽全力、奉献所有，九死亦无悔。”在“七一勋章”颁授仪式上，张桂梅发言讲到这句话时，提高了音量。

张桂梅，云南省丽江市华坪县女子高级中学党支部书记、校长，华坪县儿童福利院院长。1974 年，17 岁的张桂梅从黑龙江来到云南，一个偶然的机会，走上了讲台，从此扎根边疆教育事业。在华坪民族中学教书期间，张桂梅第一次深刻了解到许多贫困家庭的女孩儿无法上学的现实困境。为了解决一些女孩上学困难的问题，她四处奔波筹集资金，创办了全国第一所全免费女子高中。山区的女孩基础差，有的甚至连小学都没上过，这让她们想考上大学困难重重。在巨大的压力和长时间高负荷的工作，张桂梅的身体每况愈下，她患上了肺气肿、肾囊肿、颅骨骨瘤等 23 种疾病，每天靠吃止疼药坚持工作，拒绝住院治疗，因为她要把时间留给女孩们。清晨，华坪女子高中的学生五点半起床，张桂梅起得更早，手持喇叭，唤醒学生开始新的一天。课间操时间，张桂梅守着做操的学生们。晚自习，她又雷打不动地巡查课堂。深夜，她便等在宿舍楼，催促学生入睡。每到寒暑假，她挨家挨户做家访，足迹遍布高山峡谷。高考时，张桂梅坚持 13 年送考、陪考，从不缺席。在她的努力下，越来越多的大山里的女孩，从这里走进大学。

（资料来源：http://politics.people.com.cn/n1/2021/0910/c1001-32222956.html）

【案例分析】职业并不仅仅是一份工作，想要做好一份职业，首先要爱业。爱之深，敬之真。只有热爱自己的本职工作，才会愿意倾注所用精力，将自己全身心投入到工作中。张桂梅，66 岁，患有 20 多种疾病，仍然扎根滇西贫困山区教育一线 40 余年，让 2 000 多名贫困山区女孩走出大山，走进大学……这一个个数字的背后，都是张桂梅不计回报、倾尽所有，甚至不顾生死的付出。她展现出了燃烧自己、照亮别人，热爱劳动、辛勤劳动的崇高劳动价值观，值得我们每一个人学习。即使身处平凡的岗位，也要竭尽全力做不平凡的事情，将小我融入大我，将涓涓细流汇成江河。

7 年，从高职学生到博士研究生

在专业教师和班主任眼里，于俊杰是个“十分要强的小伙子”。2021 年 9 月，在离开无锡职院 4 年后，他来到一条马路之隔的江南大学，开始攻读轻工机械与包装工程专业博士研究生。“无锡职院是我从事机械专业研究的启蒙之地。”于俊杰希望在读博期间将研究内容与行业企业需求相结合，在智能感知、大数据分析、智能调度和数字孪生等方向有所建树。

在无锡职院的 3 年里，于俊杰“处处要强”。专业成绩名列前茅的他，参加了全国职业院校技能大赛“三维建模数字化设计与制造”赛项和第 44 届世界技能大赛“原型制作”项目全国机械行业选拔赛，并取得了不俗的成绩。他还拿遍了学校各种类别的奖励，获得国家奖学金，获评省、市三好学生，上榜无锡职院大学生年度人物。

2016 年 6 月和 12 月，于俊杰经过学校选拔，先后赴清华大学和美国阿拉莫大学参加项目式培训和交流学习。“这两次经历让我受益匪浅。”于俊杰说，国内顶级学府的氛围和发达国家的教育模式，成为激发他继续深造的动力。

毕业后，于俊杰被学校推荐参加“专转本”自主招生考试并顺利录取，以优异成绩完成本科学业后，又考取江南大学硕士研究生，并最终以一等学业奖学金和“优秀研究生”等荣誉获得硕博连读的机会。“我在无锡职院掌握了扎实的专业知识，也获得了良好的专业技能培训，让我在持续深造的路上更加游刃有余。”

（资料来源：https://edu.gmw.cn/2022-08/09/content_35941644.htm）

【案例分析】于俊杰用 7 年时间完成了从专科生到博士生的跨越，其成功的秘诀就是规划和自律。于俊杰进入无锡职业技术学院就立志要成为优秀的技能人才，并转本成功、继续深造。为了实现这一目标，他在无锡职院的 3 年里，“处处要强”，以极强的自律精神和较好的规划意识实现学业成绩名列前茅、技能大赛成绩优异的理想局面，顺利转本成功，考取江南大学硕士研究生并获得硕博连读的机会。于俊杰的成功告诉我们，我们掌控不了人生的起点，但通过科学的人生规划和自身的努力奋进，一定能够赢得精彩人生。

声音 · 言论

任何一个民族，如果停止劳动，不要说一年，就是几个星期也要灭亡。

——（德国）马克思

我们的根扎在劳动人民之中。在我们社会主义国家，一切劳动，无论是体力劳动还是脑力劳动，都值得尊重和鼓励。

——习近平

我们世界上最美好的东西，都是由劳动、由人的聪明的手创造出来的。

——（苏联）高尔基

你在哪个位置，就应该热爱这个位置，因为这里就是你发展的起点。只要你对自己的工作有发自内心的热爱，即使在平凡的岗位上，你也能创造奇迹。

——（美国）巴士卡里雅

思考题

1. 如何树立正确的劳动价值观？
2. 怎样提升职业劳动能力？
3. 结合自身实际，谈谈如何做好职业生涯规划。

知识链接

职业生涯规划教育：帮大学生找到发挥自我潜能的路径

职业生涯规划不仅能帮助大学生对职业生涯进行合理的规划，也能为有创业志向的大学生找到发挥自我潜能的路径，提高大学生的创业创新能力。因此，了解大学生职业生涯规划教育的现状、需求、困境，有利于加强高校职业生涯规划教育，有效解决大学生的就业问题，有效提高大学生的创业能力，使大学生自身得到发展。

中国青少年研究中心对“在校大学生就业倾向调查报告”的数据分析显示，虽然多数大学生具有积极的就业观念与就业意识，并且在就业能力提升和职业生涯规划方面做了多方努力，但是在就业倾向和生涯规划方面仍存在一些问题。

1. 大学生职业生涯规划意识亟待培养

近 9 成大学生认为职业生涯规划很重要，但仅 1 成多大学生有清晰的职业规划。一些大学生存在“升学无意识、就业无意识、发展无意识、生涯无规划、学习无动力”等现象。缺乏规划的大学学习生活，对未来的就业与发展会产生很不利的影响。

数据显示，认为职业生涯规划非常重要的大学生比例为 42.8%，比较重要的比例为 46.9%，两者合计 89.7%。年级比较发现，低年级学生认为职业生涯规划更重要，而高年级学生认为职业生涯规划重要的比例最低。

数据显示，超过 7 成的大学生对于自身今后职业发展有大致规划，其中有规划但没有详细步骤的超过 4 成（44.9%），有规划方向但没有深入考虑过的占 3 成（34.2%），有清晰规划的仅占 1 成（13.7%）。

年级比较发现，五年级及以上的大学生有清晰规划的比例最高（19.5%），其次是四年级（16.7%），而一年级、二年级、三年级大学生的比例略低。可见，高年级的大学生有职业规划的比例更高，比低年级的大学生高出约 6 个百分点。这可能是因为随着毕业的临近或进入更高年级，大学生开始考虑更现实的就业问题，因此，职业发展规划成为大学生考虑比较多的问题。规划要及早开始，这样才能在几年里更好地按步骤、有节奏地实施规划，而不至于临时抱佛脚，也不至于让规划成了束之高阁的“课堂作业”。但是数据显示，大学生中，没有规划的呈现“U”形分布，大学一年级学生没有规划的比例最高（12.7%），随着年级升高逐渐降低，到了大学五年级没有规划的比例又呈现上升趋势。

逾 3 成大学生具有主动进行职业生涯规划的意识，“考证”成为大学生实施职业生涯规划的首要途径。

职业生涯规划主动还是被动，对未来的职业发展有着较为深刻的影响。主动的职业生涯规划，以学生的发展需求与职业目标为出发点，有利于学生结合自身特点及发展需求，全面融合多方发展资源，对就业前的职业准备有通盘考虑。而被动的职业生涯规划，则易流于“随大流”，有的大学生被裹胁向前，也有的大学生在盲目中迷失了自我的发展目标。

调查数据显示，有 3 成大学生（31.5%）认为自己的职业生涯规划是主动的，有 50.3%大学生认为自己的职业生涯规划既有主动行为也有随大流的情形，有 1 成多表示说不清（10.3%），还有 7.8%承认是随大流。可见，多数大学生在职业生涯规划的过程中，主动行为与被动行为参半。

年级比较发现，低年级学生规划意识更强。数据显示，能主动规划职业生涯的一年级学生 38.8%，二年级 31.4%，三年级 29.5%，四年级 32.4%，五年级及以上 34.2%，可见一年级比其他年级高出 4～9 个百分点。而高年级学生随大流的人数较多，大学四年级学生、五年级及以上学生随大流比例分别为 9.0%、8.2%，比大学一年级分别高 4.8 个、4 个百分点。

职业生涯规划的实现，需要通过一系列的活动或渠道来逐步靠近职业目标、培育职业素养、提升职业能力。数据显示，参加各种职业证书考试是大学生实现职业生涯规划的第一方法（47.2%），其次有 4 成多通过参加社会活动积累人脉（43.1%），排在第三位的是涉猎相关领域知识（39.4%），而到相关领域实习仅 3 成多（34.9%）。另外，选择坚持学外语、自费参加培训的比例分别为 33.3%和 11.2%。

男女生对职业生涯规划所采取的行动存在显著的性别差异。女生在职业证书考试（52.4%）和坚持学外语（38.5%）方面均远高于男生，说明女生更倾向于以学习与培训作为自身职业生涯规划；男生更倾向于将实习（35.2%）与参加活动积累人脉（41.0%）等实际行动作为自身的职业生涯规划。

虽然低年级学生具有更强的职业生涯规划意识，但从职业生涯规划发生的实际行动来看，各项规划都随年级增长实施得更多，到三四年级时达到顶峰。说明随着年级的增加，学生们开始采取更多的职业生涯规划行动。这一方面可能是因为学校的课程设置，低年级学生课程较多，虽有主动的职业生涯规划意愿，但能实际参加考证、实习等活动的比例较少；另一方面可能因为高年级学生的职业生涯规划意识虽然不强，但受到就业压力及同辈群体的影响，其职业生涯规划实际行动的发生率较高。以考证为例，一年级学生考证的比例为 28.2%，四年级为 51.6%，比一年级高 23.4 个百分点。五年级学生的数据有所回落，可能是因为很多学生在三四年级时已经考过各类证书。

2. 大学生职业规划相关培训亟需加强

逾 6 成大学生没参加过职业生涯规划类的教育培训，大学生的职业生涯规划培训近 9 成由学校就业指导中心组织。

了解职业生涯规划的特征与规律，学习结合自身条件与需要设计生涯规划图景的方法，才能使职业生涯规划更有效。因此，参加相关的教育培训，更有利于学生进行职业生涯规划。

数据显示，37.4%大学生参加过职业生涯规划类的教育培训，62.6%没有参加过。参加相关培训的大学生不足 4 成，这说明多数大学生缺乏相关的培训，也许重视程度不够，也许当地缺乏教育条件。

对参加过职业生涯规划教育类培训的大学生进行统计发现，大学生参加的培训近 9 成（89.4%）由学校就业指导中心组织。可见，学校对职业生涯规划类的教育培训具有主导作用，在学生中有着广泛的影响力。其次为社会组织（13.1%）和团组织（12.9%），两者相差无几，均占 1 成左右；而学生参加由政府部门组织的教育类培训较少。

性别比较发现，女生到就业指导中心参加培训的比例高于男生，男生通过社会组织或团组织活动等参加教育培训的比例更高。数据显示，女生到学校就业指导中心的比例（91.2%）高出男生 3.8 个百分点。

年级比较发现，高年级大学生参加学校就业指导中心的教育培训更多，大学一年级学生参加社会组织、团组织、政府部门的培训较多。四年级学生比一年级学生参加就业指导中心培训的比例高 5.8 个百分点，一年级学生参加社会组织、团组织培训的比例分别比四年级高 7.4 个、9.6 个百分点。这可能是因为低年级学生的就业压力还未来临，他们更多喜欢社团组织、政府部门组织的内容更宽泛的职业生涯规划培训，而高年级学生更希望就业指导中心给他们带来更有针对性的帮助。

6 成多大学生参加过学校开设的就业指导课，近六成大学生认为学校开设的就业指导课对自己帮助大。

参加培训、接受就业指导、实习见习，是大学生职业生涯规划的重要组成部分，通过有效的培训与指导，大学生在入职前能结合自身素质与能力选择适合自己的职业路径。

数据统计发现，6 成多大学生参加过学校开设的就业指导课或讲座（65.1%），没参加过的比例为 34.9%。可见，大学生对学校开设的就业指导课程的参与程度尚可，但是还不尽如人意，刚刚达到“及格”水平。

年级比较发现，大四学生参加的比例最高，其次是大三、大二、大五、大一。四年级学生参加就业指导课的比例为 75.6%，比一年级学生高 36.8 个百分点。可见，在本科教育阶段，年级越高，学生参加就业指导课的比例越高。到了研究生阶段，学生参加就业指导的比例有所下降。这是因为对于本科生来说，毕业在即，就业指导成为学生找到理想工作岗位的“救命稻草”，研究生的就业问题得到缓解或者就业难度减小，因此，参加就业指导课的学生比例有所下降。

数据统计显示，有 57.6%的大学生认为学校开设的就业指导课程对自己帮助大，其中认为有很大帮助的比例为 18.1%，认为有较大帮助的比例为 39.5%。也有不足 1 成的学生认为帮助较小、没有帮助（3.5%、1.2%）。

性别比较发现，男生认为就业指导课对自己帮助大的比例比女生高 6 个百分点。年级比较发现，低年级学生认为帮助大的比例最高。其中，一年级为 78.9%，接近 8 成，而二年级的比例为 63.2%、三年级为 55.4%、四年级为 48.8%、五年级及以上为 62.7%。

通过对不同教育阶段学生进行比较发现，高职高专的学生认为学校开设的就业指导课帮助更大（61.1%），高于本科（56.5%）和研究生（48.6%）。对研究生帮助较低，帮助程度一般（46.1%）的占比近一半，远高于其他两个学业阶段。

同时，调查发现有 59.0%的大学生在学校里有过实习或见习经历。年级比较发现，随着年级升高，大学生对实习的参与程度逐渐升高。其中，比例最高的为四年级学生，有 8 成多大学生有实习或见习经历（83.0%），与一年级大学生相比高了 54 个百分点。到五年级及以上的大学生，实习或见习的参与度有所下降（64.9%），比四年级低了 18 个百分点。对参加实习的 2 355 名学生进行统计发现，有 42.3%认为实习对今后就业的帮助非常有用，有 47.7%认为比较有用，合计 90.0%的学生认为实习或见习对就业有帮助。可以说，岗位体验与实践的确对大学生选择就业目标、适应就业岗位有很大的作用。

3. 采取系列措施强化大学生职业生涯规划教育的专业性

针对大学生缺乏清晰职业规划、求职前准备不足、自我定位不够清晰、对职场能力素质的需求不够了解等问题，建议采取系列措施强化大学生职业生涯规划的专业性。

出台职业生涯规划教育分层指导框架，为不同年级的大学生提供“各取所需”的分层教育内容，提升职业生涯规划教育的质量。

建议形成系统化的课程体系，学校要将“自选动作”与“必做动作”结合起来，使每一位大学生都能接受必需的就业教育。

建议配备专兼职的生涯规划教师队伍，提高职业生涯规划教育的专业化水平。对从事职业生涯规划教育的专职教师要有一定的资质要求。例如，加拿大要求从事就业指导的咨询师必须具有教育学、心理学、咨询学或相应的人文社会科学的博士学位，并有一定工作经验，要求指导教师或管理员具有人文科学方面的硕士学位。对专职教师还要进行定期培训和考核。

大学生的见习实习应得到全社会的支持，要把“请进来”和“走出去”结合起来。瑞典、德国、瑞士、美国等国家特别强调企业责任，各学校都与附近的企业有着密切的联系，使学生有更多的机会到企业去学习和体验。例如，在瑞士，约有 1/3 的企业参与了学徒培训，他们和学校一起确定教学和考试内容，向学生介绍企业情况，为学生提供实习岗位，还提供部分工资。一些企业还出资建立了培训中心和实习车间。建议整合高校所在地的教育资源，为学生搭建共享的职业体验平台。

针对一些学校就业指导工作内容枯燥、形式单调、功能单一等问题，建议通过多种渠道、多种方式丰富大学生的就业指导工作，尽快建立和完善集教育、管理、指导和服务于一体的就业指导体系，从而积极引导和推进大学生就业。

同时，高校还要给学生体验真实社会的机会。譬如，日本政府就曾经为了开展大学生就业指导工作设立了各种专门机构来协调大学生的就业体验，包括成立“学生职业综合支援中心”、推广“就业体验制度”等。高校应将对学生的就业指导渗透到日常教学中，充分用好团委及社团的组织优势，通过多姿多彩的活动、丰富的社会实践等提高大学生的职业规划素养和就业能力。

（资料来源：https://news.gmw.cn/2020-12/15/content_34463073.htm）

第三篇

投身劳动实践　养成劳动习惯

（实践篇）

专题七
自理自立　积极参加生活劳动实践

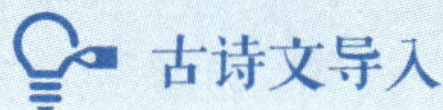

《大学章句》序

南宋·朱熹

人生八岁，则自王公以下至于庶人之子弟，皆入小学，而教之以洒扫应对进退之节，礼乐射御书数之文。

【解读】这段话的意思是，从王公贵族到普通百姓的孩子，8岁的时候都要进入小学阶段的学习。主要的教授内容是学习洒水、扫地、应答、接待、与人交流、办理简单事情的礼仪，学习六艺（礼仪、音乐、射箭、驾车、写字、计算）的基础知识和基本的技能，注重人的知识、能力、做人等全方位发展。

中国古代教育从洒扫开始，培养劳动习惯和生活能力。改革开放40多年以来，中国经济取得巨大的发展，人们的物质生活水平得到极大的提升，加上独生子女政策，中国家长在家庭养育过程中总想给孩子最好的物质条件和最好的教育水平，对孩子劳动意识和劳动能力的培养有所忽视。“一屋不扫，何以扫天下？”“洒扫”作为一个人生存所需的基本技能，是劳动教育的开端。本专题通过劳动教育实践活动，组织学生做好日常“洒扫”功课，旨在增强学生的自理自立能力。

第一节　美居达人秀：我的宿舍我做主

宿舍是高校育人的重要组成部分，对学生身心健康、学校校风和学风都会产生深远影响。随着高校宿舍条件的不断改善，大学生在宿舍的时间越来越长，宿舍已成为他们日常生活和学习的重要场所。干净整洁、美观舒适的宿舍环境既能体现大学生的精神面貌和个人素质，也直接关系到大学生的身心健康。以宿舍为阵地，开展大学生劳动教育具有一定的基础优势。

一、宿舍卫生标准

宿舍卫生整体要求：窗明洁净、整洁有序、摆放规范、空气清新、温馨舒适。

（一）宿舍卫生标准

（1）地面：地面无灰尘、无垃圾、无积水；阳台、卫生间无污垢，无杂物堆放。

（2）墙面：墙面、天花板整洁，无蜘蛛网，无损坏，无涂鸦。

（3）门窗：门面干净，无污迹；保持门上窗户玻璃干净；室内玻璃擦拭干净、窗框无积尘。

（4）桌面、床面：桌面、床面整洁，物品摆放整齐；桌面、电脑等干净无积尘。

（5）室内设施：物品柜、洗漱台、电风扇等无积灰，无损坏，注意整齐美观。

（6）讲究个人卫生：个人物品及时整理、清洗，保持干净。

（7）宿舍为无烟区，任何人不得在宿舍内吸烟。

（二）宿舍物品摆放规范

（1）整体布局：文明、整洁、美观。床铺、书桌、个人物品等要统一摆放整齐，无乱拉绳索、电线，无乱晾挂衣服及其他破坏整体形象的物品，严禁使用违章电器等违禁物品。

（2）床铺：①床上用品经常清洗，保持干净、卫生、整洁；②被褥叠放整齐；③床上、床头不得悬挂衣服，毛绒玩具等装饰摆放整齐。

（3）书桌：①书桌不允许随意放置零食、杂物；②书籍按照大小竖排整齐放于书架中，少量常用书籍可整齐放于书桌上；③书桌上若需放置电脑，须保持电脑清洁，电源线、网线等收拾整齐；④椅子不用时，推进书桌下。

（4）衣柜：①衣服要内外有别，整齐叠放在衣柜里；②衣柜外不随意悬挂毛巾、衣服、背包等物品。

（5）鞋子：床下鞋跟朝外对齐摆放，不随意摆放，多余鞋子统一放于鞋架（柜）中。

（6）卫生间：①镜面玻璃干净明亮，地面台面无水渍，厕所内外无臭味；②个人洗漱用品、脸盆、水杯、毛巾、牙缸、香皂等物品统一叠放于洗脸台指定位置，并摆放整齐。

（7）窗台、阳台不堆放杂物。

（8）清扫工具：①扫把、垃圾铲、拖把等工具整齐放于卫生间墙角（或阳台）；②垃圾桶需套上垃圾袋并及时清理，将垃圾在规定时间投放于宿舍楼下垃圾桶中。

（9）有饮水机的宿舍因地制宜，摆放合理，不影响宿舍整体布局。

（三）安全管理规范

（1）严禁使用大功率电器，严禁私接电线、乱拉网线。

（2）严禁将垃圾（袋）扔在走廊和楼梯口，严禁高空抛物。

（3）宿舍不得饲养禽、犬、猫、鼠、蛇等各类动物，不得在阳台护栏上放置花盆或其他危害人身安全的物品。

二、宿舍文化活动

寝室是学生的家，是学生身心休憩的港湾。宿舍记录下学生生活中的点点滴滴，成为专属于学生的空间。学生寝室是校园文化的窗口，甚至是校园文化的“发源地”。宿舍文化节，又称“寝室文化节”“公寓文化节”，是大学校园内举办的大型活动之一，用以丰富大学校园文化、促进寝室和谐氛围。

寝室集体作为大学生的基本群体组织，相对于其他学生组织有着独特的功能和影响。寝室成员长期的共同生活影响着每个成员的生活方式、学习态度、行为规范、价值理念和理想信念，并由此形成独特的寝室文化。例如，无锡职业技术学院提倡举办以“正德乐思、奉献乐善、健康乐群、修身乐学、厚积乐创、敬业乐业”为主题的“六乐”寝室文化节。

学校的宿舍文化包含深刻的内涵，拥有多样的形式，对提高学生的综合素质各方面（如文化修养、精神风貌等）起着感染熏陶、潜移默化、净化心灵的作用。宿舍文化活动的主要活动形式如下：

（一）舍标设计大赛

舍标设计大赛的参赛者以宿舍为单位，通过手工设计的形式来制作宿舍标志。舍标设计大赛有助于促进学生对宿舍精神进行提炼和总结，能够提升学生的审美能力。在设计材料的选材方面，参赛学生宜侧重经济实惠，尽量选取成本低、实用性强的材料，以废物利用、二次循环为最佳，杜绝直接购买手工艺品或模型。舍标是宿舍的标志，体现宿舍的精神，主题要明确，并非只是为了好看。

（二）宿舍装饰大赛

宿舍装饰大赛参赛者以宿舍为单位，通过装饰品美化和布置宿舍。宿舍装饰大赛主要考察学生的动手能力和审美能力，在装饰材料的选材方面宜侧重经济实惠，尽量选取成本低、实用性强的材料，以废物利用、二次循环为最佳，杜绝为了装饰而导致的铺张浪费现象。同时，要注意在装饰过程中对墙体等一次性平台的保护，建议不要在墙体上直接作画。

（三）各类文明宿舍评比和建设

各类文明宿舍评比和建设包括校级文明宿舍、院级文明宿舍、十佳宿舍、星级文明宿舍、爱心宿舍、特色宿舍、安全宿舍等各类先进宿舍评比。

下面，以无锡职业技术学院特色文化宿舍与文明宿舍建设为例。

关于2022—2023学年特色文化宿舍评选的通知

为进一步将“思想引领、价值塑造、素养提升、知识传授、能力培养、情怀修炼”融入“一站式”学生社区建设，不断提升学生社区宿舍文化的品位，营造乐思、乐学、乐善、乐创、乐业、乐群的育人环境，培养德智体美劳全面发展的时代新人。根据《无锡职业技术学院特色文化宿舍与文明宿舍评选办法》，现就2022—2023学年特色文化宿舍评选通知如下：

1. 评选数量

“乐思宿舍”“乐学宿舍”“乐善宿舍”“乐创宿舍”“乐业宿舍”“乐群宿舍”等50间。

2. 评选条件

“乐思宿舍”基本条件：宿舍成员思想积极上进，100%宿舍成员递交入党申请书，宿舍有党员或者2名以上宿舍成员获得学校党校或分党校结业证书，宿舍成员以身作则，党员或入党积极分子在宿舍精神文明建设中发挥带头示范作用。

“乐学宿舍”基本条件：宿舍学习风气好，全体宿舍成员上学期课程无不及格，2/3宿舍成员的必修课成绩名列班级前1/3，或者50%宿舍成员上学年获各类奖学金。

“乐善宿舍”基本条件：宿舍成员积极参加校内外各类志愿服务或者社会实践活动，积极参加无偿献血，见义勇为等，成绩突出。

“乐创宿舍”基本条件：宿舍成员积极参加双创实践活动（项目）或各类创新创业大赛等，有获奖、工商注册执照或实践成效突出优先推荐。

“乐业宿舍”基本条件：宿舍成员在专业知识和专业技能学习上刻苦钻研，积极参加省市、国家级专业技能大赛并获奖，或积极考取各类专业职业技能等级证书，或专利发明成果突出等。

“乐群宿舍”基本条件：宿舍成员团结友爱、乐于助人，积极参加各类学生组织，策划组织或参与各类学生活动，并在各类学生组织建设和活动开展中发挥重要作用，展现当代大学生健康、积极、向上的青春风采。

申报以上特色文化宿舍需要满足以下基本条件：宿舍成员都能积极参加卫生劳动，遵守宿舍各项规章制度，建立宿舍卫生值日制度，每月卫生成绩平均不低于80分，践行“六乐”某一方面先进事迹突出，发挥示范榜样作用。

第二节　舌尖上的美食：尝尝“我的拿手菜”

民以食为天。在现代社会，学会做饭既是一门生存技能，也是一种艺术。健康饮食既对于一个人的身体健康至关重要，又可以让人们在生活中体验到美的感觉，提升人的品位和审美水平。随着人们生活水平的提高和经济条件的改善，做饭不再是单调的日常必需品，也是提升生活质量的一种手段。

习近平总书记在庆祝中国共青团成立100周年大会上的重要讲话中强调青年要成长为有理想、敢担当、能吃苦、肯奋斗的新时代好青年。“我的拿手菜”活动，能让学生亲历劳动情境、亲手操作、亲身体验，在“做中学”“学中做”，激发学生参与劳动的主动性、积极性和创造性，树立正确的劳动观，帮助学生养成良好的劳动习惯，培养不怕吃苦、肯干、能干的新时代青年。

一、“我的拿手菜”活动（假期版）

利用寒暑假时间，开展“我的拿手菜”寒暑假实践活动。

（一）活动主题

活动主题为“厨艺我当家　尝尝我的拿手菜”。

（二）活动方式

活动方式为家庭厨艺劳动教育实践。

（三）活动目的

活动目的为提高生活技能，感受做美食的乐趣。

（四）活动准备

（1）想好自己要做的拿手菜，列出所需食材。
（2）准备好手机等设备，拍摄实践过程。

（五）活动步骤

（1）到菜场或超市采购适量食材，尝试讨价还价。
（2）洗切原料，做好烹饪的前期处理。
（3）运用适当的方式烹饪。
（4）将活动过程拍摄视频（视频统一为MP4格式），加工剪辑，视频长度为3～5分钟。
（5）填写实践手册。

（六）注意事项

（1）买菜路上注意交通安全。
（2）切菜时注意用刀方法，防止受伤。
（3）起油锅烧炒时注意煤气或天然气安全，防止热油溅到脸部、手部。

（七）说明

“我的拿手菜”菜品种类不限，可以是家乡特色菜，也可以是西餐；可以是烘焙，也可以包饺子、蒸馒头。

二、“我的拿手菜”活动（校园版）

“我的拿手菜”活动（假期版）是“我的拿手菜”活动（校园版）的前期准备和基础。通过“我的拿手菜”（假期版）活动选拔出优秀作品，组织优秀作品的创作者在学校参加“我的拿手菜”活动。

（一）活动主题

活动主题为“舌尖上的美食　尝尝‘我的拿手菜’”。

（二）活动方式

活动方式为校园厨艺劳动教育实践。

（三）活动目的

活动目的为交流厨艺，感受做美食的乐趣。

（四）活动准备

（1）根据学生优秀菜品列出食材清单，由学校食堂购买所需食材。
（2）准备好手机等设备，拍摄实践过程。

（五）比赛评分细则

（1）个人卫生，精神面貌。
（2）刀工熟练，切菜工整。
（3）做菜用时，搭配合理。
（4）外观色泽，食品卫生。
（5）口味适中，咸淡适宜。
（6）菜肴介绍，口齿清晰。

（六）注意事项

（1）切菜时注意用刀方法，防止受伤。
（2）开油锅烧炒时注意煤气或天然气安全，防止热油溅到脸部、手部。
（3）准备好创可贴和烫伤膏等药品。

（七）活动颁奖

按照评分细则评出一、二、三等奖，颁发相应的证书和奖品，并拍照留念。

第三节　巧手匠心·创意手工

马克思主义劳动观指出，劳动创造我们所需要的和向往的物质财富与精神财富，人的幸福来自现实劳动生活中的满足感、愉悦感和收获感。在“巧手匠心·创意手工”劳动实践项目中，学生们动脑动手、团结协作，在劳动创作中体现价值、展现风采、感受快乐；同时激发对传统手工技艺的兴趣，培养传承创新意识与实际操作能力，切实提升文化自信，展现当代大学生积极追求生活美、态度美、心灵美的精神风貌。

一、活动主题

活动主题为“巧手匠心·创意手工”。

二、活动名称

活动名称为“第×届大学生巧手匠心·创意手工大赛”。

三、活动对象

活动对象为无锡职业技术学院20××级新生。

四、参赛作品要求

（1）作品主题鲜明，内容健康向上，美观实用、构思巧妙、富有创造性。

（2）作品必须是自己动手制作完成的，不得从市场上购得成品参赛，一经发现，取消参赛资格。

（3）作品形式多样，手工艺制品、纸制品、织制品、布制品、塑料制品、竹制品、陶瓷制品、木制品等（不包括书法、绘画）均可。

（4）以实物作品参评，参赛作品可退还。参赛作品需注明作品名称、作品简介、作品作者、联系方式等基本信息。

五、评奖

按照评分细则评出一、二、三等奖，颁发相应的证书和奖品。

六、举办获奖作品展

劳动教育具有以劳树德、以劳增智、以劳强体、以劳育美的综合育人价值。劳动是追逐人生梦想、实现人生价值、创造美好生活的必由之路，大学生们要通过具体的劳动实践练就一身本领，成长为德智体美劳全面发展的社会主义建设者和接班人。

声音 · 言论

人世间的一切幸福都需要靠辛勤的劳动来创造。

——习近平

子侄除读书外，教之扫屋、抹桌凳、收粪、锄草，是极好之事，切不可以为有损架子而不为也。

——曾国藩

如果你能成功地选择劳动并把自己的全部精神灌注到它里面去，那么幸福就会找到你。

——（俄国）乌申斯基

在我们的社会中，劳动不仅是经济的范畴，而且是道德的范畴。

——（苏联）马卡连柯

知识链接

为何再提“光盘行动”

经理、厨师和服务员在营业结束后，对顾客没带走的剩菜进行品尝“会诊”，分析客人剩菜的原因，从而在今后服务中改进。这是上海一家餐厅为了避免餐饮浪费想出的点子。这些年来，全国上下，不管是机关、校园，还是饭店、家庭，都在以各种方式践行着“光盘行动”要求。

最近再提“光盘行动”，身边不免有一些人会有疑惑：长久以来，节约粮食早已深入人心，为什么现在还要强调这件事？

悠悠万事，吃饭为大。解决好吃饭问题，一直是治国理政的大事，节约粮食的重要性不言而喻。从这个层面看，倡导“光盘行动”，任何时候都不嫌多。

农业农村部曾给出这样的一组数字：中国 14 亿人口，每天一张嘴，就要消耗

70 万吨粮、9.8 万吨油、192 万吨菜和 23 万吨肉。或许有些人觉得，自己浪费一点点不足挂齿，但长此以往、推而广之，如果人人每餐饭都要浪费一点点，合计就是难以估量的天文数字。所以，日常生活中的每一次节约，都是在扎紧粮食安全的篱笆。与此同时，浪费产生的大量厨余垃圾处理起来同样是对资源的二次消耗。

“谁知盘中餐，粒粒皆辛苦”的道理，连幼儿园孩子都了然于胸。但我们看到，食品浪费现象在一些场合依然难以杜绝，大吃大喝、讲排场、摆阔气等不良风气依然存在。例如，在一些宴请中，仍然有人认为如果菜吃光了就是“点少了”，显得主人小气，于是为了面子，宁愿剩下也要多点一些，似乎只要是自己付了钱的食物，就可以任意浪费，即便商家进行了提醒和劝导也听不进去。如果这样的奢靡之风刮上公职人员的餐桌，很可能成为滋生腐败的温床。

“中国人才几天时间没饿肚子？也就是 20 世纪 80 年代后出生的这些孩子。过去谁没饿过肚子？但人很容易健忘。”习近平总书记曾语重心长地教诲，提醒我们不能有丝毫麻痹大意。如今，我们将“光盘行动”长挂嘴边，不仅是为了节约粮食，更是为了不断提升一个家庭、一个集体乃至整个社会的文明程度。“历览前贤国与家，成由勤俭破由奢。”铺张浪费的行为不仅背离了中华民族勤俭节约的优良传统，更有可能会败坏党风、政风和社会风气。往大了说，能否坚守艰苦奋斗精神，也是关系到党和人民事业兴衰成败的大事。

因此，“光盘行动”不能仅是一场短期的行动，更不能只是走过场、一阵风，今天“光盘”了、明天又剩下了，人前节俭了、私下里又放纵了。关键还是要常抓不懈、一抓到底，从根本上改变社会的观念与氛围。

任何一个好习惯的养成，乃至一个好风尚的形成，都需要个人自觉、环境影响、制度约束等多方面的努力。2021 年，反食品浪费法颁布实施，各地、各部门也纷纷出台政策举措，引导人们健康理性消费，对浪费行为予以相应惩戒，取得了一定成效，未来仍需要在制度保障层面进一步加以规范和完善。相关管理部门也需要采取更有针对性、操作性、指导性的举措，加强监督检查，对浪费行为加以整治。商家可以为消费者提供更多像小份菜这样的选择，或考虑对节约行为适当奖励等。只有全社会持续共同努力，勤俭节约的风气和健康绿色的生活方式才会真正形成，“舌尖上的浪费”才能从根本上杜绝。

（资料来源：https://www.workercn.cn/c/2023-07-26/7922705.shtml）

专题八
自强奋进　主动投身生产劳动实践

古诗文导入

秋　浦　歌

唐·李白

炉火照天地，红星乱紫烟。

赧郎明月夜，歌曲动寒川。

【解读】“秋浦”，唐时县名，在今安徽贵池区境，县之西南有浦云“秋浦”。这是唐代盛产铜、银之地。李白的这首诗描绘出一幅冶炼工人月夜冶炼的壮美图画。诗歌大意是，明月当空，冶炼炉火照耀天地，火星在浓烟中迸射，被炉火映红了脸的冶炼工人，一边劳动，一边歌唱，歌声响彻了夜空，也震荡着寒川。

生产劳动是劳动价值论的分析基础，是唯物史观的基本范畴。随着信息时代的到来，生产劳动不断转型升级，机器代替人的情况越来越普遍，劳动工具、劳动形式、劳动环境、劳动强度等发生了新的变化。大学生生产劳动实践，从狭义的层面来讲，是指将书本上的理论知识落实到具体生产上的短期参与性的职业岗位劳动。根据教育部印发的《大中小学劳动教育指导纲要（试行）》的精神，大学生生产劳动实践大致分可以分为实习实训型、专业服务型、创新创业型 3 种。

第一节　专业劳动实训

专业劳动实训是高校实践教学中的重要组成部分，也是大学生参加劳动实践的重要方式。专业劳动实训作为高校课堂教学的延伸，是让学生把专业知识技能从“知道”转化为“运用”，帮助学生掌握劳动技能、提升劳动能力的重要手段。因此，高校可以依托专业劳动实训环节，组织大学生参加专业劳动实训。专业劳动实训有校外专业劳动实训和校内专业劳动实训两大类。

一、校外专业劳动实训

（一）校外专业劳动实训的目标设定

1. 目标设定的内容和范围

（1）劳动任务目标：如劳动作业数量指标、劳动作业时间指标、专业技能熟练度等与专业劳动实训课程相契合的目标。

（2）劳动教育培训目标：如专业实训型劳动教育的次数和教育时间、特定作业人员上岗教育培训等。

（3）劳动检查目标：如劳动检查次数和评价指标等。

（4）劳动安全目标：如学生劳动内容安全系数评估和意外事故的控制指标等。

2. 目标设定的原则

（1）可行性原则。可行性是指目标必须切合实际，结合学生的体力基础和专业技能基本条件，通过分析论证，确定可以达到的目标。

（2）综合性原则。制订的劳动实训目标，既要保证劳动作业指标的完成，也要兼顾实习实训环节的整个组织过程。要顾及每个学生的实际情况，不能顾此失彼，要统筹协调，保证劳动效果。

（3）可量化原则。劳动目标要尽可能做到具体量化，这既有利于检查、评比和控制，又有利于调动学生实现目标的积极性。对于难以量化的目标，也应尽量规定具体要求。

（4）科学性原则。劳动实训目标必须配备相应的保证措施，明确实现目标的实施方案，充分体现目标管理的科学性。

（二）校外专业劳动实训的工具认识

大学生参加校外专业劳动实训，必须要将对劳动工具的认知贯穿在劳动实训的前期，要熟悉专业所在行业领域的生产加工劳动场所，了解操作一线的基本劳动工具。例如，对手工劳动工具，学生必须熟悉工具的属性、作用和要点等；对机械化劳动工具，学生要能熟练操作机械工具的旋转按钮及控制开关等；对自动化乃至智能化劳动工具，学生要加强操作界面、程序系统、生产管理程序等方面的知识储备。大学生要真正做到运用专业所学的理论知识进行生产实践，达到完善自身知识结构、提升专业基本技能的实训目的。

（三）校外专业劳动实训的操作规范

规范校外专业劳动实训的操作能够有效防范劳动过程中的操作危险，建立完善的劳动操作培训体系对有效遏制劳动操作风险很有必要。一方面，在专业课程教学过程中要有意识地加强业务操作常识的学习；另一方面，要加大校内专业劳动实训的力度，给学生提供相应的劳动操作训练机会。教师要着力培养学生的实践能力，将劳动技能方面的考核作为专业实践课程的考核和内容之一，帮助学生在实训环节中树立劳动观念、提升自身业务操作技能。

总之，在校外专业劳动实训操作过程中，大学生要做到按章操作、按规办理，以熟练的业务能力合理地运用科学知识，并有效防范操作失误导致的操作风险。

二、校内专业劳动实训

校内实训是劳动教育实践的重要平台，实训周为大学生提供了接受专业劳动教育的重要机会。掌握一项劳动技能已成为满足人们生存需求的基本手段，专业劳动技能成为提升人民生活水平质量、追求美好生活的有效途径。下面以理工科、文科、艺术类三大类专业为例，分别介绍校内专业劳动实训。

（一）理工科校内专业劳动实训

理工科校内专业实训贯穿在专业实训教学的全过程，它帮助学生熟悉各类仪器设备的操作和生产加工管理流程。实训可以磨炼学生的工作意志，巩固和深化所学理论知识，培养从事本专业技术、业务、管理等工作所需的基本技能。理工科校内专业实训可以为学生今后参加校外生产实践、就业和成长奠定良好基础。

1. 机械类工程实训

机械类工程实训的课程任务是让学生了解机械制造的一般生产过程，熟悉常用零件的毛坯制作和切削加工方法、所用设备及结构、工夹量具和安全操作等方面的基础知识，了解新工艺、新技术、新设备在机械制造中的应用，具有初步的实践动手能力、创新意识和创新能力等工程技术人员所应具备的基本素质。

机械类工程实训涵盖铸造、焊接、钳工、车削加工、铣削加工、数控车床、加工中心、特种加工、快速成型等诸多环节，其中钳工是一项典型的专业实训。在钳工实训中，学生需要掌握简单零件的划线，独立完成锯切、锉切、钻孔、铰孔、錾切、刮削、研磨、攻螺纹及套螺纹等实训操作程序，按照图纸加工螺母螺栓，完成装配及拆卸榔头。

学生通过实训项目，学会自主思考、独立操作，培养敬业和精业、自信和执着的劳动品质，逐步形成崇尚劳动、尊重劳动、热爱劳动的价值观。

2. 电子信息类专业焊接技能实训

随着电子信息的迅速发展，电子产品日趋复杂，元器件向精细化发展，表面安装器械本身的体积越来越小，引脚和走线越来越密，印制电路板尺寸越来越小，对元器件焊接技术水平的要求越来越高，这需要学生反复实践，进行大量的实验测试，接受严格的技能考核。通过实训，学生需要熟练掌握烙铁、焊锡元器件、引线和铜箔之间的匹配操作技巧，避免虚焊、焊料堆积、焊料过少、拉尖、桥接等焊接缺陷现象。

学生在操作训练过程中既磨炼劳动意志，也不断强化自身专业实践技能。通过专业实训劳动，学生能真正焊接出符合市场需求的线路板，并且从中获得成就感和劳动的快乐。

（二）文科校内专业劳动实训

文科校内专业劳动实训要求学生在熟练掌握常用办公软件操作的基础上，了解工作流程，熟练使用办公自动化设备，提升材料整理、建档的技能技巧，通过实训磨炼工作意志，巩固和深化所学理论知识，培养文字处理、管理、沟通、分析、总结等基本技能。

以财会专业的财务软件操作实习为例，其实训目的与要求如下：

随着信息化的发展，借助信息技术提升企业管理水平是应对挑战的利器。会计手工操作逐渐被计算机取代，会计电算化实践是财务会计、财务管理会计电算化理论课程的实践教学环节。培养会计学专业学生掌握和运用计算机是会计处理能力的重要组成部分，通过财务软件实训，使学生系统地掌握、了解和练习企业会计核算的基本程序和基本办法，加强对所学专业理论知识的理解和实际动手能力，提升运用会计基本技能的水平。通过实际操作，学生能够掌握填制、审核原始凭证和记账凭证登记账簿的会计基本技能，从而对所学理论有一个较为系统完整的认识，最终达到会计理论和会计实践相结合的目的。

（三）艺术类校内专业劳动实训

艺术类校内专业劳动实训要使学生在掌握专业相关软件的基础上，得到传统文化熏陶，使中国传统艺术审美精神得到认知和认同。

以广告设计校内专业劳动实训为例，学生要了解广告设计的基本知识，包括设计要素、设计原则、设计软件等。根据设计产品的需求，明确广告的目标和目标受众，为广告创意收集、整理、分析信息、事实和材料；设计并制造宣传海报、产品包装、宣传手册、广告视频等广告作品。设计过程中要注意图文并茂、色彩搭配合理、文字精练等要素。

第二节　科教强国　聚力创新创业

习近平总书记指出：“青年是国家和民族的希望，创新是社会进步的灵魂，创业是推动经济社会发展、改善民生的重要途径。”[①]青年学生富有想象力和创造力，是创新创业的有生力量。创新精神、创业意识是当代大学生必备的个人素质，高校应积极营造创新创业的育人环境，为大学生提供进行创新创业劳动的实践条件，搭建校内创新创业平台，开创创新创业课程，组织开展创新创业实践活动。让学生在“学中做，做中学”，努力培养学生的创新精神和创新能力，这是实现大学生劳动教育目标的重要举措。

---

① 习近平祝贺 2013 年全球创业周中国站开幕[N]. 人民日报，2013-11-09（01）.

一、搭建校内创新教育平台

为贯彻国家科技兴国、人才强国战略，积极响应提升人才培养质量要求及创新创业人才培养号召，2021 年 1 月，无锡职业技术学院开源创新创业学院与智能制造工程中心合署。学校为创新班学生创造优渥的学习条件，提供专项资金支持、打造专属学习空间、配备专业指导教师、搭建多重实践平台，优先选拔创新班学子参与各级各类创新创业竞赛、技能竞赛，制订“六个一”学习目标，为学生在校期间取得更多的标志性成果提供各类保障。创新班实施柔性组班、导师引领的体制创新，目标导航、项目驱动的模式创新，追求精湛、鼓励拔尖的机制创新，以“汇集优秀生源、整合优质资源、创新培养模式、打造杰出人才”为理念，促进专业知识、实践能力和人文素养融合发展，培养思想品德好、技术应用能力强、技艺精湛、具备国际竞争力的拔尖创新技术技能人才。创新班由 8 个二级学院分别与相关头部企业合作，在各年级组建各具特色的 8 个创新班。

二、开展创新创业活动

培养学生的创造力，除了通过专业第一课堂课程的系统训练外，第二课堂丰富多彩的创新创业活动也是不可或缺的环节。学校通过举办讲座、培训、沙龙、论坛、科研竞赛、模拟创业等活动，培育学生的创新意识，激发学生的创业热情，在真实的活动中提升学生的创新能力。

2023 年 3 月 22 日，中国高等教育学会高校竞赛评估与管理体系研究专家工作组发布《2022 全国普通高校大学生竞赛分析报告》（以下简称《分析报告》），其中包含普通本科院校大学生竞赛榜单、高职院校大学生竞赛榜单和省份大学生竞赛榜单。至此，纳入排行榜的全部竞赛项目已达 84 项，如表 8-1 所示。

表 8-1 大学生竞赛榜单

序号	竞赛名称	网址/主办单位
1	中国国际“互联网＋”大学生创新创业大赛	https://cy.ncss.cn/
2	“挑战杯”全国大学生课外学术科技作品竞赛	http://www.tiaozhanbei.net/
3	“挑战杯”中国大学生创业计划大赛	http://www.chuangqingchun.net/
4	ACM-ICPC 国际大学生程序设计竞赛	https://acm.cumt.edu.cn/
5	全国大学生数学建模竞赛	http://www.mcm.edu.cn/
6	全国大学生电子设计竞赛	http://www.nuedcchina.com/
7	中国大学生医学技术技能大赛	主办单位：教育部
8	全国大学生机械创新设计大赛	http://umic.ckcest.cn/
9	全国大学生结构设计竞赛	http://www.structurecontest.com/

（续表）

序号	竞赛名称	网址/主办单位
10	全国大学生广告艺术大赛	http://www.sun-ada.net/
11	全国大学生智能汽车竞赛	http://www.eepw.com.cn/event/action/freescale_car2012/
12	全国大学生电子商务“创新、创意及创业”挑战赛	http://www.3chuang.net/
13	中国大学生工程实践与创新能力大赛	http://www.gcxl.edu.cn/new/index.html
14	全国大学生物流设计大赛	http://www.clpp.org.cn/
15	外研社全国大学生英语赛列赛-①英语演讲、②英语辩论、③英语写作、④英语阅读	http://uchallenge.unipus.cn/
16	两岸新锐设计竞赛·华灿奖	http://www.huacanjiang.com/home
17	全国大学生创新创业训练计划年会展示	http://gjcxcy.bjtu.edu.cn/Index.aspx
18	全国大学生化工设计竞赛	http://iche.zju.edu.cn/
19	全国大学生机器人大赛-①RoboMaster、②RoboCon	https://www.robomaster.com/zh-CN http://www.cnrobocon.net/
20	全国大学生市场调查与分析大赛	http://www.china-cssc.org/list-56-1.html
21	全国大学生先进成图技术与产品信息建模创新大赛	http://www.chengtudasai.com/
22	全国三维数字化创新设计大赛	https://3dds.3ddl.net/
23	“西门子杯”中国智能制造挑战赛	http://www.siemenscup-cimc.org.cn/
24	中国大学生服务外包创新创业大赛	http://www.fwwb.org.cn/
25	中国大学生计算机设计大赛	http://jsjds.blcu.edu.cn/
26	中国高校计算机大赛：①大数据挑战赛、②团体程序设计天梯赛、③移动应用创新赛、④网络技术挑战赛、⑤人工智能创意赛	http://www.c4best.cn/
27	蓝桥杯全国软件和信息技术专业人才大赛	http://dasai.lanqiao.cn/
28	米兰设计周——中国高校设计学科师生优秀作品展	http://www.dandad.cn/
29	全国大学生地质技能竞赛	https://yuanxi.cugb.edu.cn/competition/
30	全国大学生光电设计竞赛	http://gd.p.moocollege.com/
31	全国大学生集成电路创新创业大赛	http://univ.ciciec.com/
32	全国大学生金相技能大赛	http://www.cnzjjx.cn/
33	全国大学生信息安全竞赛	http://www.ciscn.cn/
34	未来设计师·全国高校数字艺术设计大赛	https://www.ncda.org.cn/
35	全国周培源大学生力学竞赛	http://zpy.cstam.org.cn/
36	中国大学生机械工程创新创意大赛	http://www.gczbds.org
37	中国机器人大赛暨 RobotCup 机器人世界杯中国赛	http://www.cnsoftbei.com/
38	“中国软件杯”大学生软件设计大赛	http://www.cnsoftbei.com/

（续表）

序号	竞赛名称	网址/主办单位
39	中美青年创客大赛	https://www.eol.cn/html/lx/maker/
40	睿抗机器人开发者大赛（RAICOM）	https://www.robocom.com.cn/
41	“大唐杯”全国大学生新一代信息通信技术大赛	https://dtcup.dtxiaotangren.com
42	华为 ICT 大赛	https://e.huawei.com/cn/talent/ict-academy/#/ict-contest?compId=85131973
43	全国大学生嵌入式芯片与系统设计竞赛	http://www.socchina.net/
44	全国大学生生命科学竞赛（CULSC）	https://www.culsc.cn/#/
45	全国大学生物理实验竞赛	http://wlsycx.moocollege.com/
46	全国高校 BIM 毕业设计创新大赛	http://gxbsxs.glodonedu.com/index
47	全国高校商业精英挑战赛-①品牌策划竞赛、②会展专业创新创业实践竞赛、③国际贸易竞赛、④创新创业竞赛、⑤会计与商业管理案例竞赛	http://cubec.org.cn/
48	“学创杯”全国大学生创业综合模拟大赛	http://www.bster.cn/cyds/index
49	中国高校智能机器人创意大赛	http://www.robotcontest.cn/
50	中国好创意暨全国数字艺术设计大赛	https://www.cdec.org.cn/
51	中国机器人及人工智能大赛	https://developer.apollo.auto/devcenter/gameOperations_cn.html?target=3
52	全国大学生节能减排社会实践与科技竞赛	http://www.jienengjianpai.org/
53	“21 世纪杯”全国英语演讲比赛	https://contest.i21st.cn/
54	iCAN 大学生创新创业大赛	http://www.g-ican.com/home/index
55	“工行杯”全国大学生金融科技创新大赛	https://www.gonghangbei.com/index/Lists/index.html?id=1
56	中华经典诵写讲大赛	https://www.jingdiansxj.cn/home
57	“外教社杯”全国高校学生跨文化能力大赛	主办单位：上海外国语大学
58	百度之星程序设计大赛	https://star.baidu.com/#/
59	全国大学生工业设计大赛	https://www.cuidc.net/#/
60	全国大学生水利创新设计大赛	主办单位：中国水利教育协会、高等学校水利类专业教学指导委员会
61	全国大学生化工实验大赛	http://www.cteic.com/higherEducation-199.html?www.kulayu.com
62	全国大学生化学实验创新设计大赛	https://cid.nju.edu.cn/
63	全国大学生计算机系统统能力大赛	https://compiler.educg.net/#/
64	全国大学生花园设计建造竞赛	主办单位：深圳市城市管理和综合执法局、中国风景园林学会风景园林规划设计分会、广东园林学会
65	全国大学生物联网设计竞赛	https://developer.huaweicloud.com/college/wulianwang.html

（续表）

序号	竞赛名称	网址/主办单位
66	全国大学生信息安全与对抗技术竞赛	https://www.isclab.org.cn/
67	全国大学生测绘学科创新创业智能大赛	http://smt.whu.edu.cn/index.htm
68	全国大学生统计建模大赛	http://tjjmds.ai-learning.net/
69	全国大学生能源经济学术创意大赛	http://energy.ckcest.cn/eneco/contribution/index.html#/index
70	全国大学生基础医学创新研究暨实验设计论坛（大赛）	http://www.jcyxds.com/
71	全国大学生数字媒体科技作品及创意竞赛	http://mit.caai.cn/
72	全国本科院校税收风险管控赛例大赛	微信公众号：全国本科院校税收风控案例大赛
73	全国企业模拟竞赛大赛	http://www.ibizsim.cn/
74	全国高等院校数智化企业经营沙盘大赛	主办单位：中国商业联合会 http://spbk.seentao.com
75	全国数字建筑创新应用大赛	http://bisai.ccen.com.cn
76	全球校园人工智能算法精英大赛	https://developer.huawei.com/consumer/cn/activity/digixActivity/digixdetail/101655281685926449?ha_source=HR&ha_sourceId=89000452
77	国际大学生智能农业装备创新大赛	http://uiaec.ujs.edu.cn
78	“科云杯”全国大学生财会职业能力大赛	http://match.xmkeyun.com.cn/
79	全国职业院校技能大赛	https://chinaskills.icve.com.cn
80	全国大学生机器人大秦-RoboTac	http://www.robotac.cn
81	世界技能大赛	http://worldskillschina.mohrss.gov.cn/
82	世界技能大赛中国选拔赛	http://worldskillschina.mohrss.gov.cn/
83	一带一路暨金砖国家技能发展与技术创新大赛	http://www.brskills.com/#/index
84	码蹄杯全国职业院校程序设计大赛	https://matiji.net/matibei

声音 · 言论

中国人民是具有伟大创造精神的人民。在几千年历史长河中，中国人民始终辛勤劳作、发明创造，我国产生了老子、孔子、庄子、孟子、墨子、孙子、韩非子等闻名于世的伟大思想巨匠，发明了造纸术、火药、印刷术、指南针等深刻影响人类文明进程的伟大科技成果，创作了诗经、楚辞、汉赋、唐诗、宋词、元曲、明清小说等伟大文艺作品，传承了格萨尔王、玛纳斯、江格尔等震撼人心的伟大史诗，建设了万里长城、都江堰、大运河、故宫、布达拉宫等气势恢宏的伟大工程。今天，中国人民的创造精神正在前所未有地迸发出来，推动我国日新月异向前发展，大踏步走在世界前列。我相信，只要 13 亿多中国人民始终发扬这种伟大创造精神，我们就一定能够创造出一个又一个人间奇迹！

——习近平

幸福生活是靠劳动创造的，大家要保持平实之心，客观看待个人条件和社会需求，从实际出发选择职业和工作岗位，热爱劳动，脚踏实地，在实践中一步步成长起来。

——习近平

生产劳动和教育的早期结合是改造现代社会的最强有力的手段之一。

——（德国）马克思

立志、工作、成就，就是人类活动的三大要素。

——（法国）巴斯德

未来将属于两种人：思想的人和劳动的人。实际上这两种人是一种人，因为思想也是劳动。

——（法国）雨果

知识链接

秦世俊："磨"出来的功夫

眼前是一批待加工的零件，将用于直升机的主起落架。站在数控铣床前的秦世俊，熟练地挑选刀具，设置参数，放入坯料，按下启动键。伴随着机器的轰鸣声，一个个零件被"精雕细琢"出来。

别看秦世俊个头不高、年纪不大，本事却不小。39 岁的他，已是航空工业哈尔滨飞机工业集团高级技师、航空工业首席技能专家。C919 国产大飞机、亚丁湾护航的战鹰，乃至"神舟七号"上，都有他亲手加工过的零件。

"要说加工的零件合格率达到 100%吧，有点不谦虚。但这么多年，经我手没出过报废品。"面对记者，秦世俊憨憨地说。

有谁想到，秦世俊这一身功夫，竟是从"偷学"开始的。

"造飞机"是秦世俊儿时的梦想。他的父亲是哈飞的劳模，上小学时，父亲胸带红花的巨幅照片在街上展出，他神气地向同学介绍："那是我爸，造飞机的！以后我也要像我爸一样！"

2001 年技校毕业后，秦世俊满心期待来到哈飞。可理想很丰满，现实很骨感。

学的是模具钳工，却被分到数控铣工岗位，每天干些搬搬抬抬、收拾打扫的"杂活"。秦世俊感觉"没劲"，想拜师学艺。但和车间里的大专生比，底子薄，老师傅瞧不上。

"没人教，就自己偷着学！"心里憋着气，秦世俊瞄上了磨削镗刀：手艺活，技术高，车间里没几个人会。"把它学会了，大伙儿一定对我刮目相看！"

秦世俊观察老师傅的磨刀动作，"看着也没啥难的"。他依葫芦画瓢，忙活了大半天，一比对，挺像！兴冲冲拿给老师傅看，没承想，刀被直接扔到一边："你磨的那是刀吗？能干活吗？"

面对不留情面的批评，年轻人像霜打的茄子，蔫了好几天。此时，父亲的话点醒了他："一口吃不成个胖子，一天能练成的，也不叫本事。"

第二天下班后，秦世俊一头钻进砂轮间里。粉尘漫天，呛得眼泪哗哗流；盯着飞速旋转的砂轮几个小时，一抬头，天旋地转……

半个多月后，从老师傅再看刀时惊诧的眼神中，秦世俊知道，自己"成了"。

"小子，观察你一段时间了，挺有韧性啊，想不想跟我学？"一天，车间一位姓宋的师傅主动找到秦世俊。他终于如愿当上了学徒。

机会来之不易，秦世俊格外珍惜，"不能给师傅掉链子"。一下班，同龄的小年轻都想着去哪玩儿，秦世俊却在琢磨"怎么让夹具更紧实"。专业书啃了十几本，学习笔记堆起半米高。数控机床加工常用到制图和编程技术，他干脆报考东北农业大学计算机专业，跑去系统学习。

"作为80后的产业工人，秦世俊不仅懂技术，还善创新。"与他共事13年的段秀军说。

在加工某机型主起落架外筒上的腹板时，数控车间碰到一个大难题。零件数模过于复杂，无法完全用编程加工，手动操作，反复铣削、测量，一件至少半个小时，费工夫不说，质量还极不稳定。

"零件成本近万元，到这基本是最后一道工序了，一旦出问题，前功尽弃啊！"秦世俊开始琢磨破解方法。

正苦于不见起色的时候，他偶然在网上看到一篇关于"逆向思维"的文章，一下来了灵感。"能否通过反向采点确定零件的加工余量，将采集的点位汇集编程，直接一刀成型？"一个大胆的想法在他脑海中酝酿。

午夜时分，喧嚣的厂区归于宁静，车间里只有一盏灯亮着。身形略胖的秦世俊蹲在狭小的机床上，盯着刀具加工轨迹，豆大的汗珠不时从额头上滚落下来。想起身时，麻木的双腿已经不听使唤。通宵奋战，他险些从机床上栽下来……

一周后，"逆向思维反向采点加工腹板法"终获成功。生产效率提高8倍多，零件一次交检合格率达100%！

打那以后，秦世俊在创新的路上疾驰。他累计自制工装、夹具400多套，实现技术创新、小改小革715项。2015年，他当选全国劳动模范；2020年，又荣获"中国青年五四奖章"。

"看，这就是我当时用的机床。"跟随秦世俊，记者走到一台白绿相间的老机床前。与旁边全封闭的自动化车床比，它显得非常落伍。摸着熟悉的手摇轮，秦世俊感慨："技术在不断更新，技能人才也要不断创新，绝不能躺平和懈怠！"

（资料来源：http://news.cnr.cn/native/gd/20220510/t20220510_525821719.shtml）

专题九
勇担责任　自觉践行志愿服务

古诗文导入

春夜喜雨

唐・杜甫

好雨知时节，当春乃发生。
随风潜入夜，润物细无声。
野径云俱黑，江船火独明。
晓看红湿处，花重锦官城。

【解读】好雨来得像是知道适应时节，正当春日万物在萌生。雨伴随着风在夜间悄悄地下着，滋润万物而轻细无声。田野小路上笼罩着黑云，只有江上渔船夜火独明。清晨遥望那湿湿的红花，繁花点缀了美丽的锦官城。春回大地，万物初醒，春雨滋润了大地，志愿服务如春雨润物细无声般滋润了人心。

志愿服务是社会文明进步的重要标志，是培育和践行社会主义核心价值观的有效载体。党的十八大以来，习近平总书记高度重视志愿服务工作，强调要大力弘扬奉献、友爱、互助，进步的志愿精神。中共中央、国务院印发的《关于全面加强新时代大中小学劳动教育的意见》明确指出，支持学生深入城乡社区、福利院和公共场所等参加志愿服务。探索以志愿服务活动推进劳动教育，对培育德智体美劳全面发展的社会主义建设者和接班人具有重要意义。

学生志愿者活动是指学生志愿者为了实现自身价值和社会价值而开展的各种形式的服务活动。志愿服务的范围很广泛，包括校内和校外两大类。校内志愿者活动主要有垃圾分类宣传和执行、环境保护志愿服务、文艺志愿者服务和校内关怀服务等；校外志愿者活动主要有宣传志愿服务、社区服务、动物保护志愿者服务、福利机构志愿服务和社会公益活动等。

第一节　校内志愿者活动

一、垃圾分类宣传和执行

垃圾分类是一项关系国计民生、利国利民的重大战略，也是一项涉及每个人日常生活的基础工作。垃圾分类宣传和执行是指通过各种方式向师生普及垃圾分类知识、规范垃圾分类行为、监督垃圾分类实施、参与垃圾分类管理等活动。这类活动可以提高师生的环保意识和素养，促进校园环境整洁美化，减少垃圾污染和资源浪费。

二、校园文艺志愿者活动

文艺是文学和艺术的总称，它是人类创造的精神财富，也是社会文明的重要标志。文艺志愿者服务是指通过参与朗诵、演讲、歌唱、舞蹈、戏剧、书法、绘画等各种文艺活动来展示师生才华。文艺志愿者服务能够丰富师生的精神文化生活，提升校园的文化氛围，弘扬社会主义核心价值观。这类活动有助于提高学生的文艺素养和审美能力，培养他们的创新意识和表达能力，为建设文化强国贡献力量。

三、环境保护志愿服务

环境保护是指为了保护自然资源和人类居住环境而采取的各种措施与行动。环境保护志愿服务是指通过参与各种环境保护活动，如植树造林、节能减排、清洁河道、保护野生动植物等，改善和美化校园和周边环境，提升生态文明水平，促进可持续发展。

四、校内关怀服务

校内关怀服务是指通过关注和帮助校内有困难或特殊需要的师生群体，如贫困家庭学生、残疾学生、留守儿童、老年教师等来传递温暖和爱心，提升他们的幸福感和自信心，促进他们的成长和发展。这类活动可以增强学生的同情心和爱心，培养他们的互助精神和团结意识，为建设和谐社会贡献力量。

第二节　校外志愿者活动

校外志愿者活动是指在学校以外的社会领域开展的服务和活动，主要包括宣传志愿服务、社区服务、动物保护志愿服务、福利机构志愿服务和社会公益活动。

一、宣传志愿服务

宣传志愿服务是指通过各种方式向社会公众传播志愿服务的理念、价值、内容、形式、方法等信息，提高社会对志愿服务的认知度和参与度，营造良好的志愿服务氛围，推动志愿服务的发展和创新。这类活动可以提高学生的沟通能力和组织能力，培养学生的公民意识和社会责任感，为建设志愿中国贡献力量。

二、社区服务

社区服务是指在社区居民生活和工作中开展的各种服务和活动而设置的志愿者岗位，包括社区治安、卫生、文化、教育、法律等方面。这类活动可以提高学生的社会适应能力和实践能力，培养学生的服务意识和合作精神，为建设美好社区贡献力量。

三、动物保护志愿者服务

动物保护志愿者服务是指为了维护动物的生存权和福利，防止动物受到虐待、伤害、疾病、灭绝等威胁而采取的各种措施和行动。

四、福利机构志愿服务

福利机构是指为社会弱势群体提供各种福利服务的机构，如孤儿院、养老院、残疾人中心、救助站等。福利机构志愿服务是指通过参与各种福利机构的服务和活动，如陪伴老人、孤儿、残疾人、流浪者等，为他们提供生活、学习、娱乐等方面的帮助和支持，传递温暖和关怀，改善他们的生活质量和精神状态。这类活动可以提高学生的社会责任感和公德心，培养他们的同理心和包容心，为建设公平正义社会贡献力量。

五、社会公益活动

社会公益活动是指为了响应国家和社会的重大主题与需求，服务社会公益事业而开展的各种活动，如扶贫济困、抗灾救援、支教助学、献血捐赠等。这类活动可以提高学生的国家意识和社会意识，培养学生的奉献精神和担当精神，为建设富强民主文明和谐美丽的社会主义现代化强国贡献力量。

声音 · 言论

希望广大志愿者、志愿服务组织、志愿服务工作者立足新时代、展现新作为，弘扬奉献、友爱、互助、进步的志愿精神，继续以实际行动书写新时代的雷锋故事。

——习近平

历史和现实都告诉我们，青年一代有理想、有担当，国家就有前途，民族就有希望，实现中华民族伟大复兴就有源源不断的强大力量。希望你们弘扬奉献、友爱、互助、进步的志愿精神，坚持与祖国同行、为人民奉献，以青春梦想、用实际行动为实现中国梦作出新的更大贡献。

——习近平

奉献乃生活的真正意义。

——（奥地利）阿德勒

若不团结，任何力量都是弱小的。

——（法国）拉封丹

对人来说，最大的欢乐，最大的幸福是把自己的精神力量奉献给他人。

——（苏联）苏霍姆林斯基

知识链接

到祖国西部基层奉献最美青春

——聊城大学万余名优秀毕业生踊跃报名西部计划

“还记得新生入学教育时，‘西部计划’教育展馆里学长学姐的奋斗故事，令我钦佩；在大学生涯里，老师教导我们树立投身国家重大战略和到祖国最需要的地方建功立业的职业观、事业观，使我心生触动。到了毕业的时刻，怀着同样的初心和希冀，我也想踏上前往西部的征程。”在近日聊城大学举行的 2023 届毕业生双选会上，2023 届毕业生汪振在“大学生志愿服务西部计划”招募区动情地告诉记者。

“到西部去，到基层去，到祖国和人民最需要的地方去！”行走在聊城大学校园，西部计划元素随处可见。课堂上“孔繁森精神”的浸润、道路上醒目的宣传标语、广播台中嘹亮的民族歌声、西部计划文化节的文艺汇演、“青年之家”的“向阳花开”话剧巡演……到西部基层奉献青春，已深深植根聊大学子的人生观、价值观，成为他们择业就业的重要选项。

自 2003 年西部计划启动以来，聊城大学 1.3 万余名优秀毕业生踊跃报名，1 772 名优秀毕业生入选。他们以实际行动践行着“弘扬繁森精神，西部建功立业”的青春誓言，到新疆、西藏、青海等祖国西部基层就业创业、奉献最美青春，为祖国西部乡村振兴、基础教育、民族团结进步事业贡献青春担当。

1. 一种“自找苦吃”、青春担当的选择

“在聆听学校组织的西部计划宣讲会时，我怦然心动，征求了家人的支持，我选择了报名参加。出征前，学校团委组织开展公文写作、新闻宣传等系列岗前培训，帮助我们熟悉了解新疆地区的历史文化、风土人情，让大家更快地融入工作、适应环境。”聊城大学法学院 2016 级学生曹传童回忆起参加西部计划的场景。

2020 年夏天，站在大学毕业的人生拐角，曹传童毅然决然选择了向西而行去

到新疆。在服务期满后，他选择继续留疆工作。目前，曹传童就职于新疆生产建设兵团第十师人力资源和社会保障局。

“让青春之花绽放在祖国最需要的地方。”多年来，聊城大学坚持以立德树人为根本，以助力学生成长成才为目标，将西部计划工作贯穿人才培养全过程，并结合“青马工程”“青鸟计划”等“青”字号品牌，以及“鲁喀专项”、援疆实习支教等项目的开展，着力引导青年学生到西部基层历练成长。

2. 一次始于初心、臻于匠心的坚守

三尺讲台，四季耕耘。2003 年，面临毕业抉择，毕泗景选择了奔赴西部基层。在宁夏中卫的 20 年，倾注了他最美的青春年华。

“捧着一颗心来，不带一棵草去。”从怀揣梦想到扎根西部，在西部的沃土上，他苦练本领、磨砺锻炼，成长为中卫市骨干教师和中卫市物理名师工作室主持人。

“和孩子们在一起，我觉得很幸福。”在中卫市中宁中学的教学一线，毕泗景心系学生、倾力奉献，学生生活上出现困难，他鼎力相助；学生思想上陷入困境，他耐心引导，成为学生心目中的“知心朋友”和信得过的“人生向导”。

始于初心，源于热爱，成于坚守，从东昌湖畔到大漠孤烟，毕泗景用 20 年的时间在西部基层择业而定、敬业而安、乐业而行，用实际行动诠释着青年一代怀抱梦想又脚踏实地、敢想敢为又善作善成的鲜明特质。

3. 一场薪火相传、砥砺前行的接力

作为聊城大学“与美同行”志愿服务队队长，刘颢在 2020 年西部计划招募的第一时间就积极报了名。

“在聊城大学的四年，校园里‘人人都是志愿者’的氛围，让我不由得加入其中，收获属于奉献的快乐。”从孤独症儿童的“爱心使者”、疫情防控的“先锋战士”到绿水青山的“环保卫士”，刘颢的成长总与志愿服务息息相关。

“今年是我在四川志愿服务的第三个年头，目前准备扎根于此。3 年里学校老师常常与我联络，关心我的工作和生活，学校领导也来川看望，让我感动。”在共青团资阳市委服务的时光里，刘颢不仅得到了更多的提升，学弟学妹李宗阳、刘熙尧、吕子正、朱欢等，也沿着他的志愿脚步，相继来到四川就业。

20 年来，聊城大学坚持为志在四方的奋斗者铺路架桥，高度重视、纵深推进西部计划项目实施，充分发挥西部计划这一政策性就业项目的示范带动作用，深化大学生就业观择业观教育，强化西部基层就业指导和跟踪服务，有效拓展了大学生基层就业路径。近年来，聊城大学每年入选西部计划的人数为学校总体就业率贡献了两个百分点。在西部计划的带动下，近 10 年该校 62%的毕业生选择了到基层就业，扎根基层，为地方经济社会发展作出了突出贡献。

（资料来源：https://www.thepaper.cn/newsDetail_forward_24998625）

附　　录

附录 1　无锡职业技术学院《劳动教育》学生实践活动手册（本科）

无锡职业技术学院

《劳动教育》学生实践活动手册

（本科）

院　　系：______________________________

班　　级：______________________________

组　　长：______________________________

联系电话：______________________________

指导教师：______________________________

无锡职业技术学院马克思主义学院

2022—2023 学年第二学期

说明

（1）《〈劳动教育〉学生实践活动手册》旨在加强课程实践教学活动的规范化，要求学生认真详细记录每个劳动项目的参加成员、劳动成果、完成经过等内容，同时要求教师认真指导、严格考核，并将相应情况记录于活动手册。

（2）课程实践项目如下：

项目一："我的拿手菜"活动。本项目为个人项目，要求展现完整活动流程，拍好视频（视频统一为 MP4 格式），加工剪辑，视频长度在 3～5 分钟。视频以"学号 + 姓名"命名提交，装入电子文件夹（文件夹以"班级 + 学号 + 姓名"命名），汇总交给本班级劳动教育课的任课教师。成品完成后，成员与作品合影，将电子照片粘贴在相应位置。考核成绩计入课程总评，占课程考核分数的 30%。

项目二：劳动拓展。根据实际情况，选择校内外合适场地，进行为时 1 天的劳动拓展活动，实践活动考核计入课程总评，占课程考核分数的 20%。

同时，每人另行提交活动总结（800 字左右），作为课程期末小论文（占课程考核分数的 30%）。

（3）实践项目成员不超过 8 人。

（4）实践活动项目指导教师一般为课程任课教师。

（5）劳动实践项目要求在该班级劳动教育课程开始上课后 10 周内完成。

（6）各指导教师可根据实际情况在班级内组织学生对"我的拿手菜"进行评比，评出一、二、三等奖，对获奖者可加 3～5 分。

劳动实践项目（一）	“我的拿手菜”活动
学生 1：　姓名____________；　学号____________	
成果展示	粘贴电子照片
成绩评定	指导教师签名： 年　月　日
学生 2：　姓名____________；　学号____________	
成果展示	粘贴电子照片
成绩评定	指导教师签名： 年　月　日
学生 3：　姓名____________；　学号____________	
成果展示	粘贴电子照片
成绩评定	指导教师签名： 年　月　日
学生 4：　姓名____________；　学号____________	

成果展示	粘贴电子照片
成绩评定	指导教师签名： 年　月　日

学生 5：姓名____________；学号____________

成果展示	粘贴电子照片
成绩评定	指导教师签名： 年　月　日

学生 6：姓名____________；学号____________

成果展示	粘贴电子照片
成绩评定	指导教师签名： 年　月　日

学生 7：姓名____________；学号____________

成果展示	粘贴电子照片
成绩评定	指导教师签名： 年　月　日

学生 8：　姓名____________；　学号____________

成果展示	粘贴电子照片
成绩评定	指导教师签名： 年　月　日
劳动实践项目（二） （成员同项目一）	劳动拓展活动总结（下附 800 字左右小论文）

学生 1：　姓名____________；　学号____________

成绩评定	指导教师签名： 年　月　日

学生 2：　姓名____________；　学号____________

成绩评定	指导教师签名： 年　月　日

学生 3： 姓名____________； 学号_____________

成绩评定	指导教师签名： 年 月 日

学生 4： 姓名____________； 学号_____________

成绩评定	指导教师签名： 年 月 日

学生 5： 姓名____________； 学号_____________

成绩评定	指导教师签名： 年 月 日

学生 6：　姓名____________；　学号_____________

成绩评定	指导教师签名： 年　月　日

学生 7：　姓名____________；　学号_____________

成绩评定	指导教师签名： 年　月　日

学生 8：　姓名____________；　学号_____________

成绩评定	指导教师签名： 年　月　日

附录 2　无锡职业技术学院《劳动教育》学生实践活动手册（专科）

无锡职业技术学院

《劳动教育》学生实践活动手册

（专科）

院　　系：________________________________

班　　级：________________________________

组　　长：________________________________

联系电话：________________________________

指导教师：________________________________

无锡职业技术学院马克思主义学院

2022—2023 学年第二学期

说明

（1）《〈劳动教育〉学生实践活动手册》旨在加强课程实践教学活动的规范化，要求学生认真详细记录每个劳动项目的参加成员、劳动成果、完成经过及心得体会，同时要求教师认真指导、严格考核，并将相应情况记录于活动手册。

（2）课程实践项目如下：

项目一：宿舍内务整理。本项目为集体项目，以宿舍为小组，要求小组提供到校后 1 个月以内宿管打分的成绩，并计算出平均分，舍员和宿舍环境合影，将电子照片粘贴在相应位置，同时每个成员完成心得体会。考核成绩计入课程总评，占课程考核分数的 20%。

项目二：“创意手工作品”。本项目为集体项目，以宿舍为小组，要求小组展现完整创作流程，拍好视频（视频统一为 MP4 格式），加工剪辑，视频长度在 3～5 分钟。视频以“班级 + 组长姓名”命名提交，装入电子文件夹（文件夹以“班级”命名），汇总交给本班级劳动教育课的任课教师。成品完成后，对作品拍照，将电子照片黏贴在相应位置，同时每个成员完成心得体会。考核成绩计入课程总评，占课程考核分数的 30%。

（3）实践活动项目指导教师一般为课程任课教师。

（4）劳动实践项目要求在该班级劳动教育课程开始上课后 10 周内完成。

（5）各指导教师可根据实际情况在班级内组织学生对“创意手工作品”进行评比，评出一、二、三等奖，对获奖小组成员可加 3～5 分。

<table>
<tr><td>劳动实践项目（一）</td><td colspan="2">宿舍内务整理活动（以宿舍为单位）</td></tr>
<tr><td rowspan="11">团队成员</td><td>宿舍号</td><td></td></tr>
<tr><td>学号</td><td>姓名</td></tr>
<tr><td></td><td></td></tr>
<tr><td></td><td></td></tr>
<tr><td></td><td></td></tr>
<tr><td></td><td></td></tr>
<tr><td></td><td></td></tr>
<tr><td></td><td></td></tr>
<tr><td></td><td></td></tr>
<tr><td></td><td></td></tr>
<tr><td colspan="2">备注（如有其他班级成员参加，可在备注说明）</td></tr>
<tr><td>成果展示</td><td colspan="2">粘贴电子照片（舍员和宿舍环境合影）</td></tr>
</table>

成果展示	粘贴电子照片 （宿管打分）（到校后 1 个月以内成绩）

此为集体项目，由宿舍成员共同完成，每人在下表中填写劳动过程中的心得体会。

<table>
<tr><td>心得体会
（每人一段）</td><td colspan="1">示例　李某某：心得体会
　　　王某某：心得体会</td></tr>
<tr><td rowspan="2">成绩评定</td><td>宿管打分（学生计算填写平均分）</td></tr>
<tr><td>指导教师签名：
年　月　日</td></tr>
</table>

<table>
<tr><td>劳动实践项目（二）</td><td colspan="3">“创意手工作品”</td></tr>
<tr><td>作品名称</td><td colspan="3"></td></tr>
<tr><td rowspan="4">实践过程与评价</td><td>过程</td><td>任务完成</td><td>评价</td></tr>
<tr><td>第一阶段</td><td></td><td>教师签字：</td></tr>
<tr><td>第二阶段</td><td></td><td>教师签字：</td></tr>
<tr><td>第三阶段</td><td></td><td>教师签字：</td></tr>
<tr><td>成果展示</td><td colspan="3">粘贴电子照片</td></tr>
<tr><td>心得体会
（不少于 100 字）</td><td colspan="3"></td></tr>
</table>

参 考 文 献

一、著作类

[1] 《新时代大学生劳动教育教程》编写组. 新时代大学生劳动教育教程：高职版[M]. 广州：华南理工大学出版社，2020.

[2] 程延园. 劳动合同法教程[M]. 北京：首都经济贸易大学出版社，2009.

[3] 党印. 职业与劳动：大学生劳动教育十讲[M]. 2 版. 北京：人民交通出版社股份有限公司，2021.

[4] 丁晓昌，顾建军. 新时代大学生劳动教育[M]. 上海：上海交通大学出版社，2021.

[5] 高民权. 中国企业用工法律制度[M]. 北京：中国民主法制出版社，2019.

[6] 郭凤莲，国秀琴. 大学生就业指导[M]. 长沙：湖南科技出版社，2019.

[7] 黑格尔. 精神现象学[M]. 贺麟，王玖兴，译. 北京：商务印书馆，1979.

[8] 劳动人事部人事教育局. 新中国劳动经济史[M]. 北京：劳动人事出版社，1987.

[9] 刘向兵. 劳动通论[M]. 2 版. 北京：高等教育出版社，2021.

[10] 洛克. 政府论[M]. 翟菊农，叶启芳，译. 北京：商务印书馆，2014.

[11] 马克思. 资本论：第一卷[M]. 北京：人民出版社，2004.

[12] 潘维琴，王忠诚. 劳动教育与实践评价手册[M]. 北京：机械工业出版社，2021.

[13] 钱焕琦，等. 社会主义荣辱观解读[M]. 上海：华东师范大学出版社，2006.

[14] 邵俊武. 工业法概论[M]. 北京：中国政法大学出版社，2021.

[15] 施盛威，张毅驰. 新时代大学生劳动教育实践指导[M]. 苏州：苏州大学出版社，2021.

[16] 史钟锋，董爱芹，张艳霞. 新时代大学生劳动教育[M]. 北京：清华大学出版社，2022.

[17] 孙白虎，邵英秀. 大学生劳动教育[M]. 北京：化学工业出版社，2021.

[18] 王官成，徐飚. 劳动教育和职业素养训练[M]. 北京：中国人民大学出版社，2020.

[19] 王一涛，杨海华. 大学生劳动教育与实践[M]. 苏州：苏州大学出版社，2021.

[20] 习近平. 习近平谈治国理政：第一卷[M]. 北京：外文出版社，2018.

[21] 夏一璞. 中国特色社会主义劳动观研究[M]. 北京：首都经济贸易大学出版社，2017.

[22] 杨正俊，邹勤高. 劳动教育理论与实践[M]. 上海：上海科学普及出版社，2021.
[23] 岳宗福，秦敏. 劳动与社会保障法[M]. 成都：西南交通大学出版社，2019.
[24] 张再生. 职业生涯开发与管理[M]. 天津：南开大学出版社，2003.
[25] 赵红梅. 社会法学前沿问题研究[M]. 北京：中国政法大学出版社，2021.
[26] 中共中央文献研究室. 毛泽东文集[M]. 北京：人民出版社，1996.
[27] 中央编译局. 马克思恩格斯全集[M]. 北京：人民出版社，2004.

二、期刊类

[1] 班建武. “新”劳动教育的内涵特征与实践路径[J]. 教育研究，2019（1）：21-26.
[2] 方政，刘英. 马克思主义劳动价值观的双重维度及当代意义[J]. 重庆工商大学学报（社会科学版），2014，38（2）：18-24.
[3] 高广旭. 劳动的张力与马克思社会政治哲学的奠基——基于对黑格尔劳动概念的结构性考察[J]. 哲学研究，2021（6）：12-22.
[4] 孔洁珺，王占仁. 新时代大学生劳动价值观培育的场域、困境与对策研究[J]. 东北师大学报（哲学社会科学版），2023（3）：90-97.
[5] 李晓庆.《诗经》与中华民族传统文化心态[J]. 辽宁师专学报（社会科学版），2004（2）：52-54.
[6] 李迎春. 对我国大学生职业生涯规划的思考[J]. 江苏高教，2011（1）：118-119.
[7] 刘向兵，李珂. 论当代大学生劳动情怀的培养[J]. 教学与研究，2017（4）：83-89.
[8] 陆文强. 创造性劳动：人类社会发展的根本力量[J]. 求是，2006（11）：52-54.
[9] 孟皎. 人工智能时代班墨工匠精神的传承及其教育实践[J]. 齐齐哈尔大学学报（哲学社会科学版），2021（1）：50-52.
[10] 秦玮苡，马云天. 耕读文化传承：意义、困境与策略——基于学校文化发展的研究[J]. 教育观察，2020（11）：138-140.
[11] 曲霞，刘向兵. 新时代高校劳动教育的内涵辨析与体系建构[J]. 中国高教研究，2019（2）：73-77.
[12] 王海玮，王盈. 高职学生职业生涯规划与就业：现状、问题与对策[J]. 广东交通职业技术学院学报，2021（8）：119-124.
[13] 王欢，黄正东，刘东梅. 新时代高校大学生劳动价值观的培育路径研究[J]. 太原城市职业技术学院学报，2022（6）：187-189.

[14] 王南湜. 恩格斯“劳动创造了人本身”新解——一个基于马克思主义哲学人类学的阐释[J]. 马克思主义与现实，2020（5）：41-52.
[15] 汪信砚，刘冬冬. 马克思劳动概念的三重维度及其生存论意蕴[J]. 兰州大学学报（社会科学版），2022（1）：39-47.
[16] 王映莲. 马克思恩格斯“劳动”概念的逻辑理路与当代意义[J]. 中国劳动关系学院学报，2021（4）：38-46.
[17] 杨凤娟. 大学生职业生涯规划的思考[J]. 思想政治教育研究，2008（8）：124-126.
[18] 张翔，胡婷玉. 新媒体下典型人物对大学生劳动价值观的影响[J]. 理论观察，2021（6）：11-13.
[19] 赵海燕. 新时代劳动教育的时代意蕴与实践策略[J]. 社会科学战线，2021（3）：276-280.
[20] 郑银凤、林伯海. 当代中国马克思主义劳动价值观的变迁、弘扬和发展[J]. 思想理论教育导刊，2016（1）：19-23.